उल्टी गिनती

मंदी और महामारी की दोहरी मार से कैसे उबरेगा भारत?

अंशुमान तिवारी
अनिंद्य सेनगुप्ता

उलटी गिनती

मंदी और महामारी की दोहरी मार से
कैसे उबरेगा भारत?

सार्थक
राजकमल प्रकाशन का उपक्रम

ISBN : 978-93-90971-28-2

मूल्य : ₹250

पहला संस्करण : सितम्बर, 2021

दूसरा संस्करण : अक्टूबर, 2021

स राजकमल प्रकाशन का उपक्रम
सार्थक

प्रकाशक
राजकमल प्रकाशन प्रा.लि.
1-बी, नेताजी सुभाष मार्ग, दरियागंज
नई दिल्ली-110 002

शाखाएँ
अशोक राजपथ, साइंस कॉलेज के सामने, पटना-800 006
पहली मंज़िल, दरबारी बिल्डिंग, महात्मा गांधी मार्ग, प्रयागराज-211 001
36 ए, शेक्सपियर सरणी, कोलकाता-700 017

वेबसाइट : www.rajkamalprakashan.com
ई-मेल : info@rajkamalprakashan.com

मुद्रक
यश प्रिंटोग्राफिक्स
ग्रेटर नोएडा-210 310 (उत्तर प्रदेश)

ULTI GINTI
Non-fiction by Anshuman Tiwari, Anindya Sengupta

यह पुस्तक समर्पित है

साहित्यकार पिता रमेश तिवारी 'विराम' की स्मृति को, जो चाहते थे कि मैं भारतीय अर्थव्यवस्था पर एक पुस्तक लिखूँ। लेकिन पुस्तक प्रकाशित होने तक वह ब्रह्म से मिल गए।

माँ, उमा को जिनसे कठिनतम परिस्थितियों में अटल-अचल रहने की प्रेरणा मिली है।

—अंशुमान

उन सभी मित्रों को, जो करीब दो दशक पहले आकाशवाणी के मार्केट मंत्र कार्यक्रम से जुड़े थे।

प्रो. बी. बी. भट्टाचार्य, डॉ. अमितेंदु पालित, जयंता दास, सुगत भट्टाचार्य, जयंतो राय चौधरी, परंजय गुहा ठाकुरता, पुनीत जैन, आर्य मदनमोहन, सुबोध मिश्रा, प्रदीप कुमार और सबसे अधिक सुबोमय भट्टाचार्जी को, जो अर्थव्यवस्था और बाजार के घटनाक्रम के आम लोगों के जीवन पर प्रभाव को समझते हैं और इसे सहज भाषा में बताने के पक्षधर हैं। यही 'उलटी गिनती' का मकसद है।

—अनिंद्य

क्रम

खण्ड : दो
दरारों के बीच

खण्ड : तीन
उलटी गिनती

लेखकों की तरफ से

इतिहास गलत नहीं कहता, महामारियाँ और युद्ध उसके सबसे बड़े निर्माता हैं। कोरोना या कोविड वायरस का दुनिया पर हमला, दूसरे विश्वयुद्ध के बाद (1939-1945) का सबसे बड़ा घटनाक्रम है। भारत ने अपनी आबादी को जानलेवा संक्रमण से बचाने के लिए 24 मार्च, 2020 को लॉकडाउन का ऐलान किया।

2021 मार्च में कोविड का वायरस लौटा। कारोबार फिर बन्द हुए। अलग-अलग राज्यों में लॉकडाउन लगे लेकिन दुबारा आया कोविड जीविका के साथ जानें भी ले गया। कोविड से निबटने के लिए तैयारियाँ पूरी तरह ध्वस्त हो गईं। केवल अप्रैल-मई-जून में करीब 1.45 लाख जानें (सरकारी गणना, गैर सरकारी आकलनों में काफी अधिक) गईं।

दो साल में करीब 3.30 लाख मौतें, पिछले कई दशकों की अभूतपूर्व बेकारी, नये गरीबों का उदय, मध्यवर्ग की हताशा और गहरी और लम्बी ...भारत के ताजा आर्थिक इतिहास में अब निर्णायक मोड़ आ चुका है।

यह पुस्तक यानी *उलटी गिनती : मंदी और महामारी की दोहरी मार से कैसे उबरेगा भारत?*, इसी मोड़ पर विभिन्न आयामों की परख करती है। यह किताब महामारी, 2020 के अप्रत्याशित लॉकडाउन और उसके बाद की आर्थिक परिस्थितियों अथवा 2021 में कोविड से अभूतपूर्व जनहानि का विवेचन या विश्लेषण नहीं है बल्कि यह महामारी और उससे उपजी महामन्दी के आईने में भारतीय अर्थव्यवस्था की स्थायी और पुरानी दरारों को समझने-खोजने की कोशिश है जो कोविड की दो लहरों के बाद कहीं ज्यादा चौड़ी व घातक हो गई हैं।

भारत की मन्दी 2020-2021 को पूरी तरह एक मजबूर लॉकडाउन और ध्वस्त स्वास्थ्य व्यवस्था से निकला मान लिया गया हो लेकिन हकीकत यह है कि भारतीय अर्थव्यवस्था की ढलान 2012 से प्रारम्भ हो चुकी थी।

रोजगार यानी कि लाखों हाथों को काम और करोड़ों उम्मीदों को आगे बढ़ने का आसरा ही, भारत की आर्थिक नीतियों का केन्द्रीय उद्‌देश्य रहा है। लॉकडाउन और कोविड का कहर आने से पहले भी भारत अपनी ग्रोथ के सबसे अच्छे वर्षों में भी बेरोजगारी का स्थायी समाधान तलाश नहीं पाया था। 2012 में आर्थिक ढलान की शुरुआत के वक्त भारतीय अर्थव्यवस्था खींचतान कर हर साल 40 लाख रोजगार तैयार कर पा रही थी। 2018 आने तक भारत के श्रम बाजार में 1.2 करोड़ लोग हर साल रोजगार माँगते नजर आने लगे।

जटिल आर्थिक चुनौतियों का समाधान निकलता इससे पहले यह भी सामने आ गया कि भारत की युवा आबादी यानी इसका सबसे बड़ा संसाधन अब केवल एक दशक का मेहमान है। इसके बाद बुढ़ापा घेरने लगेगा।

कोविड के जानलेवा कहर और महामन्दी के बाद भारत की नीतिगत चुनौती न केवल तत्काल तेज विकास दर हासिल करने की है बल्कि अर्थव्यवस्था का ऐसा कायापलट करने की भी है जिससे युवा आबादी का लाभ चुकने तक बहुत बड़ी जनसंख्या के लिए सम्मानित और सुरक्षित जीवन सुनिश्चित किया जा सके।

भारत के आम लोगों को शायद सबसे अधिक जरूरत आर्थिक नीतियों पर चर्चा करने की है जो अक्सर सियासी कुश्ती में लिथड़कर अर्थहीन हो जाती हैं या फिर आँकड़ों और कठिन परिभाषाओं में दबकर अबूझ बन जाती हैं।

राजनीतिक पेशबन्दियों से परे, *उलटी गिनती : मंदी और महामारी की दोहरी मार से कैसे उबरेगा भारत?*, आर्थिक सन्दर्भों के पेचो-खम खोलने के मकसद से लिखी गई है ताकि एक देश और समाज के तौर पर हम आर्थिक चुनौतियों और उपलब्ध विकल्पों को सत्ता के शिखर से ही न देखते रहें, हम इन्हें जमीन के करीब खड़े होकर भी देख सकें जहाँ हमारी रोजमर्रा की जिन्दगी जूझती और सँवरती है।

नई दिल्ली

31 अगस्त, 2021

अंशुमान तिवारी

अनिंद्य सेनगुप्ता

शुरुआत की वापसी

दिल्ली

यह अप्रैल 2021 एक और मनहूस सुबह थी जब भारत के लोग बुरी खबरों को सहने की आदत डाल रहे थे। ऑक्सीजन-दवा-अस्पताल की कमी से मरते लोगों और श्मशानों की तस्वीरों ने देश को संज्ञाशून्य कर दिया था।

...हमारा फोन बजा...दूसरी तरफ गोविन्द था...बुरी तरह घबराया। साहब! माई को साँस नहीं आ रही...अस्पताल के बाहर सड़क पर पड़े हैं... कोई नहीं सुन रहा...।

हमने कुछ फोन किये...जिला के अफसरों से मदद की गुहार लगाई ...मदद मिलने तक देर हो चुकी थी...हमारी अगली लड़ाई गोविन्द की माँ को अन्तिम संस्कार की वेटिंग का टोकन दिलाने की थी...।

अप्रैल 2020 की दोपहर को दिल्ली से लखनऊ जानेवाली सड़क पर हमें मिला था, गोविन्द।

पीठ पर बैग लादे उम्मीदों को रौंदता हुआ, बच्चे का हाथ पकड़े 32 वर्षीय गोविन्द, अपने गाँव की तरफ पैदल जा रहा था जो दिल्ली से करीब 700 कि.मी. दूर उत्तर प्रदेश-बिहार सीमा पर था।

गोविन्द, कोरोना के कहर के बीच अप्रैल-मई में भारत की अन्तरराज्यीय सड़कों पर उतर आए उस अदृश्य भारत का हिस्सा था जो 1947 के बँटवारे के बाद भारत ने कभी नहीं देखा। यह भारत के ताजा इतिहास का सबसे बड़ा रिवर्स माइग्रेशन था।

गोविन्द दिल्ली में ओला की कार चलाता था। कार कर्ज पर ली थी। गोविन्द जब गाँव के लिए पैदल रास्ते में था तभी कोविड से आर्थिक तबाही की सुर्खियाँ

तैरने लगी थीं। लॉकडाउन के दो हफ्ते पहले भारतीय अर्थव्यवस्था (वित्त वर्ष 2020-21) में विकास दर शून्य होने के आकलन उभरने लगे। गोविन्द जब तक गाँव पहुँचा तब तक तय हो गया था कि भारतीय अर्थव्यवस्था की विकास दर शून्य से भी नीचे चली जाएगी और ऐसी मन्दी आ घेरेगी जो इससे पहले कभी नहीं देखी गई थी।

गोविन्द काम भर का पढ़ा-लिखा है लेकिन शहर में चतुर हो गया था। जरूरी अंग्रेजी समझ लेनेवाले और कई सारे काम करने के तजुर्बेकार गोविन्द को गाँव लौटते हुए केवल इतना पता था कि एक झटके में उसका सब कुछ बिखर गया है। फिर वही गरीबी, कर्ज और उपेक्षा गाँव में उसका इन्तजार कर रही है, जिससे निजात के लिए वह शहर आया था।

ठीक एक साल बाद अप्रैल 2021 में उसकी माँ भारत में कोविड से हुई उन हजारों अनाम मौतों का हिस्सा बन गई जिन्हें दवा तो क्या अन्तिम संस्कार भी नसीब नहीं हुआ।

कोविड की दूसरी लहर आने तक गोविन्द कई नये आँकड़ों का हिस्सा बन गया था। उसकी बचत खत्म हो चुकी थी। पिता भी कोविड की चपेट में आए लेकिन बच गए। गोविन्द भारत का नया निर्धन यानी न्यू पुअर था (7.5 करोड़, प्यू रिसर्च)। इलाज की लागत और साल भर की बेरोजगारी ने उसकी बचत चाट ली थी। मन्दी पर मन्दी के बाद उसे अब उम्मीदों की गरीबी से जूझना पड़ रहा था।

गोविन्द की दास्तान प्रत्येक कोण से बीते ढाई दशकों के भारत की कहानी है। उस जैसे करोड़ों लोग भारत की सबसे नई प्रगति कथा के अनाम नायक रहे हैं। भारतीय अर्थव्यवस्था ने बीते कुछ बरस खासी मुश्किल से काटे हैं। नोटबन्दी-जीएसटी और मन्दी ने जोड़-जोड़ हिला दिये थे फिर अचानक कोविड ने सब कुछ तोड़ दिया।

गोविन्द जैसे लाखों लोगों के सड़क पर आने के बाद ही दुनिया को पता चला कि भारत की एक बड़ी आबादी के पाँव के नीचे जमीन ही नहीं है। 40 करोड़ लोग गरीब या फिर कोविड जैसी आपदाओं के दौरान उनके पास कोई सुरक्षा नहीं जो उन्हें ऐसी तबाही में गरीबी या बीमारी का शिकार होकर मरने से बचा सके।

2020 के पलायन ने बताया कि (सीएमआईई-शिकागो बूथ अध्ययन) लॉकडाउन ने 88 फीसदी परिवारों की आय तोड़ दी है। 3,800 रुपये मासिक

आय वाले परिवारों की हालत सबसे ज्यादा खराब है। 34 फीसदी परिवार बाहरी मदद के बिना केवल एक हफ्ता काम चला सकते हैं और 30 फीसदी के पास एक माह से ज्यादा काम चलाने की क्षमता नहीं है।

गोविन्द के पास भी दिल्ली में एक-दो माह से ज्यादा टिकने की क्षमता नहीं थी। गोविन्द जैसे लोग तो ऐसे थे जो लॉकडाउन के बाद पैदल अपने गाँवों की तरफ चल पड़े थे और जिन्हें यह पता नहीं था कि शहर से भागने के बाद भी उनकी जान नहीं बचेगी। बीमारी गाँवों तक पहुँची और गाँव के गाँव मातम की स्याही बिखेर गई।

भारत का 60 फीसदी जीडीपी आम लोगों के खर्च पर आधारित है, जिनकी कमाई और खपत से देश चलता है। इनके पगार, नौकरी, मजदूरी छूटी तो भारतीय अर्थव्यवस्था की विकास दर 2020-21 में सिकुड़ कर -7.5 प्रतिशत रह गई। यह नकारात्मक जीडीपी भारत ने चालीस साल पहले कभी देखा था लेकिन तब वक्त बिलकुल अलग था।

2020 का लॉकडाउन हटने के बाद कारोबार शुरू हुआ लेकिन न माँग लौटी न रोजगार। भारतीय अर्थव्यवस्था को करीब 10 लाख करोड़ रुपये का सीधा नुकसान हुआ, जिसमें कई कारोबार हमेशा के लिए खत्म हो गए। अप्रैल 2021 में दूसरी लहर आने और राज्यस्तरीय लॉकडाउन लौटने के बाद तो कमर और उम्मीद दोनों टूट गईं।

भारतीय अर्थव्यवस्था को लम्बे समय तक नकारात्मक विकास दर की जकड़ में रहना होगा। यदि कोविड की तीसरी लहर ने तबाह न किया तो, गर्त से निकलकर आगे बढ़ने का सफर 2022-23 में (बेस इफेक्ट का असर खत्म होने के बाद) तेज ग्रोथ की मंजिल बहुत दूर है।

कोविड की भयानक मार और जटिल मन्दी के कारण भारत की अर्थव्यवस्था 1991 के बाद अर्जित अपने अधिकांश आर्थिक फायदों को गँवाती दिख रही है।

प्रगति का यह शून्य गोविन्द से ही निकल रहा है और वह इस शून्य का शिकार भी है। वह खुद मन्दी भी है और मन्दी का निर्माता भी।

गोविन्द भारत के उन 44 करोड़ कामगारों का हिस्सा है, लॉकडाउन के दौरान जिनमें से हर चौथे की नौकरी या काम खत्म हो गया। सबके सब गाँव जाकर ग्रामीण रोजगार योजना (मनरेगा 2005) की शरण में पहुँच गए जो सूखा-बाढ़ के वक्त या अति गरीबों को साल में 180 दिन की दिहाड़ी देने के

लिए बनी थी। लेकिन वह कब तक मदद करती। 2020 में लॉकडाउन खत्म होने के बाद कारोबार खुला भी तो न काम के अवसर लौटे और न पगार में बढ़त। लौट आया तो बस कोरोना जो कइयों के अपनों को छीन ले गया।

सब छोड़-छाड़कर वापस मजदूर बनने के लिए गाँव वापस जाने से पहले गोविन्द ने बहुत बुरा वक्त नहीं देखा था। मुसीबतें बीते तीन-चार बरस में कुछ ज्यादा बढ़ी थीं फिर भी उसने वापस लौटने से पहले हर सम्भव कोशिश की थी कि कहीं कोई उम्मीद नजर आए लेकिन उसके पास सिर्फ हर तरफ नौकरियाँ जाने और रोजगार खत्म होने की खबरें थीं।

गोविन्द का शहर

गाँव तक पैदल सफर शुरू करने से पहले गोविन्द ने वजीरपुर के खंडूजा साहब को फोन किया था। करीब बारह साल पहले जब वह रोडवेज की बस से पहली बार दिल्ली के कश्मीरी गेट बस अड्डे पर उतरा था तब गाँव के रामखेलावन उसे खंडूजा की फैक्ट्री में लाए थे। पश्चिमी दिल्ली के वजीरपुर की बर्तन फैक्ट्री गोविन्द का पहला ठिकाना था। मजदूरी तो बहुत नहीं मिली लेकिन गोविन्द ने हुनर सीखा और कम कमाई में शहर में रहने का तौर-तरीका आ गया। बाद में गुरुग्राम और नोएडा की फैक्ट्रियों में काम करता रहा।

लॉकडाउन का कहर टूटने और ओला कैब खड़ी होने के बाद, गोविन्द को उम्मीद थी कि उसके पुराने मालिक उसकी कुछ मदद करेंगे।

खंडूजा साहब की फैक्ट्री थी तो पुरानी लेकिन बीते छह-सात बरस से वे खुद मुश्किल में थे। लागत बढ़ रही थी और क्वालिटी कमजोर थी। उन्होंने चीन से सस्ते बर्तन मँगाकर उन पर अपनी मुहर लगाकर बेचना शुरू कर दिया। काम चल निकला तो बिजली का सामान मँगाकर बेचने लगे और इस तरह खंडूजा साहब निर्माता से व्यापारी हो गए। फैक्ट्री छोटी होती गई लेकिन कारोबार चलता रहा।

खंडूजा साहब ने फैक्ट्री के साथ कार बैटरी की एजेंसी और टायरों की डीलरशिप जैसे काम भी जोड़े थे लेकिन चीन से जिस सस्ते आयात ने उन्हें बर्तन का काम चलाए रखने में मदद की थी उसी सस्ते आयात ने टायर और बैटरी का धन्धा तोड़ दिया।

कोविड से पहले तक खंडूजा स्थानीय राजनीति में सक्रियता के जरिये सरकारी ठेके लेने की जुगत में लगे थे।

बीते कुछ वर्षों में कई तरह की कोशिशों से खंडूजा पर ठीक-ठाक कर्ज हो गया। ज्यादातर लेन-देन नकद में होता था सो नोटबन्दी में धन्धा टूट गया, फिर जीएसटी के चक्कर में एजेंसी और डिस्ट्रीब्यूटर के काम भी बन्द करने पड़े। वह एक बड़े नेता की मदद से, कर्ज की देनदारी टालने के लिए बैंक से बात कर ही रहे थे कि इस बीच 2020 में लॉकडाउन हो गया।

दरअसल, वजीरपुर, नोएडा, गुरुग्राम, सूरत, इंदौर, तिरुपुर, कोलकाता, मेरठ में असंख्य खंडूजा और अग्रवालों के कारोबार में घुन तो पहले ही लग चुके थे और बहुत उद्योग मैन्युफैक्चरिंग से सर्विसेज की तरफ बढ़ चुके थे।

गोविन्द को वजीरपुर छोड़े छह साल हो गए थे। उसके दूसरे मालिकों में नोएडा की बैटरी कम्पनी बिक्री खत्म होने से घिसट रही थी, गुरुग्राम में मजदूर आपूर्ति करनेवाली एजेंसी के पास काम नहीं था और द्वारका का मॉल जहाँ वह पहले बिग बाजार स्टोर पर काम करता था, वह लॉकडाउन में बन्द था।

तो किस्सा कोताह यह कि खंडूजा साहब की फैक्ट्री के मजदूर भी गाँव चले गए और उनके साथ माँग भी। बर्तन या सामान जिन लोगों के बीच बिकते थे वे तो सब गोविन्द जैसे ही थे, जिनके पास अब खर्च के लिए पैसा नहीं था।

लॉकडाउन खत्म होने के बाद खंडूजा साहब अब किसी बड़ी कम्पनी के डिस्ट्रीब्यूटर बनना चाहते थे जिसकी बाजार में मोनोपली हो। इस बीच बैंक उनसे पुराना कर्ज वसूलने पर अड़े थे। वक्त जैसे खंडूजा पर खार खाये बैठा था। अपने रसूख, पुराने कारोबारी हुनर और राजनीतिक सम्पर्क के बाद खंडूजा को कोविड की दूसरी लहर के दौरान कोविड पीड़ित पत्नी के लिए कोई भी कीमत चुकाने पर एक अस्पताल में बेड नहीं मिला। ऑक्सीजन के लिए वे दिल्ली के लंगरों में भटकते रहे। पत्नी की जान नहीं बची। कोविड के संक्रमण ने उनकी पुरानी बीमारियाँ बढ़ा दी। खंडूजा के उद्यमी बच्चे अब उनसे कनाडा में चाचा के साथ मिलकर काम करने पर जोर दे रहे हैं। बच्चे अब भारत से निराश से हो गए हैं।

गोविन्द का सफर जिन छोटे उद्योगों या कारोबारों की मदद से शुरू हुआ था उनके लिए पिछला दशक बहुत बुरा बीता। भारत में लगभग 60 फीसदी प्रतिष्ठान या तो घर से चलते हैं या उनके पास कोई स्थायी कारोबारी ढाँचा नहीं है। इनमें करीब 54 फीसदी के पास एक भी कर्मचारी नहीं है यानी कि

मालिक-स्टाफ सब एक ही व्यक्ति है। नब्बे के दशक के अन्त से प्रतिष्ठान छोटे होते जा रहे हैं, यानी हर कारोबार में कर्मचारियों की संख्या घट रही है और स्वरोजगार बढ़ रहे हैं, जो कभी भी मौसमी बेरोजगारी के शिकार हो जाते हैं।

लॉकडाउन से पहले ज्यादातर उत्पादों में या तो सस्ते आयात आ गए थे या फिर बड़ी कम्पनियों का एकाधिकार था इसलिए सेवाएँ यानी सर्विसेज बची थीं जिनमें रोजगार मिल रहा था। लॉकडाउन का सबसे बुरा असर इन्हीं पर पड़ा।

नोटबन्दी के बाद नौकरी लड़खड़ाई तो गोविन्द ने ओला की टैक्सी चलानी शुरू की। उसकी आखिरी नौकरी, द्वारका के नए शॉपिंग मॉल में थी जहाँ वह ट्रक ड्राइवर था और गोदाम से स्टोर तक माल पहुँचाता था। स्टोर का काम कुछ मन्दा पड़ा और पगार नहीं बढ़ी तो गोविन्द ने एक टैक्सी स्टैंड पर नौकरी जुगाड़ ली।

यहीं से उसे ओला-उबर (एप आधारित कैब) की टैक्सी चलाने का मौका मिला। कमाई बेहतर हुई तो वह परिवार को ले आया। पत्नी को भी गुरुग्राम के एक शॉपिंग मॉल में काम मिल गया।

गोविन्द लम्बे समय तक ड्राइवर ही रहता अगर उसे रोहन न मिले होते।

उत्तर प्रदेश के बदायूँ के रहनेवाले रोहन एमबीए करने के बाद द्वारका में आकर रह रहे थे। एक-दो साल के काम के बाद उन्हें अच्छा जॉब मिल गया। रोहन पाँच सितारा होटलों में सुविधाओं का ऑडिट करते थे। अमेरिका की अन्तरराष्ट्रीय ऑडिट फर्म के प्रतिष्ठित ऑडिटर गौरव रोहन दुनिया घूमते थे, और शानदार होटलों में सुविधाओं पर गोपनीय रिपोर्ट बनाकर अपनी कम्पनी को देते थे जो होटल के मालिकों और निवेशकों तक जाती थी ताकि सुविधाएँ-सेवाएँ बेहतर हो सकें।

ये नई सेवाएँ पिछले एक दशक में उभरी हैं, जिनमें काम करनेवाले लोगों ने भारत में महानगरों में एक नया मध्यम और उच्च-मध्यवर्ग तैयार किया है।

रोहन की नौकरी शानदार थी, 2015 में उनकी कम्पनी ने दिल्ली में एक ऑफिस खोलकर भारत के होटलों को भी अपने कारोबार से जोड़ा था। ऑफिस गुरुग्राम में था। वेतन और कारोबार बढ़ा तो रोहन, द्वारका छोड़कर गुरुग्राम के एक नवविकसित महँगे अपार्टमेंट में आ गए।

नये ऑफिस के लिए एक बैंक ने उन्हें कर्ज दिया ही था। उनकी कारोबारी साख पर एक हाउसिंग फाइनेंस कम्पनी ने उनका शानदार फ्लैट भी फाइनेंस कर दिया। रोहन अपनी एक कार पहले ही फाइनेंस करा चुके थे।

पूरी दुनिया की यात्रा, अच्छा वेतन और सुविधाएँ रोहन का सब कुछ अच्छा ही चल रहा था। उसकी पत्नी एक एडवरटाइजिंग फर्म में काम करती थी। बेटी होने के बाद उन्होंने बुटीक बेकरी खोल ली जो गुरुग्राम के उच्चवर्गीय घरों में डिजाइनर केक सप्लाई करती थी।

रोहन के पिता रिटायर्ड सरकारी अधिकारी हैं, जो कभी बदायूँ के गाँववाले घर में रहते थे और कभी गुरुग्राम में रोहन के पास। उनकी अधिकांश बचत जमीन खरीदने में लगी थी तो कुछ पैसा बैंक में था। रोहन के पिता ने अपनी बचत को शेयर बाजार या म्यूचुअल फंड आदि से दूर ही रखा था।

अचानक रोहन की जिन्दगी में 'वायरस' आ गया। पूरी दुनिया के होटल बन्द हो गए। भारत में सबसे तगड़ी चोट सेवाओं को लगी जो कि भारतीय अर्थव्यवस्था में 60 फीसदी का हिस्सा रखती हैं। होटल, फूड, ट्रैवेल, पर्यटन के बिजनेस मॉडल ढह गए।

रोहन की जैसी कई कहानियाँ इन्हीं उद्योगों से निकली थीं। स्टार्ट-अप क्रान्ति के बाद नौकरियाँ बढ़ीं, खपत बढ़ी और लोगों ने जरूरी चीजों के साथ लग्जरी और सुविधा पर खर्च करना शुरू किया था। मध्यवर्ग ने भारत में मकान व कार के लिए कर्ज के बाजार को तैयार किया है।

लॉकडाउन के बाद रोहन को कर्मचारी निकालने पड़े और फिर नौकरी चली गई। कर्ज चुकाने में मुश्किल आ गई। पत्नी की बुटीक बेकरी भी बन्द हो गई।

वापस गोविन्द की तरफ लौटते हैं

गोविन्द और रोहन की मुलाकात कोविड से एक साल पहले हुई थी। गोविन्द, रोहन को रोज एयरपोर्ट ले जाता था। अच्छी सेवा देखकर रोहन की कम्पनी ने गोविन्द के टैक्सी स्टैंड को नियमित काम देना शुरू कर दिया। टैक्सी स्टैंड के मालिक पहलवान जी खुश थे क्योंकि बँधा हुआ काम आ रहा था लेकिन गोविन्द को लगता था कि वह और आगे जा सकता है।

इसी उधेड़बुन में रोहन ने गोविन्द को खुद की टैक्सी लेने का सुझाव दिया। गोविन्द ने गाँव की कुछ जमीन गिरवी रखी और बाकी पैसा एक नॉन

बैंकिंग फाइनेंस कम्पनी से मिला जो ऊँचे ब्याज पर था और गोविन्द कार मालिक हो गया।

दिन बुरे नहीं थे। कमाई ठीक थी, रोहन की कम्पनी कार किराये पर लेकर अच्छा पैसा दे देती थी। कर्ज की किस्त चुकाने के बाद गोविन्द को ठीक-ठीक बचत हो जाती थी।

लॉकडाउन की खबर गोविन्द और रोहन ने एयरपोर्ट पर एक साथ सुनी। दोनों को लग रहा था कि एक-दो हफ्ते में सब सामान्य हो जाएगा। लेकिन पन्द्रह दिन में ही गोविन्द के पास पैसा खत्म हो गया। कार की किस्त सिर पर टँगी थी, मकान का किराया और राशन का खर्च ऊपर से।

रोहन के सिर पर भारी कर्ज था। नौकरी और कारोबार बन्द हो गया था।

गोविन्द, रोहन, खंडूजा और पैसा

हिन्दी फिल्मों के क्लाइमेक्स की तरह, गोविन्द, रोहन और खंडूजा को किस्मत एक ही दरवाजे पर ले आई जो भारत के बैंकों यानी वित्तीय तंत्र का है। गोविन्द की टैक्सी, रोहन का घर और कार, खंडूजा का कारोबार, तीनों ही कर्ज की देन थे।

इनमें दो लोग (रोहन और गोविन्द) भारत की शैडो बैंकिंग यानी वित्तीय कम्पनियों के ग्राहक थे और खंडूजा जी सरकारी बैंक के। तीनों का कमाई स्रोत (कैश फ्लो) टूट चुका था और भविष्य अँधेरे में था।

बीते एक दशक में बैंकों व एनबीएफसी के कर्ज का बड़ा हिस्सा गोविन्द और रोहन जैसों के पास गया है। बड़े कर्जदार लॉकडाउन के पहले से ही बैंकों से भारी कर्ज लिये बैठे थे। करीब 9 लाख करोड़ रुपये के एनपीए की वसूली के लिए मारा-मारी जारी थी, जबकि एनबीएफसी 2020 के अन्त तक लगभग 8.29 लाख करोड़ रुपये के कर्ज पर बैठे थे। बैंकों का बहुत सा कर्ज दीवालिया कानून में बैंकरप्टसी में उलझकर खत्म हो गया, जबकि एनबीएफसी तो डूब ही गए।

लॉकडाउन के बाद गोविन्द की कार एनबीएफसी वाले ले गए। इधर, खंडूजा के लिए बैंकों ने कर्ज की वसूली तो टाल दी लेकिन कोविड की तबाही से उन पर लदे कर्ज का बोझ कम नहीं होनेवाला।

लॉकडाउन के बाद रोहन ने अपनी और परिवार की बचत पर दिमाग लगा रहा था। पिता के एफडी पर ब्याज दर कम हो चुकी थी। उसे केवल कार और

मकान का कर्ज ही नहीं चुकाना था, म्यूचुअल फंड की सिप, क्रेडिट कार्ड पर की गई खरीदारी के बिल और बीमा प्रीमियम भी देने थे। अचानक रोहन को पता चला, उसकी बचतें, उस पर लदे कर्ज की देनदारी से कम पड़ रही हैं।

रोहन के पास तुरन्त कोई रास्ता नहीं था। उसने कर्ज की किस्त टाल दी। खर्च सीमित कर दिये। पत्नी नीलिमा की बेकरी बन्द कर दी। नये काम की तलाश में लग गए। बचत थी तो काम चल रहा था, नौकरी या धन्धे की कोशिशें करते-करते फरवरी का महीना आ गया था।

रोहन किसी नये कारोबार की जुगत में था। वह लखनऊ के अपने पुराने साथी मुदित के साथ मिलकर नया कंसल्टिंग बिजनेस शुरू करनेवाला था। अप्रैल के अन्त में मुदित को कोविड हुआ। लखनऊ में अस्पताल न मिलने के कारण मुदित को बचाया नहीं जा सका। रोहन की पत्नी भी कोविड से उबर आई लेकिन बेरोजगारी और निराशा के कारण अब अवसाद का लम्बा इलाज चल रहा है।

गोविन्द का गाँव

2021 जनवरी में जब गोविन्द आसपास के कस्बों में मजदूरी रोजगार तलाश रहा था कि तब यह साफ हो गया था अकेले 2020 में कोविड के असर से करीब 11 करोड़ लोग बेरोजगार हुए हैं। कोविड की दूसरी लहर और राज्यों में लॉकडाउन के बाद मई 2021 में 1.5 करोड़ रोजगार और खत्म (सीएमआईई) हुए। यानी पहले गए रोजगार तो लौटे नहीं जो बचे थे उनमें भी कमी हो गई थी। भारत की प्रति व्यक्ति आय ने जीडीपी से कहीं ज्यादा तेज रफ्तार से गोता लगाया।

गोविन्द के गाँव से कई लोग बेहतर भविष्य के लिए अलग-अलग मौकों पर मुम्बई, दिल्ली, चेन्नई, हैदराबाद, कोलकाता गए थे। लॉकडाउन के दौरान 10-11 करोड़ रोजगारों के नुकसान में अधिकांश अकुशल श्रमिक, छोटे व्यापारी और दैनिक मजदूर थे। सीएमआईई के आँकड़े के मुताबिक, कृषि मजदूरों की तादाद बढ़ी जबकि छोटे व्यापारी (पान, चाय, रेहड़ी) कम हुए।

गाँव कोई अच्छी हालत में नहीं था। मजदूरी में बढ़ोतरी बीते पाँच साल से नहीं हुई थी।

अर्थव्यवस्था की समग्र आय में खेती का हिस्सा 18.2 फीसदी है लेकिन समग्र वेतन में कृषि मजदूरी का हिस्सा केवल 8.2 फीसदी है। यानी खेती में कमाई बढ़ने से उसमें काम करनेवाले मजदूरों की मजदूरी नहीं बढ़ती।

खेती जो सबसे ज्यादा कामगारों को अपनी छोटी-सी पीठ पर उठाए है (जीडीपी में हिस्सा 14 फीसदी, कुल कामगार 28 करोड़) वहाँ श्रम की आपूर्ति बढ़ने से मजदूरी और कम होने लगी थी। गाँव पहुँचकर ही गोविन्द को पता चला कि करीब 5.6 करोड़ किसान परिवारों को पीएम किसान निधि की सीधी मदद नहीं मिलती।

गोविन्द और बहुत से लोग गाँव में दोहरी बेकारी लेकर आए थे। कोविड से पहले शहरों में काम करनेवाले श्रमिकों की औसत मासिक कमाई 5000 से 15,000 रुपये के बीच थी। इसमें से करीब 5-7,000 रुपये वापस गाँव पहुँचते थे। इन प्रवासियों के जरिये हर साल जितना धन गाँवों में जाता है वह जीडीपी का करीब दो फीसदी है।

प्रवासी श्रमिकों की वापसी के साथ यह हस्तान्तरण खत्म हो गया। गोविन्द जैसे लोगों के लिए मनरेगा ही एक सहारा था हालाँकि इसमें मिलनेवाली मजदूरी, उनकी शहरी पगार की एक-चौथाई होनेवाली थी। यह गाँवों पर दोहरी गरीबी का ग्रहण था।

गोविन्द की सबसे बड़ी त्रासदी यह थी कि जिस बीमारी के पहले हमले ने उसे बेरोजगारी और गरीबी की जिन्दगी में धकेल दिया था उसके दूसरे हमले ने उसके अपने छीन लिए और उसकी रही-सही बचत भी निगल ली। वह पैसे जुगाड़ कर कर्ज चुकाने की कोशिश में था ताकि कार के लिए गिरवी रखी जमीन छुड़ा सके।

भारत का जो सफर 1991 में शून्य से शुरू हुआ था उसने बीते ढाई दशक में दुनिया के सामने भारत की पहचान ही बदल दी। यह बदलाव भारत के करोड़ों लोगों ने मिलकर किया जिनमें नोएडा लेबर चौक भी शामिल है और गुरुग्राम के शॉपिंग मॉल भी। मुम्बई की पेडर रोड, हवाई अड्डों के टैक्सी स्टैंड, कोलकाता का बड़ा बाजार, उड़ीसा के तटीय बन्दरगाह और चेन्नई, बेंगलुरु की मध्यवर्गीय बस्तियाँ भी इस बदलाव के हस्ताक्षर हैं। दूर देश में काम करनेवाले युवा पेशेवर भारतीय भी इस यात्रा की शानदार दृश्यावली हैं।

यही लोग नई भारतीय अर्थव्यवस्था के निर्माता भी हैं, निवेशक भी हैं और उपभोक्ता भी।

भारत का विकास मॉडल न तो तकनीक से लैस है, न पूँजी और न ही

बड़ी उत्पादन क्षमताओं से। भारत ने न तो रूस, जर्मनी, इटली, फ्रांस, जापान जैसी मैन्युफैक्चरिंग तकनीकें विकसित कीं जो डिजिटल पूर्व युग की पहचान थीं, न ही अमेरिका जैसी तकनीकी रचनात्मकता। चीन जैसी रिवर्स इंजीनियरिंग या भीमकाय उत्पादन क्षमताएँ ।भी नहीं आईं यहाँ।

उदारीकरण से पहले सरकार के लाइसेंस पर तकनीक आयात की जाती थी। 1991 के बाद 100 करोड़ की मंजिल की तरफ बढ़ती हुई आबादी वाले बाजार की सम्भावनाएँ चमक उठीं तो पूँजी और नई तकनीक आने लगी; यह सफर डिजिटल अर्थव्यवस्था तक जारी है जहाँ स्टार्ट-अप में पूँजी और तकनीक विदेश की है लेकिन खपत और बाजार यहाँ विशुद्ध स्वदेशी है तभी तो कोविड की घोर मन्दी के बीच रिलायंस जियो और रिटेल (नवम्बर 2020 तक) का करीब 1.65 लाख करोड़ रुपये का निवेश गया था। यह भारतीय बाजार की सम्भावनाओं पर हाल के दशक में लगाया गया सबसे बड़ा दाँव है या कि भारत की डिजिटल इकोनॉमी में निवेश की अब तक की सबसे बड़ी कहानी है :

अगर फार्मा, ऑटो और तकनीक सेवा कम्पनियों को छोड़ दें तो भारतीय अर्थव्यवस्था अधिकांशत: अन्तरमुखी है। अपनी खपत पर चलनेवाली, इसलिए निर्यात सीमित ही रहा। समकक्ष अर्थव्यवस्थाओं की तुलना में भारत ने अधिकांश क्षेत्रों में सरप्लस उत्पादन क्षमताएँ तैयार नहीं कीं। कस्टम ड्यूटी हटने से बहुत छोटी चीजों का भी आयात बढ़ा क्योंकि उदारीकरण के बाद की नीतियाँ बड़े उद्योगों की तरफ मुखातिब हो गई थीं।

1991 के बाद भारत ने एक-दो छोटी आर्थिक सुस्ती (1993 के पूर्वी एशिया मुद्रा संकट या 2008 के बैंकिंग संकट की वजह से) के अलावा गहरी ढाँचागत मन्दी नहीं देखी थी। 2017 में अर्थव्यवस्था की चूलें हिलने लगी थीं। गोविन्द और खंडूजा को इसकी चुभन महसूस होने लगी थी, रोहन तक यह झटका नहीं पहुँचा था।

कोविड के हमले से पहले तक भारत में बचत 20 साल के न्यूनतम, पूँजी निवेश छह साल के न्यूनतम और खपत तीन साल के न्यूनतम पर आ चुकी थी जबकि बैंकों के बकाया कर्ज रिकॉर्ड स्तर पर थे।

मई 2021 में गोविन्द, रोहन और खंडूजा एक जैसे हो गए थे। वे उन 80 फीसदी लोगों में शामिल थे जिन्हें सबसे ज्यादा नुकसान हुआ था। मोती लाल

ओसवाल की इकोस्कोप रिसर्च (मई 2021) के मुताबिक, भारत में 2020 के दौरान अर्थव्यवस्था की आय में जो कमी हुई थी उसका 80 फीसदी नुकसान निजी कम्पनियों और परिवारों के खाते में गया था। यह अमेरिका, कनाडा, आस्ट्रेलिया की तुलना में बहुत ज्यादा है जहाँ निजी क्षेत्र के नुकसान 20 से 60 फीसदी के बीच रहे।

अन्य देशों के मुकाबले भारत में सरकार ने अर्थव्यवस्था के निजी हिस्से, खासतौर से छोटे उद्योगों, उपभोक्ताओं और स्वरोजगार क्षेत्र की कोई सीधी मदद नहीं की थी।

गोविन्द, खंडूजा और रोहन जिनके पास पिछले कर्ज को चुकाने का रास्ता नहीं था और सरकार उनसे नया कर्ज लेने को कह रही थी। महामारी और मौत की विभीषिका ने उनके भरोसे को तोड़ दिया था।

गोविन्द जो भारत के उभरते मध्यवर्ग का हिस्सा बनने की कोशिश कर रहा था, उसका बहुत कुछ उजड़ गया।

रोहन ने ऊँची उड़ान भरी थी। वह मध्यम से उच्च-मध्यवर्ग में पहुँच गया था और नौकरी करनेवाले से नौकरी देनेवाले में बदल रहा था। उसे पहली बार महसूस हुआ कि अब अवसर सीमित हैं और उम्मीदें टूट गई हैं। वह एक दशक पहले वाली स्थिति में आ गया था। फर्क सिर्फ इतना था कि तब कर्ज नहीं था, अब देनदारी लदी थी।

खंडूजा को पता था कि जब तक रोहन और गोविन्द के पुराने दिन वापस नहीं लौटते, उनके कारोबारी सितारे नहीं बदलेंगे।

महामारी और महामन्दी के बाद गोविन्द, रोहन और खंडूजा के लिए क्या बचा है? भारत के लोग भारी टैक्स चुकाने के बाद भी सरकारों से ऑक्सीजन माँगते हुए क्यों मर गए? यूरोप, अमेरिका के देशों की तरह सरकार बेरोजगारों की मदद क्यों नहीं कर सकी? कोविड की महामारी आर्थिक प्रगति का कौन फार्मूला बदलनेवाली है? क्या आबादी का बुढ़ापा आने से पहले भारत में तेज विकास दर लौट सकेगी?

इन सवालों के जवाब मिलेंगे अगले अध्यायों में जहाँ आप मिलेंगे कुछ और नये लोगों से। चलिए, चलते हैं इस सफर पर।

खण्ड : एक

आँकड़ों के आरपार

1

छोटे होने की मुसीबत

जून 2021—मेरठ के गुदड़ी बाजार में कैंची को धार देते हुए जमील मियाँ अचानक शून्य में कुछ तलाशने लगते हैं। बार-बार की बन्दी के बाद अभी लॉकडाउन हटा है और उन्होंने दोबारा मशीन घुमाई है।

जमील कारीगरों की छठी पीढ़ी से हैं। चेहरे पर तजुर्बे की झुर्रियाँ हैं। उनकी सफेद दाढ़ी पर लोहे का बुरादा चिपका है। उस्ताद जमील की कैंचियाँ उनसे बात करती हैं। अब बस एक कर्मचारी दुकान पर बचा है जिसे वह बेसाख्ता डाँट देते हैं और बार-बार कैंची की कमर, मुँह, हाथ दुरुस्त करने को कहते हैं।

रईस की कैंची के नाम से बिकती हैं उनकी कैंचियाँ।

कैंची निहायत उपेक्षित-सा मगर बेहद जरूरी उपकरण है लेकिन एक कैंची कच्चे माल से तैयार होने तक 120 हाथों से गुजरती है। इसके बिना मुम्बई और गुरुग्राम के किसी फैशन हाउस की कल्पना नामुमकिन है, न ही लाखों हेयर ड्रेसर इसके बिना कारोबार कर सकते हैं। औद्योगिक कैंचियों के बिना हस्तशिल्प नहीं चलते। मेरठ की कैंचियाँ दुनियाभर में बिकती थीं। महँगे ब्रांडेड कपड़ों वाले बुटीक से लेकर घर में कपड़ा सिलनेवाली महिलाओं के हाथ में शायद मेरठ की बनी कैंची रहती है। और मेरठ वालों की मानें तो इटली के फैशन हाउस तक जाती हैं यहाँ से कैंचियाँ।

"नाई की कैंची बोलती ज्यादा और काटती कम है और दर्जी की कैंची चुप रहकर गहरा काटती है लेकिन वक्त की कैंची कैसे काटती है कुछ समझ नहीं आता," यह कहते हुए जमील इशारा करते हैं कि "हमारी कैंचियों के

साथ चीन की कैंचियाँ भी टँगी हैं। इन पर धार नहीं रखी जा सकती लेकिन बिकती यही हैं।"

जमील ने अपने बड़े बेटे नफ़ीस को पॉलिटेक्निक में पढ़ाई कराई थी। सोचा कि वह टूल्स का काम करेगा। आसपास नये कारखाने आ रहे थे। पीछे एक दुकान किराये पर ली और बैंक से कर्ज लेकर खराद (लेथ) मशीन लगाई। एक-दो साल तो काम चला लेकिन चीन के टूल्स के सामने नफ़ीस के टूल्स की माँग कम होती गई।

नोटबन्दी के बाद कर्ज के साथ कच्चे माल का उधार चढ़ गया और पेमेंट फँस गए। लोहा उधार लाते थे, ऑर्डर के पैसे आते तो चुकाते थे। एक बार गाड़ी पटरी से उतरी तो फिर वापस नहीं लौटी। बैंक का कर्ज चुकाने में दिक्कत आने लगी तो मशीन बेचकर वर्कशॉप बन्द कर दी गई।

जमील और नफ़ीस से मैन्युफैक्चरिंग का मिजाज नहीं सँभला। नफ़ीस ने खाने (कैटरिंग) का काम शुरू किया, जिसकी लागत कम थी और पेमेंट तुरन्त आ जाता था। अपने चचेरे भाइयों को उसने ओला-उबर की टैक्सी और स्विगी (फूड डिस्ट्रीब्यूटर स्टार्ट-अप) के काम में लगा दिया। इस तरह जमील की अगली पीढ़ी पारिवारिक वर्कशॉप छोड़ दूसरे धन्धे में चली गई।

कैंचियाँ या पुर्जे बनाकर उनकी गुजर नहीं होनी थी।

जमील की आत्मनिर्भरता

जमील को नहीं पता कि वह भारत में उद्योगों की किस गिनती में आते हैं। लेकिन उनके जैसे करीब 6.33 करोड़ एमएसएमई (यानी माइक्रो, स्माल एंड मीडियम) उद्यमी भारत के जीडीपी में करीब 30 फीसदी हिस्सा रखते हैं। कोविड से पहले तक 11 करोड़ रोजगार देनेवाले ये उद्योग फैक्ट्रीज उत्पादन में 45, सर्विसेज में 25 फीसदी और निर्यात में 48 फीसदी हिस्सा रखते हैं।

इन असंख्य 'छोटों' के लिए कोई मेक इन इंडिया नहीं है और न ही निवेश मेलों में कोई उनके लिए कालीन बिछाता है। भारत के 90 फीसदी प्रतिष्ठान जमील या उनके जैसे हैं, यानी इतने ज्यादा हैं कि इनकी मरने-खपने की कोई सुध नहीं लेता।

जमील कहते हैं, साहब हमारी रीढ़ में इतना दम नहीं कि नोटबन्दी, जीएसटी और दो-दो लम्बा लॉकडाउन झेल सकें और फिर बीमारी... जमील के चचेरे भाई जो उनके पिता की तरह थे कोविड उन्हें निगल गया। वही कहानी न दवा मिली और न अस्तपाल।

जमील कहते हैं कि कुछ बचत थी तो फाके नहीं हुए लेकिन कर्ज चढ़ गया है।

अप्रैल 2021 में डन एंड ब्रैडस्ट्रीट ने एक सर्वे में पाया था कि करीब 82 फीसदी छोटे उद्योगों का कामकाज चौपट हुआ। इनमें 70 फीसदी को उबरने के लिए एक साल चाहिए था। तब किसी को अन्दाज नहीं था दूसरी लहर आकर तबाह कर देगी। कोविड के दूसरे हमले और स्थानीय लॉकडाउन के असर को नापने के लिए लोकल सर्किल के एक सर्वे से पता चला कि करीब 60 फीसदी छोटी कम्पनियाँ बन्द हो जाएँगी या फिर उनके कारोबार न के बराबर रह जाएँगे। जून 2021 तक इनके पास न माँग बची थी, न पूँजी और कर्मचारी भी गाँव चले गए थे। करीब 50 फीसदी के पास दो माह के संचालन लायक पूँजी नहीं थी।

कोविड से पहले भी छोटे उद्योगों के अच्छे दिन नहीं थे। जमील जैसों की उद्यमिता भारतीय लघु उद्योग में सबसे बड़े संक्रमण की गवाह रही है।

भारत में करीब 80 फीसदी छोटी इकाइयाँ पूँजी की भयानक कमी की शिकार हैं। छोटी इकाइयों को करीब 240 अरब डॉलर रुपये कर्ज की जरूरत है। यह आकलन कोविड की दूसरी लहर के बाद एसोसिएशन ऑफ चार्टर्ड अकाउंटेंट्स ने किया। इसमें अधिकांश कर्ज की जरूरत धन्धा चलाए रखने की पूँजी के लिए है। इनके माल या सेवाओं की बिक्री का पैसा 65 दिन में वापस आता है, इसलिए इनकी पूँजी का पहिया महँगे कर्ज पर निर्भर है।

पूँजी और कर्ज की आपूर्ति बढ़ाने के तमाम दावों के बरअक्स सच यह है कि जमील जैसों को औसतन 12 फीसदी ब्याज पर कर्ज मिलता है और वह भी रोजमर्रा के कारोबार चलाने के लिए यानी कच्चे माल और दैनिक खर्चों के लिए। अगर एक बार नोटबन्दी, जीएसटी या लॉकडाउन जैसा कुछ हो जाए तो कर्ज वक्त पर चुकाना मुश्किल। इसलिए छोटे उद्योगों को मिले कर्ज में 41 फीसदी हिस्सा फँस गया (एनपीए) है।

छोटे उद्योगों के लिए अधिकांश बैंक कर्ज छह राज्यों तक सीमित

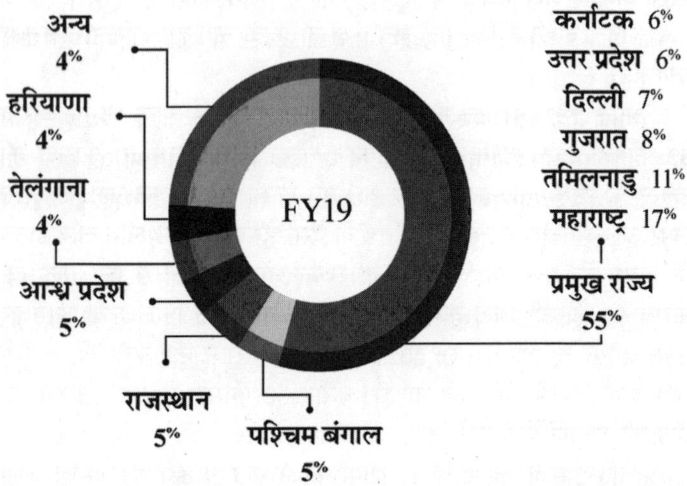

Source: Reserve Bank of India (RBI)

छोटे उद्योग : बड़ा कर्ज

- 30 अप्रैल, 2020* तक 65% कर्ज moratorium (कर्ज वापसी पर मोहलत) में*
- जून 2020 में एमएसएमई के डूबे कर्ज (NPA) 12.8%. जून 2019 में 11.4%**
- जून 2020 तक निजी बैंकों के एमएसएमई को कर्ज में NPA 5.8%. (जून 2019 तक एनपीए 4.6%). जून 2020 तक सरकारी बैंकों के NPA 18.6 % (जून 2019 तक 17.5%)**
- एनबीएफसी के एमएसएमई कर्ज में एनपीए जून 2020 में 9.7%. पिछले साल जून में 5.8%.**

Source: *RBI's Financial Stability Report (FSR) 2020
** Trans Union Cibil's MSME Pulse report in October 2020

लॉकडाउन के बाद आया आत्मनिर्भर पैकेज भी इस भूलभुलैया में फँस गया। लघु उद्योग संघ (फिस्मे) और केयर रेटिंग्स ने अपने सर्वेक्षण में पाया कि सरकारी गारंटी पर न बड़ी संख्या में छोटे उद्योगों ने कर्ज लिये और न बैंकों ने कर्ज बाँटने में रुचि दिखाई। उलटे रिजर्व बैंक की एक रिपोर्ट ने बताया कि 65 फीसदी लघु उद्योगों ने कर्ज चुकाने से मोहलत (मॉरीटोरियम) का चुनाव किया था।

रिजर्व बैंक की फरवरी 2021 की बुलेटिन बताती है कि ब्याज दरों में कमी और सरकार की तमाम गारंटियों के बावजूद लघु उद्योगों को कर्ज की आपूर्ति 2019 के मुकाबले 2020 में यानी एक साल में 11 फीसदी से घटकर -3.9 फीसदी पर आ गई है।

जमील वापस चीन की कैंचियों की तरफ देखने लगते हैं कि मानो कह रहे हों कि हमारे पास इनोवेशन या नई तकनीक के लिए पूँजी ही नहीं है। कारोबार की ऊँची लागत के कारण कर्ज कहाँ तक लिया जाए।

पीढ़ियों का संक्रमण

जमील की कहानी सुनकर हमारे दिल्ली वाले खंडूजा जी, जहाँ गोविन्द को काम मिला था, बेसाख्ता बोल उठे, जमील को जज्बाती नहीं होना चाहिए था। चीन की कैंचियाँ बेचने में क्या हर्ज था। काम चलता रहता लेकिन कोविड की दूसरी लहर के बाद उनका भरोसा लड़खड़ा-सा गया है। उनकी अगली पीढ़ी भी उनके धन्धे से इत्तफाक नहीं कर पाई थी। अब तो उनके बेटा-बेटी भारत में किसी नये काम को लेकर भी निराश होने लगे हैं।

सबसे बड़े खंडूजा बँटवारे के बाद पश्चिमी पंजाब से शरणार्थी बनकर दिल्ली आए थे और पिता के साथ गली-गली सस्ते बर्तन बेचते थे जो कोलकाता से आते थे। बाद में उन्होंने छोटी उत्पादन इकाई बनाई और बड़े जतन से बाजार में साख बनाई।

1990 तक खपत और उत्पादन सीमित था। 2005 के बाद सूरत बदली जब खंडूजा परिवार भी बढ़ा और कारोबार भी। उसी साल उन्होंने चीन से आए बर्तन का पहला कंटेनर लिया था। माल हाथोहाथ बिका और खंडूजा का नजरिया बदल गया। वह हर साल चीन जानेवाले और बर्तन के साथ बिजली का सामान, खिलौने आदि भी आयात करने लगे।

चीन के सामान ने खंडूजा की माली हालत बहुत बेहतर कर दी थी। वह स्थानीय राजनीति में भी पैठ बना चुके थे। लेकिन उनके बेटे को इस बर्तन या चीन के सामान के धन्धे में रत्ती भर दिलचस्पी नहीं थी। उनकी बेटी तकनीक डिग्री लेकर एक सूचना तकनीक कम्पनी में काम करने लगी और पुणे चली गई। बेटे ने दोस्तों के साथ छोटे कारोबारियों को मोबाइल आधारित तकनीकी सॉल्यूशन देने के लिए एक स्टार्ट-अप खोला और परिवार के पुराने मकान को दफ्तर में बदल दिया। वह आगे एक फिनटेक कम्पनी खड़ी करना चाहता था।

सस्ते आयात, लागत की महँगाई, इंस्पेक्टर और तकनीक की दिक्कत के चलते भारत के कई छोटे उद्योगों ने मैन्युफैक्चरिंग छोड़कर सर्विसेज का रुख किया जहाँ आयात की प्रतिस्पर्धा नहीं थी, भुगतान तेज थे और शहरी आबादी को नई सेवाओं की जरूरत थी। खंडूजा और जमील के बेटों जैसे असंख्य नये उद्यमियों ने छोटे उद्योगों में सर्विसेज इकाइयों का हिस्सा 2018 तक 69 फीसदी पर पहुँचा दिया।

सेवाएँ न केवल जीडीपी में सबसे बड़ा हिस्सा लेकर उभरीं बल्कि यहीं से सबसे ज्यादा रोजगार भी आए। कोविड और लॉकडाउन ने इसे तोड़ दिया। यह क्षेत्र पूरी तरह पर्सनल कांटेक्ट या लोगों के बीच प्रत्यक्ष लेन-देन पर आधारित था। 2020 लॉकडाउन के दौरान ही कारोबार बन्द रहने से 38 फीसदी स्टार्ट-अप के पास फंड खत्म हो गया और 30 फीसदी के पास एक से तीन महीने की नकदी बची। लोकल सर्किल (जून 2020) ने एक सर्वे में पाया कि ज्यादातर कारोबारियों की आय में अप्रैल से जून 2020 के दौरान 80-90 फीसदी से अधिक की कमी हुई, जिसके बाद उनके लिए व्यवसाय चालू रखना मुश्किल हो गया। इसका सीधा असर स्टार्ट-अप की मिलनेवाली पूँजी पर पड़ा। जून 2021 में इसी सर्वे ने दोबारा आकलन किया तो पता चला कि छोटी इकाइयों की तरह करीब 60 फीसदी स्टार्ट-अप बन्द होने की तरफ बढ़ जाएँगे।

स्टार्ट-अप नई नौकरियों के मामले में सबसे बड़ी उम्मीद थे। 2020 तक स्टार्ट-अप यानी ओला, स्विगी, उबर, ओयो आदि कर्मचारियों की छँटनी की खबरों के कारण सुर्खियाँ बन चुकी थीं। 2020 में लॉकडाउन खुलने के बाद इनमें नौकरियाँ नहीं लौटीं बल्कि जून 2021 में आए अलग-अलग सर्वेक्षणों में पता चला कि ओला-उबर जहाँ सबसे ज्यादा रोजगार लाए थे, उनकी करीब 35000 कैब कर्ज बकाये के कारण बैंकों व वित्तीय कम्पनियों ने जब्त कर ली थीं।

त्यागी की ताकत

जमील-नफ़ीस जैसे साधनहीन मगर मेहनती उद्यमियों के बरअक्स नरेश त्यागी का अंदाज ही फर्क है। आपदा को अवसर में बदलने के लिए उनके पास वह सब कुछ था जो भारत में कम ही उद्यमियों के पास होता है।

यह जून 2020 का आखिरी सप्ताह था जब दिल्ली-उत्तर प्रदेश सीमा पर नोएडा में ट्रोनिका सिटी में त्यागी से हमारी मुलाकात हुई। शानदार दफ्तर के बाहर मर्सिडीज और फॉरच्यूनर खड़ी थीं। सप्लाई गेट के बाहर छोटे पिकअप वाहन लगे थे। त्यागी को देखकर कहीं से नहीं लग रहा था कि तीन माह के लॉकडाउन के बाद भारत के उद्योगों की रीढ़ टूट गई है।

त्यागी ने एक सरकारी नीति का फायदा लेने के लिए आनन-फानन कारोबार ही बदल लिया था। 2019 में प्रधानमंत्री नरेन्द्र मोदी ने पर्यावरण का प्रदूषण रोकने के लिए सिंगल यूज प्लास्टिक के इस्तेमाल पर रोक लगा दी। इसका प्रयोग ग्रॉसरी स्टोर से सामान लाने, सब्जी लाने, डिस्पोजेबल बर्तन और कई तरह की पैकेजिंग में होता था। इस फैसले से भारतीय बाजार में एक संकट-सा खड़ा हो गया क्योंकि सिंगल यूज प्लास्टिक पैकेटों (पॉलीथिन बैग) का कोई विकल्प नहीं था।

त्यागी ने प्लास्टिक का धन्धा छोड़ा और नोएडा के ट्रोनिका सिटी में जमीन किराये पर लेकर आनन-फानन शेड डलवाया और सिलाई मशीनें लगाकर कपड़े के थैले सिलने शुरू कर दिये। माँग थी इसलिए काम चल निकला। कपड़े के थैले बिकने लगे। लेकिन सिंगल यूज प्लास्टिक पर प्रतिबन्ध ज्यादा कारगर नहीं हुआ। सस्ता प्लास्टिक लौटने लगा और त्यागी के कारोबार पर मन्दी छा गई। ऑर्डर कम होने लगे और उन्हें लगा कि अब कुछ और करना चाहिए।

इसी बीच कोविड आ धमका। त्यागी का काम पूरी तरह ठप हो गया लेकिन पूँजी और रसूख की कमी नहीं थी। कोविड के कारण बाजार में मास्क की जबर्दस्त माँग निकली। भारत में मास्क न के बराबर बनते थे। सामान्य नीले सर्जिकल मास्क भी चीन से आते थे, लॉकडाउन के बीच ही त्यागी ने आनन-फानन थैले सिलनेवाली मशीनों पर मास्क सिलवाने शुरू करा दिये।

वह सत्तारूढ़ पार्टी की राजनीति में सक्रिय हैं, खूब चन्दा देते हैं और पार्टी

का काम भी करते हैं। यूँ तो बाजार बन्द था, लेकिन उन्होंने मास्क के लिए कपड़े की आपूर्ति जुगाड़ ली। बैंकों से सप्लायर क्रेडिट भी मिल गया। यहाँ तक कि सरकारी अस्पतालों से थोक में ऑर्डर मिलने लगे। कई पाबन्दियों के बावजूद त्यागी ने मजदूर बुलाने की इजाजत भी ले ली।

त्यागी का काम इस कदर दौड़ने लगा कि उन्होंने पीपीई किट बनाने के ऑर्डर भी ले लिये और एक बन्द पड़ी गारमेंट फैक्ट्री को किराये पर लेकर पीपीई किट भी सिलने लगे। यह सब उस लॉकडाउन के दौरान हुआ जब देश में ज्यादातर कारोबार बन्द थे।

कोविड की कोई भी लहर त्यागी की पूँजी, रसूख की ताकत से ज्यादा ताकतवर साबित नहीं हो सकी।

बौनों की दुनिया

इस सफलता के बावजूद त्यागी को पता है कि भारत में और बड़ी कम्पनियाँ पीपीई किट बनाने लगी हैं। यानी यह अवसर लम्बे समय तक नहीं चलेगा।

त्यागी और खंडूजा उन छोटे उद्योगों के नुमाइंदे हैं जो असंगठित या अक्षम व सस्ते होने के कारण दशकों से चलते रहे थे। कीमतों की प्रतिस्पर्धा में सस्ते आयात ने इन्हें तोड़ दिया और नोटबन्दी और जीएसटी ने संचालन सीमित कर दिये।

खंडूजा बेहतर जानते हैं कि भारत में लागत इतनी ऊँची है कि चीन से मुकाबला नामुमकिन है। वहाँ न केवल सस्ता माल मिलता है बल्कि भारत लाने के भाड़े पर सब्सिडी भी। स्थानीय बाजार व्यापारियों को सस्ते होटल तक की सुविधा देते हैं। एक साल तक सप्लाई के बाद विक्रेता बैंक की मदद से उधार माल देने लगते हैं।

त्यागी टैक्स, बिजली और अन्य लागतों के बाद उतना सस्ता मास्क नहीं बना सकते जितने पर खंडूजा चीन से उठा लाते थे। चीन से माल लाने का भाड़ा तो दिल्ली से मुम्बई माल भेजने की लागत का भी एक-चौथाई है। इसलिए त्यागी का यह अवसर उम्रदराज नहीं होगा।

त्यागी की जद्दोजहद उस बौनेपन से निजात पाने की है, कैंची वाले जमील तो उनके मुकाबले जमीन में धँसे हुए हैं।

किसी भी बड़ी अर्थव्यवस्था में रोजगारों, उत्पादकता और नये उत्पादों के विकास का सबसे बड़ा स्रोत मध्यम आकार की कम्पनियाँ हैं जिनमें 25

से 100 लोग काम करते हैं। बड़े होने की गुंजाइश इन्हीं के पास है। जर्मनी में मितेल्स्त (MITTELST) कम्पनियाँ इसका उदाहरण हैं लेकिन भारत में इन कम्पनियों की किस्मत में हमेशा बौने रहना लिखा है।

भारत की संगठित मैन्युफैक्चरिंग 100 से कम कर्मचारियों वाली कम्पनियों का हिस्सा 85 फीसदी है लेकिन मैन्युफैक्चरिंग से आनेवाले रोजगारों में ये केवल 14 फीसदी का योगदान करती हैं। उत्पादकता में भी ये केवल 8 फीसदी की हिस्सेदार हैं यानी 92 फीसदी उत्पादकता केवल 15 फीसदी बड़ी कम्पनियों के नियंत्रण में है और वहीं से रोजगार आते हैं।

सरकार की अपनी आर्थिक समीक्षा (2019) ने बताया कि दस साल की उम्र वाली कम्पनियों का रोजगारों में हिस्सा 60 फीसदी है जबकि 40 साल वालों का केवल 40 फीसदी।

अमेरिका में 40 साल से ज्यादा चलनेवाली कम्पनियाँ भारत से सात गुना ज्यादा रोजगार बनाती हैं। निजी क्षेत्र का एक-तिहाई राजस्व इन्हीं कम्पनियों से आता है। भारत में मझोली कम्पनियाँ लम्बे समय तक नहीं चलतीं इसलिए इनमें रोजगार खत्म होने की रफ्तार बहुत तेज है। अचरज नहीं कि नोटबन्दी और जीएसटी या सस्ते आयात इन्हीं कम्पनियों पर भारी पड़ें।

आर्थिक गणना (2013-14) के अनुसार, भारत में छोटे और मझोले उद्योगों में मध्यम इकाइयों की संख्या केवल 5000 है। 72 फीसदी इकाइयाँ केवल स्वरोजगार हैं या कि कोई काम न मिलने पर किए जानेवाले धन्धे हैं जिसमें एक भी कर्मचारी नहीं है। इसलिए ऐसे अधिकांश कारोबार दिहाड़ी श्रम जितनी कमाई करा पाते हैं। इनके बूते लोगों को गाँव की गरीबी से निकालकर बाहर लाना असम्भव है।

बड़ों का दम-खम

मैकिंजी का एक अध्ययन बताता है कि भारत में प्रति एक ट्रिलियन डॉलर के जीडीपी पर केवल 1500 कम्पनियाँ हैं जिन्हें मझोले आकार के उपक्रम (40 से 200 मिलियन डॉलर तक का टर्नओवर) कहा जा सकता है। भारत की प्रतिस्पर्धी अर्थव्यवस्थाओं की तुलना में यह संख्या लगभग आधी है आम तौर पर एक मझोली फर्म ही बड़ी फर्म बन पाती है। प्रतिस्पर्धी अर्थव्यवस्थाओं में मझोली कम्पनियों की संख्या, बड़ी कम्पनियों की तुलना में 1.6 गुना ज्यादा है।

भारत का लघु उद्योग परिदृश्य
6.33 करोड़ (MSME)

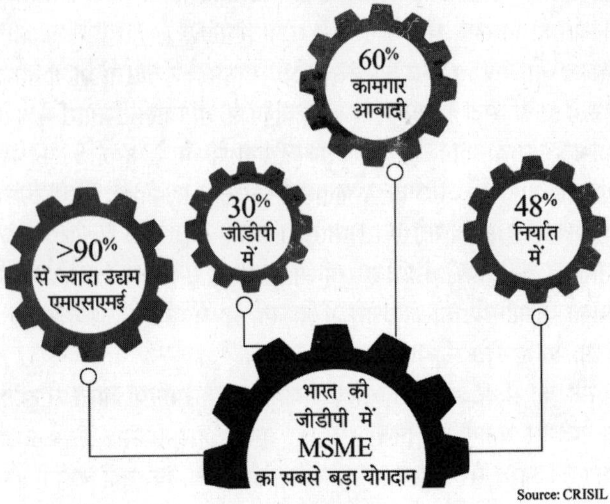

Source: CRISIL

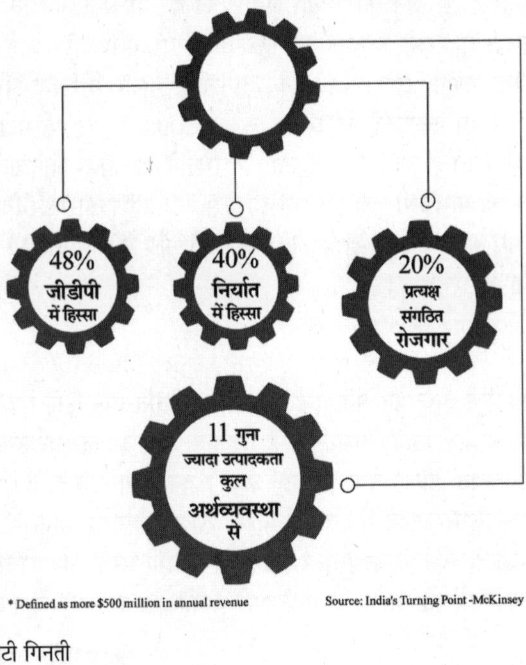

* Defined as more $500 million in annual revenue

Source: India's Turning Point -McKinsey

अगर त्यागी को छोटी-सी मझोली कम्पनी बनाने की तरफ बढ़ना है तो अपने पूरे राजनीतिक रसूख के बावजूद तकनीक में बड़ा निवेश करना होगा और इकाई को बड़े शहरों के करीब ले जाना होगा जहाँ जमीन और अन्य सेवाओं की लागत ज्यादा है। इस पर भी यह गारंटी नहीं है कि उनके बाजार में किसी बड़ी कम्पनी का एकाधिकार नहीं हो जाएगा।

बाकी छोटों को छोड़ें अगर त्यागी, जमील या खंडूजा को या उन जैसे सैकड़ों लोगों को मझोले स्तर के कारोबारियों में बदलना है तो सरकार को इन पर टैक्स और नियमों का बोझ कम करना होगा। 23 पंजीकरण, 750 से अधिक नियम पालन और 120 सालाना रिपोर्ट से लदे-फँदे छोटे उद्यमी साँस तक नहीं ले पाते। एक ताजा रिपोर्ट (ग्लोबल अलायंस फॉर मास इंटरप्रेन्योरशिप 2020) बताती है कि छोटी कम्पनियों को राष्ट्रीय, राज्य, स्थानीय और विभागीय जरूरतों के लिए 58000 से ज्यादा नियमों का पालन करना पड़ता है जिसमें 9000 नियमों में सजा का खतरा है।

पूँजी की ऊँची लागत, तकनीक की कमी और फिर इंस्पेक्टर राज इसके बाद उद्योग चलते नहीं बल्कि घिसटते हैं और अन्ततः बीमार होकर बन्द हो जाते हैं। लॉकडाउन न हुआ होता तो रिजर्व बैंक छोटे उद्योगों के कर्ज पुनर्गठन की स्कीम लागू कर रहा होता और सरकार बीमार छोटी इकाइयों के पुनर्वास की गुत्थी से उलझी होती, जिनकी संख्या 8.22 लाख है।

1991 से 2020 तक आते-आते भारत का औद्योगिक परिदृश्य जमील, नफ़ीस और त्यागी के बीच बँट गया है। आत्मनिर्भर पैकेज और सस्ते कर्ज तक जमील या नफ़ीस की पहुँच पहले ही नहीं थी और अब तो माँग ही नहीं है इसलिए हिम्मत भी नहीं होगी।

त्यागी और खंडूजा के पास छोटे अवसर रहेंगे। वे मास्क बनाते हुए पीपीई किट या सैनिटाइजर बना सकते हैं। या फिर चीन की कैंचियाँ मँगाकर बाजार में बेच सकते हैं। लेकिन लम्बे समय में पूँजी, टैक्स और बुनियादी ढाँचे की लागत के कारण वह उसे मझोली कम्पनी में नहीं बदल सकेंगे।

पूँजी और अवसरों के कमी के कारण, कोविड का असर सिमटने के बाद भारत में असंगठित उद्योगों और स्वरोजगार की तादाद बढ़ेगी। ये कारोबार ज्यादार ट्रेडिंग या स्थानीय सेवाओं से जुड़े होंगे। जीएसटी ने कम्पनियों को

अपनी सप्लाई चेन बदलने पर बाध्य किया है। कोविड के बाद लागत घटाकर कम्पनियाँ बाहरी आपूर्ति को और सीमित कर रही हैं। श्रम आधारित बेहद स्थानीय मैन्युफैक्चरिंग के अलावा निर्माण में छोटे उद्योगों की जगह और सीमित होने का खतरा है क्योंकि अन्य खपत आयात पर निर्भर होगी।

इतना तो जरूरी है...

- एक निर्धारित टर्नओवर से छोटी इकाइयों को पाँच साल तक हर तरह नियम अनुपालन में रियायत।
- 100 करोड़ तक सालाना कारोबार वाली कम्पनियों को पाँच साल का पूर्ण टैक्स हॉली डे।
- जीएसटी दरों का पुनर्गठन और कमी।
- मझोली फर्म के लिए स्वतंत्र और विशेष प्रोत्साहन।
- रोजगार के लिए वेतन संरक्षण कार्यक्रम।

2

छद्म बेरोजगारी

सबसे बड़ी उम्मीद की सबसे बड़ी मुसीबत

करीब 74 साल के बुधियाराम उड़ीसा के पट्टामुंडी गाँव के अपने छोटे से मकान के सामने बैठे सुर्ती मल रहे हैं। चौड़ी और रेखाओं से भरी हथेली की मोटी खाल में छोटी-छोटी गाँठें लम्बे समय तक हैंड टूल्स के इस्तेमाल की गवाही देती हैं। बुधिया 2020 की गर्मियाँ नहीं भूल पाते कि जब उनके बेटे, शीतल और जगत परिवारों के साथ साइकिल से दिल्ली और हैदराबाद से घर लौटे थे और रास्ते भर खाना माँगकर खाना पड़ा था।

उड़ीसा के समुद्रतटीय केन्द्रपाड़ा जिले में पट्टामुंडी, औल, राजकनिका और राजनगर ब्लॉक की कुल आबादी करीब पाँच लाख है। उड़ीसा के उत्साही इसे दुनिया का सबसे बड़ा प्लम्बर क्षेत्र कहते हैं। कुछ अध्ययन बताते हैं कि केन्द्रपाड़ा के करीब 47 प्रतिशत कामगार प्रवासी हैं। यहाँ के एक लाख से ज्यादा प्लम्बर दिल्ली, मुम्बई, कोलकाता, जयपुर, चेन्नई, हैदराबाद से लेकर दुबई, अबूधाबी, काहिरा, बार्सिलोना और लन्दन तक का काम करते हैं, जिनके कारण यह ब्लॉक शेष गरीब और पिछड़ी उड़ीसा की छवि से बिलकुल उलटा है।

बताते हैं कि 1930 में भयानक बाढ़ के बाद इस इलाके के युवाओं को जीविका के लिए कोलकाता जाना पड़ा। तब ब्रिटिश राज में नई इमारतों और पाइप से पानी आपूर्ति का काम शुरू हुआ था। ब्रिटिश इंजीनियरों की शागिर्दी में केन्द्रपाड़ा की एक पीढ़ी प्लम्बिंग सीख गई। 1946-47 में भारत-पाकिस्तान के बँटवारे के वक्त साम्प्रदायिक हिंसा के बाद जब मुस्लिम प्लम्बर, पूर्वी

पाकिस्तान चले गए तो कोलकाता में पाइप दुरुस्त करने, बोरिंग करने, लाइनें बिछाने का काम उड़ीसा के प्लम्बरों के पास आ गया। एक बार कमाई का जरिया बना तो तीन पीढ़ियाँ इसमें गुजर गईं और प्लम्बिंग केन्द्रपाड़ा कॉरिडोर की पहचान बन गई।

बुधिया प्रवासी मिस्त्रियों की पिछली पीढ़ी के हैं। दिल्ली में हार्डवेयर की दुकानों के जरिये प्लम्बिंग का काम करते हुए वह गरीबी से लम्बी लड़ाई लड़कर थक चुके थे। 2006 के बाद दिल्ली और उसके आसपास तब के गुरुग्राम, नोएडा और गाजियाबाद में नई बहुमंजिला कारोबारी और आवासीय इमारतें खड़ी होने लगीं। शीतल और जगत को यहाँ इतना काम मिल गया कि उनका परिवार उड़ीसा के पैमाने पर 'गरीब' नहीं रहा। 'प्लम्बर गाँव' में बुधिया का घर बन चुका था और कुछ सुविधाएँ भी जुट गई थीं। शीतल और जगत ने अपने पिता का बुढ़ापा सँभाल लिया था।

2020 के कोविड लॉकडाउन से पहले तक भारतीय अर्थव्यवस्था की बुनियाद को बेहद मजबूत माननेवालों के लिए शीतल, जगत और उनके जैसे लाखों लोगों की अचानक गाँव वापसी किसी ताकतवर झटके से कम नहीं थी। 22 मार्च, 2020 को जब शहरों में जनता कर्फ्यू के दौरान ताली-थाली पीटी जा रही थी तब बड़े शहरों के रेलवे और बस स्टेशनों पर प्रवासियों के हुजूम जुटने लगे थे।

लॉकडाउन के पहले हफ्ते में ही लाखों लोग सड़कों पर नजर आने लगे। पलायन कर रहे श्रमिकों को सँभालने के लिए दर्जनों आदेशों की अदला-बदली, दुर्घटनाओं में मौतों, पुलिस के उत्पीड़न के बीच मई के अन्त तक सरकार ने पलायन के भयावह सच को स्वीकार कर लिया।

भारत की कुल श्रम शक्ति (47.41 करोड़) में 28.3 फीसदी श्रमिक प्रवासी (माइग्रेशन पर ग्रामीण विकास मंत्रालय का कार्यदल-2017) हैं। विभिन्न आकलनों के मुताबिक, करीब तीन करोड़ लोग घर वापस लौटे थे, जो ताजा इतिहास में सबसे बड़ा अन्तरदेशीय प्रवास था। यदि गाँवों से लोगों का शहरों में आना भारत के इतिहास का सबसे बड़ा गरीबी उन्मूलन कार्यक्रम था तो यह प्रवास, उदारीकरण के बाद भारत में बेकारी का एकमुश्त सबसे बड़ा विस्फोट था, खास तौर पर उस देश में जिसकी अर्थव्यवस्था छह माह पहले तक दुनिया में सबसे तेज दौड़ रही थी।

जीवन बनाम जीविका

जगत हमें मई के पहले हफ्ते में दिल्ली से आगरा जानेवाले रास्ते पर मिला था। वह उड़ीसा के प्रवासी मजदूरों के हुजूम का हिस्सा था जो साइकिलों पर निकल पड़े थे। लॉकडाउन से पहले तक जगत, गाजियाबाद के एक अपार्टमेंट में प्लम्बर था। उसका भाई शीतल हैदराबाद में यही काम करता था। दो साल पहले दिल्ली के आसपास निर्माण ठप होने के बाद वह तेलंगाना चला गया था।

कोरोना के भयावह संक्रमण के बीच शीतल और जगत को अपनी जान की परवाह थी लेकिन बुधिया के बेटे भारत के उन दो-तिहाई शहरी परिवारों का हिस्सा थे जिनके पास बमुश्किल एक महीने तक काम चलाने का पैसा था। वे केवल 5000 से 15000 रुपये की मासिक मजदूरी वाले लोग थे जो बगैर काम के शहर में रह नहीं सकते थे।

बीते दो दशकों में जिन्होंने भारत को दुनिया में तीसरा सबसे बड़ा अर्थव्यवस्था वाला देश बनते देखा था उन्हें भारत के रोजगार बाजार की इस विभीषिका का अन्दाजा भी नहीं था।

भारत में कामगारों (वर्क फोर्स) की कुल संख्या 47.41 करोड़ (एनएसएसओ सर्वे 2011-12) है। लॉकडाउन से पहले लगभग 95 फीसदी लोग असंगठित क्षेत्र में लगे थे (44 फीसदी लोग खेती और 51 फीसदी गैर खेती)। कुल श्रमिकों में 52 फीसदी लोग अपने धन्धों में लगे हैं और लगभग 25 फीसदी दिहाड़ी मजदूर हैं, जिनके पास कोई वित्तीय, स्वास्थ्य और भविष्य सुरक्षा (प्रॉविडेंट फंड, ग्रेच्युटी, हेल्थ इंश्योरेंस) नहीं है।

24 प्रतिशत कामगार ऐसे हैं जिन्हें किसी तरह की नियमित पगार मिलती है। उनमें से केवल 2 फीसदी के पास अनुबन्ध या किसी तरह की भविष्य सुरक्षा थी। लवीश भंडारी और अमरेश दुबे का एक अध्ययन बताता है कि 2004 से 2018 के बीच गैर अनुबन्ध रोजगारों का हिस्सा 18.1 फीसदी से 31.8 फीसदी हो गया।

शीतल और जगत उस असंगठित कामगारों की भीड़ का हिस्सा हैं जो कभी नियमित तो कभी दिहाड़ी हो जाते हैं। वे पिछले दो दशकों से औसत 6 फीसदी जीडीपी की ग्रोथ के आभारी हैं जो उन्हें गरीबी से निकाल शहर ले आई लेकिन उन्हें औपचारिक रोजगार अनुबन्ध नहीं दे सकी।

वे उन नये रोजगारों का हिस्सा थे जो भारत में उदारीकरण के बाद बने थे। खेती से बाहर ये रोजगार प्रमुख रूप से नई आवासीय, व्यावसायिक इमारतों

व सड़कों, पुलों (कंस्ट्रक्शन), छोटी उत्पादन इकाइयों (खपत या निर्माण पर आधारित मैन्युफैक्चरिंग) और मंडियों, दुकानों, मॉल, ट्रक, बस, टैक्सी आदि में आए। गैर खेती रोजगारों में इन तीनों का हिस्सा 12 फीसदी (प्रत्येक) रहा है।

विकास बनाम रोजगार

दुनिया की सबसे तेज दौड़ती अर्थव्यवस्था का अन्तर्विरोध

Financial Year	2000-05	2006-12	2013-19
Net Employment, CAGR %	2.7	0.3	0
Real GDP CAGR %	5.6	8.2	6.9

Source : India's Turning point McKinsey August 2020

नई बेकारी लॉकडाउन से पहले ही चुनौती बनने लगी थी। 2011-12 से 2017-18 तक रोजगार के अवसरों में 66 लाख की कमी आई। नोटबन्दी और जीएसटी ने भारत की रोजगार मशीन के कई बड़े पुर्जे बन्द कर दिये थे। मन्दी के पंजे और मजबूत होने के बाद जनवरी 2019 में एनएसएसओ (सरकारी) भारत में बेकारी के 45 साल के सर्वोच्च स्तर पर पहुँचने का सर्वेक्षण पेश किया तो सरकार ने इसे तत्काल नकार दिया। लोकसभा चुनाव के बाद 2020 में सरकार ने इसके निष्कर्ष स्वीकार कर लिये। अलबत्ता मजदूरों के प्रवास तक बेकारी लौकिक चर्चाओं का हिस्सा नहीं बन सकी।

महामारी वाली बेकारी

बेरोजगारी से हलकान भारतीय अर्थव्यवस्था के लिए 2020 का लॉकडाउन सबसे भयानक तबाही था। इसने करीब 12 करोड़ लोगों का रोजगार या जीविका निगल ली। लॉकडाउन खुलने के बाद कुछ रोजगार वापस लौटे लेकिन न वेतन और पगार पहले जैसे थे न स्थायित्व।

वेतनभोगियों ने अनुबंध या प्रोजेक्ट के आधार पर (गिग) काम करना शुरू किया। जबकि शहरों, कस्बों में रेहड़ी लगाने, घरेलू सेवाएँ देने और दुकानों-दफ्तरों में हाउसकीपिंग जैसी सेवाओं में लगे लोग दिहाड़ी मजदूर हो गए।

मार्च 2020 से मार्च 2021 के बीच भारत में कुल रोजगारों में 54 लाख की कमी आई। यह स्पष्ट बेरोजगारी का आँकड़ा था लेकिन दर्दनाक कहानी इस आँकड़े

के पीछे है। इसी दौरान करीब 90 लाख लोग शहरों, कस्बों में गैर कृषि पेशों, रोजगारों को छोड़कर खेती की तरफ लौट गए, गरीबी से उबरने के लिए जहाँ से वह बाहर आए थे। यह प्रवास दरअसल बेरोजगारी ही है किसी तरह जीविका नहीं।

जुलाई 2020 में लॉकडाउन में रियायत के बाद निचले स्तर यानी दैनिक मजदूरी वाले कामों में रोजगारों की हालत कुछ सुधरी लेकिन यही वक्त था जब राज्यों ने बेकारी का राजनीतिकरण करते हुए रोजगार अवसरों को राज्यों के निवासियों तक सीमित फैसले करने शुरू कर दिये। हरियाणा इसमें प्रमुख था।

	जीडीपी	रोजगार में बढ़ोतरी (CMIE DATA)
Q1	-23.9%	-20.3%
Q2	-7.5%	-3.5%
Q3	+0.4%	-2.8%
Q4	+1.6%	+2.13%

कोविड की दूसरी लहर ने हालत और खराब कर दी। जो थोड़े अवसर बने भी थे वे खत्म हो गए। राज्यों में लॉकडाउन के बाद मई 2021 में यानी एक माह में करीब 2.5 करोड़ लोगों के रोजगार खत्म हुए। अप्रैल-मई 2021 में भारत की बेकारी दर 14.7 फीसदी हो गई। यह पहला मौका था जब भारत ने एक साल में दो बार बेरोजगारी दर को दहाई में पहुँचते देखा।

इसके साथ ही कुल कार्यशील आबादी के अनुपात में रोजगार माँगनेवालों (लेबर पार्टीसिपेशन रेट) की संख्या यानी 40 फीसदी से नीचे आ गई। अन्तरराष्ट्रीय औसत करीब 57 फीसदी का है। यानी लोगों को रोजगार मिलने की उम्मीद भी खत्म हो गई थी इसलिए बड़ी संख्या में वे रोजगार बाजार से बाहर हो गए।

महामारी वाली बेरोजगारी मिलने वाले काम की गुणवत्ता पर भी भारी पड़ी। मार्च 2020 से मई 2021 तक भारत में नियमित वेतन वाले रोजगारों में 1.25 करोड़ की कमी आई। भारत में बड़ी कम्पनियों ने मुनाफे में बढ़त के बावजूद नौकरियों में कटौती की। वेतन वाली नौकरियों में कटौती की बड़ी मार ग्रामीण इलाकों (62%) पर पड़ी जबकि नियमित वेतन वाले रोजगारों में गाँवों का हिस्सा केवल 42 फीसदी है।

महिला रोजगारों के लिए महामारी और भी ज्यादा बुरी साबित हुई। 2019-20 में भारत की श्रम शक्ति में महिलाओं का हिस्सा केवल 10.7 फीसदी था लेकिन अप्रैल 2020 में बेरोजगारी का 13.9 फीसदी हिस्सा उनके खाते में गया यानी बेरोजगारों में महिलाओं की संख्या बड़ी थी। 2020 के नवम्बर तक बेरोजगारी की 49 फीसदी मार महिलाओं पर पड़ चुकी थी।

कोविड की दूसरी लहर के दौरान अप्रैल 2021 में भी महिलाओं में बेरोजगारी पुरुषों के मुकाबले तीन गुना बढ़ गई थी। डेलायट की एक रिपोर्ट बताती है कि बीमारी और बेकारी के मामले में कोविड के दौरान भारतीय महिलाएँ दुनिया में सबसे ज्यादा प्रभावित हुई हैं।

अन्य मुद्दे

भारतीय रोजगार का परिदृश्य

किसान और दिहाड़ी मजदूर

- भारत की कुल कामगार आबादी में किसान और दिहाड़ी मजदूरों का हिस्सा दो-तिहाई। 2019-20 में कुल कामगार आबादी 44 करोड़।

वेतनभोगी

- देश के कुल रोजगारों में 21 से 22 फीसदी हिस्सेदारी वेतनभोगियों की।
- देश में वेतनभोगियों की संख्या बढ़ने की रफ्तार बहुत कम। कुल कामगारों में वेतनभोगियों का अनुपात 2016-17 में 21.6 प्रतिशत 2017-18 में 21.6 प्रतिशत, 2018-19 में 21.9 प्रतिशत। जबकि इस दौरान देश में मूल्य आधारित जीडीपी 6.8 प्रतिशत प्रति वर्ष की रफ्तार से बढ़ी।
- 2019-20 में जब आर्थिक विकास दर 4 फीसदी थी तब वेतनभोगियों का अनुपात कुल कामगारों में गिरकर 21.3 फीसदी रह गया।

स्वरोजगार

- 2016-17 में कुल रोजगारों में स्वरोजगार 13 प्रतिशत। यह अनुपात 2017-18 में 15 प्रतिशत, 2018-19 में 17 प्रतिशत, 2019-20 में 19 प्रतिशत।
- 2016-17 में कुल स्वरोजगार 5.4 करोड़, 2019-20 में 7.8 करोड़। लेकिन इस दौरान वेतनभोगियों का आँकड़ा 8.6 करोड़ पर स्थायी रहा। यह दिखाता है कि मालिक के अलावा ये स्वरोजगार अन्य रोजगार पैदा नहीं कर सके।

कोविड की मार

- वित्त वर्ष 2019-20 में औसत रोजगार 40.4 करोड़। मई 2020 में गिरकर 30.3 करोड़।
- खेती की ओर भागी भीड़। 2019-20 में औसतन 11.13 करोड़ लोग कृषि से जुड़े। जून 2020 तक यह संख्या बढ़कर 13 करोड़ पहुँची। जुलाई में यह आँकड़ा 12.6 करोड़।
- शुरुआती लॉकडाउन में स्वरोजगार में गिरावट लेकिन अगस्त तक 70 लाख स्वरोजगार बढ़ गए। यह सम्भवत: नौकरी गँवाने के बाद स्वरोजगार की ओर लोगों का रुझान है।
- लॉकडाउन में वेतनभोगियों को सबसे गहरी चोट पहुँची। अगस्त 2020 जब लॉकडाउन खुलने लगा था तब वेतनभोगियों की संख्या घटकर 6.5 करोड़ रह गई। 2019-20 में यह औसतन 8.6 करोड़ थी।

Source: CMIE

रोजगार के आँकड़े

मासिक बेरोजगारी दर (कोविड से पहले, लॉकडाउन, अनलॉक और कोविड की दूसरी लहर)

बेरोजगारी दर (%में)

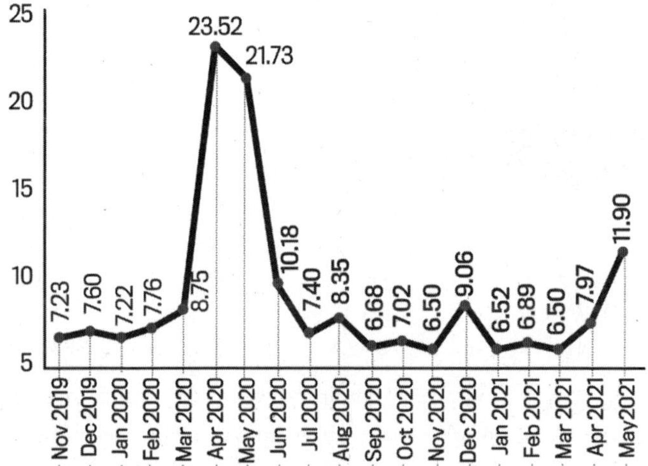

	Nov 2019	Dec 2019	Jan 2020	Feb 2020	Mar 2020	Apr 2020	May 2020	Jun 2020	Jul 2020	Aug 2020	Sep 2020	Oct 2020	Nov 2020	Dec 2020	Jan 2021	Feb 2021	Mar 2021	Apr 2021	May2021
Urban	8.88	9.02	9.70	8.65	9.41	24.95	23.14	11.68	9.37	9.83	8.45	7.18	7.07	8.84	8.09	6.99	7.27	9.78	14.73
Rural	6.45	6.93	6.06	7.34	8.44	22.89	21.11	9.49	6.51	7.65	5.88	6.95	6.24	9.15	5.81	6.85	6.15	7.13	10.63

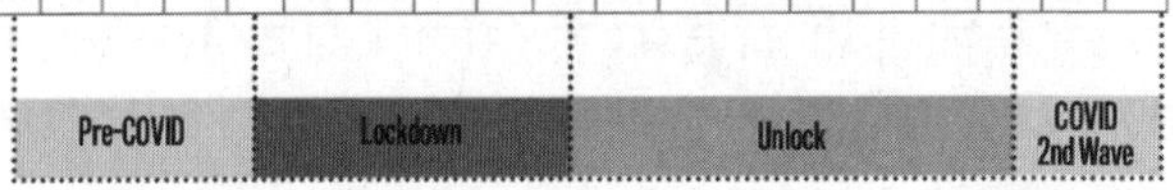

Source: CMIE

प्रवासी अर्थव्यवस्था

बुधिया के दौर तक प्लम्बरों के काम केवल कोठियों या सरकारी घरों में होते थे। शीतल-जगत को नई कॉलोनियाँ मिलने लगीं, जहाँ बनती इमारतों में बड़े पैमाने पर प्लम्बर चाहिए थे। अपार्टमेंट में लोग बसने लगे तो हर जगह दो-तीन नियमित प्लम्बर रखे गए। इन नये आवासीय इलाकों में व्यापार, ट्रांसपोर्ट और छोटी सेवाओं ने काम बढ़ाए तो बढ़ाए लेकिन शहर महँगा था और मजदूरी और पगार सरकार की औसत न्यूनतम दैनिक मजदूरी दर (2005 से 2019 तक 100 से 300) के आसपास थी।

रोजगार की गुणवत्ता

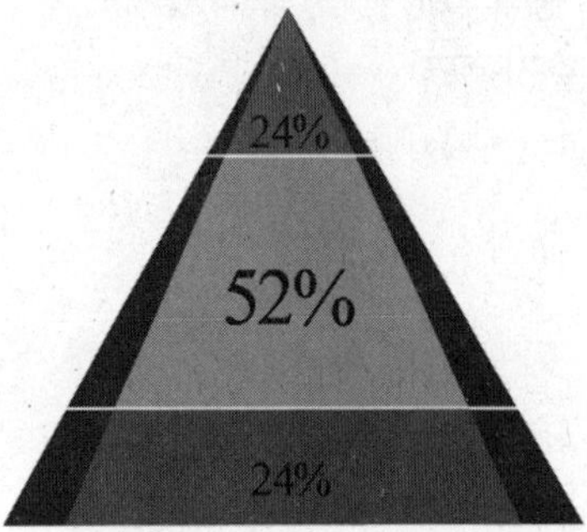

वेतनभोगी (संगठित कर्मचारी जिनके पास वेतन के अलावा एक सामाजिक सुरक्षा लाभ भी 9.6 प्रतिशत)

- नौकरी जाने पर लोग स्वरोजगार के लिए मजबूर हुए और सूक्ष्म उद्योगों के खत्म होने पर दिहाड़ी मजदूरी के लिए।
- कुल कामगारों में से 80 फीसदी को रोजगार, कृषि, विनिर्माण, निर्माण, ट्रेड, होटल्स और रेस्त्राँ क्षेत्र में। इनमें से 85 फीसदी ऐसे जिनकी शिक्षा माध्यमिक या उससे कम।

Source: NSSO/CMIE

2005 में जगत और शीतल अपनी पत्नी पद्मा और सीमा के साथ दिल्ली एनसीआर आ गए। सीमा को एक कपड़ा फैक्ट्री में काम मिल गया जबकि पद्मा घरों में काम करने लगी। गाँवों से शहरों में प्रवास के ढाँचे में यह बड़ा बदलाव था। 2007-08 के एनएसएसओ सर्वे ने पाया कि 2001 के बाद भारत के कामगारों की संख्या में महिलाओं का हिस्सा तेजी से बढ़ा है। दरअसल विवाह के लिए दूसरी जगहों पर जानेवाली करीब 57.4 फीसदी महिलाएँ कामगारों का हिस्सा हैं। यही वजह थी कि 2008 तक शहरों में निर्माण, मैन्युफैक्चरिंग जैसी प्रमुख गतिविधियों में महिलाओं की भागीदारी पुरुषों के लगभग करीब पहुँच गई थी।

तेज विकास दर के वर्षों में कामगारों में महिलाओं की जगह तो बढ़ी लेकिन यह एक ऐसा नारी सशक्तीकरण था जो बिलकुल आर्थिक तंगी की वजहों से हुआ था। जगत और शीतल की मजदूरी अपने बाप बुधिया जैसी ही रह जानेवाली थी क्योंकि जो शहर उन्हें 200-500 रुपये की रोज की दिहाड़ी दे रहा था वह किराये, खाने, परिवहन, बीमारी, फोन के नाम पर उनसे आधी दिहाड़ी वापस ले रहा था। पद्मा और सीमा ने घरों में और दिहाड़ी वाली फैक्ट्रियों में काम करके इतना जुटा लिया था कि वे पट्टामुंडी के अपने घर में पक्की छत डलवा सकें।

चमकते विकास के वर्षों में भी गाँवों का जातीय ढाँचा नहीं बदला। आगरा एक्सप्रेस-वे पर हमें मिले उड़िया मजदूरों के समूह में सभी प्लम्बर नहीं थे लेकिन अधिकांश उड़ीसा के पिछड़े, दलित या जनजातियों के लोग थे। इस भीड़ में हमें मलकानगिरि का सुन्दर (23 साल) मिला जो गाँव में जातीय उपेक्षा और अपेक्षित आजादी न मिलने के कारण दिल्ली आया था। गाँव के महाजन से कुछ पैसा उधार लेकर उसने एक बाइक ले ली थी और वह स्विगी, जोमैटो के खाने की डिलीवरी में लग गया। सुबह वह उबर बाइक सर्विस का हिस्सा बन जाता था।

देश में सबसे ज्यादा आन्तरिक प्रवास इन राज्यों से

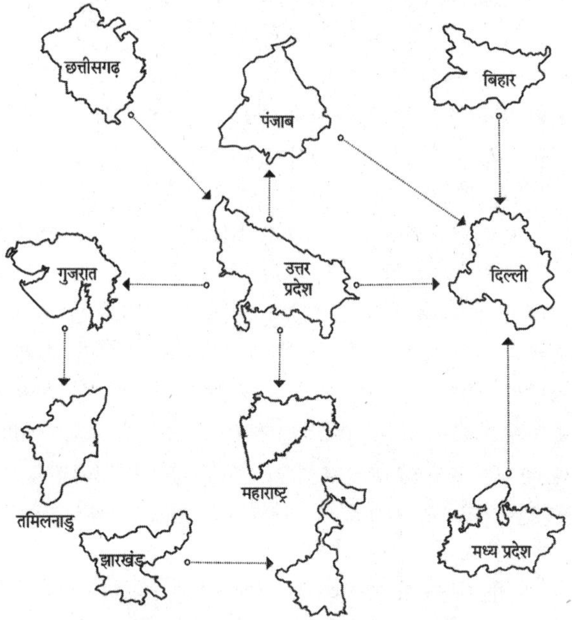

54	25%
जिले प्रवास करने वाली आधी आबादी 54 जिलों से। उत्तर प्रदेश (24), बिहार (20), उत्तराखंड और पश्चिम बंगाल से दो और ओडिशा, झारखंड, कर्नाटक, महाराष्ट्र और राजस्थान से एक जिला।	कुल प्रवासी पुरुष कामगारों में 25 फीसदी सिर्फ 17 जिलों से। इनमें 10 उत्तर प्रदेश, 6 बिहार और एक ओडिशा का।

Source: Periodic Labour Fource Survey 2017-18

2011 से 2016 के बीच करीब 90 लाख लोग प्रति वर्ष दूसरे शहरों में काम करने गए। अचरज नहीं कि 2011-12 में एनएसएसओ ने अपने सर्वे में बताया था। इस पारिवारिक प्रवास के कारण दिल्ली और मुम्बई की 43 फीसदी आबादी प्रवासी हो गई जिसमें आधे से ज्यादा उत्तर प्रदेश और बिहार के थे। दिल्ली की करीब 2.5 फीसदी आबादी जनजातीय लोगों की थी जिनमें करीब 5 लाख प्रवासी थे।

परवेज का ट्रक और नासिर की मशीन

वह जून 2021 का तीसरा सप्ताह था। स्थानीय लॉकडाउन खत्म होने के बाद हम उद्योगों का हाल समझने के लिए नोएडा की ट्रोनिका सिटी और दिल्ली के बवाना, नरेला में भटक रहे थे। यहाँ हमें मिल गए भागलपुर के परवेज अहमद, जो बवाना की एक प्लास्टिक फैक्ट्री के आगे छोटा ट्रक लगाए भाड़े का इन्तजार कर रहे थे। उनके साथ ट्रक पर कपड़ा मार रहे थे उनके करीबी रिश्तेदार नासिर, जो वाराणसी के हैं।

पहली नजर में नासिर और परवेज, आम तौर पर मिलनेवाले ड्राइवर-क्लीनर जैसे नजर नहीं आए।

35 साल के नासिर ने लॉकडाउन के बाद सितम्बर 2020 में अपनी कम्प्यूटराइज्ड इम्ब्रायडरी मशीन कटवाकर यानी स्क्रैप में बेच दी थी। बीटेक पढ़े नासिर के वालिद बनारसी साड़ी के कारीगर थे। नौकरी मिली नहीं तो नासिर ने बैंक से लोन लेकर नगवाँ (वाराणसी) में छह साल पहले नई मशीन लगाई थी जो कम्प्यूटर की मदद से डिजाइनिंग करती थी। उन्हें नगवाँ सुन्दरपुर इलाके से जॉब वर्क की उम्मीद थी, घर के लोग कढ़ाई जानते ही थे इसलिए काम करनेवालों की दिक्कत नहीं थी।

पहले हो गई नोटबन्दी, जिसके कारण नकद में होनेवाला उनका अधिकांश पेमेंट डूब गया। फिर जीएसटी के चक्कर में बड़े साड़ी निर्माताओं ने जॉब वर्क में कटौती कर दी। लॉकडाउन के बाद महँगी बनारसी साड़ी की माँग जल्दी लौटने की उम्मीद नहीं है नतीजतन मशीन कबाड़ में बेचनी पड़ी। कर्ज सिर पर लदा हुआ है। रोज का खर्च चलाने के लिए ट्रक पर काम करना पड़ रहा है।

बीते साल लॉकडाउन खुला तो पटना-वाराणसी के बीच कुछ आवाजाही शुरू हुई लेकिन अप्रैल (2021) में नासिर को कोविड हो गया। वह पटना से

माल लादकर ला रहे थे कि अचानक तबीयत बिगड़ी। संक्रमण से पूरा घर बीमार हो गया। परवेज की जान बड़ी मुश्किल से बची। अब्बा का इलाज अभी भी जारी है। उनके इलाज में बचत और शरीर दोनों टूट गए।

कहना मुश्किल है कि परवेज का हाल नासिर से बुरा था या बेहतर। पचास की उम्र वाले परवेज ने दो छोटी ट्रकों के साथ एक ट्रांसपोर्ट कम्पनी बनाई थी जो वाराणसी, पटना, कानपुर होते हुए दिल्ली और कोलकाता के बीच चलती थी। सरकार ने प्रदूषण के नियम बदलकर पुराने वाहनों को 1 अप्रैल, 2020 से प्रतिबन्धित कर दिया। इस कानून की चपेट में आकर उनकी दोनों ट्रक कबाड़ में बिक गईं। दोनों कर्ज़ ली गई थीं जिन्हें उनके रिश्तेदार चलाते थे।

एक छोटी ट्रांसपोर्ट कम्पनी के मालिक परवेज, जो तीन महीने पहले तक नौकरी दे रहे थे अब खुद ड्राइवर हो गए हैं।

परवेज से हमारी अगली मुलाकात दो दिन बाद, नोएडा की खोड़ा कॉलोनी में हो गई। वे अपनी ट्रक पर उत्तर प्रदेश से तरबूज लाए थे। इसी खोड़ा में रेहड़ी पर सब्जी बेचनेवाले नत्थू और साप्ताहिक बाजारों में बर्तन की दुकान लगानेवाले अनिल अथवा कपड़ों पर प्रेस करनेवाले सुखलाल जैसे कई लोग मिले जो भारत के कामगारों की आधी आबादी (52 फीसदी) हैं।

भारत के कामगारों में हर दूसरा सेल्फ इम्प्लायड है या अपने काम में लगा है। इस श्रेणी में आनेवाले करीब 60 फीसदी तो किसान हैं जबकि 40 फीसदी वे हैं जो अपने काम-धन्धे, दुकान, वर्कशॉप, सर्विसेज चलाते हैं। इनमें रेहड़ी लगानेवाले, रिपेयरिंग करनेवाले, दुकानदार, बढ़ई, लोहार, ड्राइवर, इलेक्ट्रीशियन, पेंटर, सैलून जैसे धन्धे आते हैं।

स्वरोजगारी भारत का सबसे अँधेरा कोना है। भारत में सबसे बड़ी रोजगार गतिविधि की पहली स्पष्ट पैमाइश हमें 2017-18 के बाद ही मिली। इससे पहले तक लेबर सर्वे इनको शामिल नहीं करते थे। रोजगार माँगनेवालों की जगह रोजगार देने और रोजगार तैयार करनेवालों के दावे के बीच लेबर सर्वे ने बताया कि केवल 4 फीसदी स्वरोजगारी ऐसे हैं जो अन्य लोगों को रोजगार दे पा रहे हैं। ये दरअसल छोटे-मझोले उद्योग हैं जिनकी चर्चा हमने पिछले अध्याय में की थी।

छठी आर्थिक गणना (2016) के मुताबिक कुल 5.85 करोड़ प्रतिष्ठान (जो कुछ उत्पादन करते या सेवा देते हैं) में 78 फीसदी गैर कृषि कामों में

लगे हैं, इनमें 58 फीसदी सेवा क्षेत्र में हैं। लगभग 60 फीसदी प्रतिष्ठान घर से चलते हैं, उनके पास कोई स्थायी कारोबार ढाँचा नहीं है। गैर कृषि गतिविधियों में लगे 67 फीसदी प्रतिष्ठानों में कर्मचारियों की संख्या छह से कम है। 54 फीसदी के पास कर्मचारी नहीं यानी कि वे स्वरोजगार हैं। 1998 के बाद से प्रतिष्ठान छोटे होते जा रहे हैं यानी हर कारोबार में कर्मचारियों की संख्या घट रही है और स्वरोजगार बढ़ रहे हैं।

70 फीसदी स्वरोजगारी खुद के कामगार थे या फिर उनके परिवार के लोग बगैर किसी पगार के काम कर रहे थे। लेबर फोर्स सर्वे ने बताया कि 80 फीसदी स्वरोजगार करनेवालों की मासिक कमाई 15,000 रुपये से कम है। एक बड़ी संख्या में स्वरोजगारी 6000-7000 रुपये तक कमाते हैं।

केवल 500 रुपये रोज...

बुधिया के दौर में प्लम्बिंग घरों और सरकारी इमारतों तक सीमित थी। लेकिन शीतल और जगत को नई इमारतों में पाइप डालने का काम भी मिला और जब उन अपार्टमेंट में लोग रहने के लिए आए तो नियमित प्लम्बर भी तैनात हुए। शहरों ने काम तो दिया लेकिन मजदूरी या वेतन की दर सरकार के न्यूनतम वेतन (रुपये 100 से 300 प्रतिदिन 2005-2019) के आसपास रही।

केवल कुछ ही कारोबार ऐसे थे जहाँ दैनिक मजदूरी की दर 600-700 रुपये थी लेकिन अधिकांश अकुशल श्रमिकों के लिए वहाँ अवसर बहुत कम थे। व्यापकतर रोजगार बाजार में शीतल और जगत 'कम अवसर ज्यादा हाथ' के दुश्चक्र में फँसे थे और औसतन 200 से 500 रुपये प्रतिदिन कमा रहे थे। अगर उनकी पद्मा और सीमा (पत्नियाँ) न कमा रही होतीं तो शहर में रहना मुश्किल हो जाता।

आईएलओ की वेज रिपोर्ट (2018) बताती है कि 1993 से 2014 के भारत का जीडीपी चार गुना बढ़ा लेकिन भारत में मजदूरी की दर केवल दो गुना। महँगाई को घटाने के बाद तो यह बढ़ोतरी और भी कम रह जाती है।

लॉकडाउन से पहले शीतल और जगत बहुत अच्छे दिनों में महीने में 10-15000 रुपये से ज्यादा नहीं कमा रहे थे। खोड़ा कॉलोनी में परवेज के घर के आसपास रहनेवाले ज्यादातर लोगों की कमाई भी इतनी ही थी। मलकानगिरि के सुन्दर को दिल्ली के खतरनाक ट्रैफिक के बीच स्विगी

जोमैटो और उबर के लिए दस घंटे तक बाइक दौड़ाने के बाद 300 से 400 रुपये मिल पा रहे थे।

यही वह 500 रुपये प्रतिदिन की अर्थव्यवस्था है या इसे आप भारत का नया जीविका स्तर कह सकते हैं, जहाँ भुखमरी नहीं है लेकिन कोई भविष्य भी नहीं दिखता। लॉकडाउन ने सभी कारोबारों और अवसरों को लम्बे समय के लिए बन्द कर दिया है जिन्हें दोबारा शुरू करने के लिए न पूँजी थी न जल्दी माँग लौटने की।

केन्द्र सरकार ने अपने कर्मचारियों के लिए सातवें वेतन आयोग (2016) में नई भर्ती वाले कर्मचारियों के लिए 18000 रुपये प्रतिमाह बेसिक सैलरी (महँगाई के हिसाब से भत्ता, अन्य सुविधाएँ और सुरक्षा अतिरिक्त) की सिफारिश लागू की है लेकिन दूसरी तरफ श्रम व रोजगार मंत्रालय की एक समिति ने (जनवरी 2019 में) 375 रुपये प्रतिदिन की न्यूनतम दैनिक मजदूरी की सिफारिश की है। न्यूनतम मज़दूरी का कानून कितनी ईमानदारी से लागू होता अगर इस पर बहस छोड़ भी दें तो राज्यों में दैनिक मजदूरी 200-300 के आसपास (दिल्ली और कर्नाटक में 375 रुपये) है।

इन दोनों के विपरीत केन्द्र सरकार की दो सबसे बड़ी रोजगार योजनाएँ (मनरेगा और कोविड के बाद शुरू की गई प्रधानमंत्री गरीब कल्याण योजना) में दिहाड़ी मजदूरी 200 रुपये से कम है।

बस इतना ही कमाते हैं भारतीय

स्रोत	आय वर्ग
रोजगार-बेरोजगारी सर्वे 2016	देश में 68 प्रतिशत परिवारों की कमाई प्रतिमाह 10,000 रुपये अन्य 22 प्रतिशत परिवार प्रतिमाह 5000 रुपये तक ही कमाते हैं।
अमित बसोले 2018 स्टेट ऑफ वर्किंग इंडिया 2018 अजीम प्रेमजी विश्वविद्यालय	82 प्रतिशत पुरुष और 92 प्रतिशत महिलाएँ प्रतिमाह 10,000 रुपये से भी कम कमाते हैं।
लेबर फोर्स सर्वे 2018-19 (आँकड़ों का विश्लेषण राधिका कपूर 2020)	42.2 प्रतिशत वेतनभोगी कर्मचारी प्रतिमाह 9750 रुपये (375 रुपये प्रतिदिन) से भी कम कमाते हैं, जिसकी सिफारिश भारत सरकार की ओर से नियुक्त कमेटी (जनवरी 2019) ने की थी। 58 प्रतिशत स्वरोजगारों की आय प्रतिमाह 9750 रुपए से कम। असंगठित क्षेत्र के 92.5 प्रतिशत कर्मचारियों की आय प्रतिदिन 375 रुपये से भी कम।

Source: CMIE data (2019)

बीते एक दशक के तेज विकास ने गाँवों से बहुत बड़ी संख्या में कामगारों को आकर्षित किया और गरीबी कम करने में मदद की (अगले अध्याय में विस्तार से) लेकिन 500 रुपये की दिहाड़ी का दुश्चक्र कठोर होता चला गया क्योंकि कामगारों की आपूर्ति अवसरों से ज्यादा थी और न्यूनतम मजदूरी महँगाई के हिसाब से नहीं बल्कि सरकार की मर्जी से बढ़ती थी।

रोजगारों में भविष्य की सुरक्षा की गारंटी भी नहीं है और 500 रुपये की दिहाड़ी में बचत की कोई गुंजाइश नहीं थी। इसलिए कई सर्वेक्षणों ने यह बताया कि लॉकडाउन की वजह से सबसे ज्यादा बुरा हाल दैनिक श्रमिकों व स्वरोजगारियों का हुआ। प्रवासियों में सबसे बड़ी संख्या इन्हीं की थी क्योंकि इनके लिए दो हफ्ते की बेकारी भी झेल पाना मुश्किल था।

परिवार की औसत आय

Decile	Average HH income per month in Rs
1	5388
2	8562
3	10271
4	11906
5	13205
5	14652
7	16683
8	20004
9	25368
10	45616

Source: CMIE Consumer Pyramids data of December 2019

बड़ी संख्या में शहरी कामगार व स्वरोजगारी गाँव लौटकर मजदूरों में बदल गए। जिनके पास गाँव में काम नहीं था वे लॉकडाउन खुलने के बाद शहरों में ड्राइवर, डिलीवरी मैन, ई रिक्शा या दिहाड़ी के काम तलाशने लगे।

अगस्त 2020 तक यह तय हो गया था कि भारत का आर्थिक विकास नकारात्मक रहेगा और तेज रफ्तार की उम्मीद तो करीब दो साल तक नहीं है।

शीतल और जगत को अगर नियमित वेतन और अनुबन्ध वाला कोई काम मिलनेवाला होता तो अब उसकी उम्मीद लम्बे समय के लिए समाप्त हो गई। अब अगले तीन साल तक दैनिक और गैर अनुबन्ध वाले मजदूरों की संख्या में वृद्धि होने की सम्भावना है यानी रोजगार सुरक्षा पर खतरा और ज्यादा बढ़ जाएगा।

कई मैन्युफैक्चरिंग कम्पनियाँ कर्ज पर मशीनें लेकर श्रमिकों पर निर्भरता कम करेंगी। श्रम गहन उद्योगों में जो बचेंगे वे आटोमेशन और रोबोटिक्स की तरफ बढ़ रहे हैं। रोजगारों की उम्मीद केवल स्वरोजगार या व्यापार में होगी जहाँ खपत बढ़ने का कोई चमत्कार नहीं होना है। कोविड वाली मन्दी का सबसे बड़ा असर मजदूरी की दर पर दिख रहा है। अब और ज्यादा हाथ होंगे और काम पहले से कम इसलिए शहरों और गाँवों दोनों जगह मासिक कमाई में और ज्यादा कमी होने की सम्भावना है।

वक्त की करवट

मन्दी और उसके बाद महामन्दी ने भारत के वर्तमान से ज्यादा उसके भविष्य पर चोट की है। मशहूर फ्यूचरिस्ट यानी भविष्य विज्ञानी एल्विन टॉफलर कहते थे कि भविष्य हमेशा जल्दी आ जाता है और वह भी गलत क्रम में यानी कि भविष्य उस तरह कभी नहीं आता जैसे हम चाहते हैं।

भारत बुढ़ाते हुए समाज की तरफ यात्रा प्रारम्भ कर चुका है। अगले दस साल में यानी 2030 से यह रफ्तार तेज हो जाएगी। भारत की युवा आबादी अगले एक दशक में घटने लगेगी। पिछले दो-तीन दशकों में भारत की तरक्की का आधार यही आबादी रही है।

जनसंख्या वृद्धि घटकर 1.3 फीसदी (2011-16) पर आ चुकी है जो सत्तर-अस्सी के दशकों में 2.5 फीसदी थी। बुढ़ाती जनसंख्या के पहले बड़े लक्षण दक्षिण के राज्यों, हिमाचल प्रदेश, पंजाब, पश्चिम बंगाल और

महाराष्ट्र में दिखने लगे हैं। अगर बाहर के लोग वहाँ नहीं बसे तो 2030 के बाद तमिलनाडु में जनसंख्या वृद्धि दर घटने लगेगी। आन्ध्र प्रदेश में यह शून्य के करीब होगी। अगले दो दशकों में उत्तर प्रदेश, राजस्थान, मध्य प्रदेश और बिहार में आबादी बढ़ने की दर आधी रह जाएगी।

2021 से 2031 के बीच भारत की कामगार आबादी हर साल 97 लाख लोगों की दर से बढ़ेगी जबकि अगले एक दशक में यह हर साल 42 लाख सालाना की दर से कम होने लगेगी।

जबकि 2041 तक भारत की युवा आबादी का अनुपात अपने चरम पर पहुँच चुका होगा क्योंकि कार्यशील आयु (20 से 59 वर्ष) वाले लोग आबादी के करीब 60 फीसदी होंगे।

दुनिया के जिन देशों ने खुद को निम्न से मध्य और उच्च आय वाली अर्थव्यवस्था में बदला है, उन्होंने तेजी से विकास और युवा आबादी के साथ, कम से कम वर्षों में, प्रति व्यक्ति आय को दोगुना किया है। यहाँ 500 रुपये की दिहाड़ी के साथ शीतल, जगत, गोविन्द, नासिर या परवेज अपने भविष्य या बच्चों की शिक्षा के लिए कुछ बचा ही नहीं सकते, बल्कि इनमें बहुत से लोगों को अपनी शुरुआत शून्य से करनी होगी।

1991 में भारत की आधी आबादी गरीबी रेखा से नीचे थी। आर्थिक उदारीकरण और नगरीकरण ने एक बहुत बड़ी आबादी को गरीबी (तत्कालीन पैमानों पर) से बाहर निकाला जो कि दशकों की समाजवादी अर्थव्यवस्था के बावजूद नहीं हो सका था।

भारत में गरीबी वापस क्यों लौट रही है? जवाब मिलेंगे हमें भारत के उत्तर-पूर्व में (उत्तर प्रदेश, बिहार की सीमा) बसे गाँव धरौली में, जहाँ गोविन्द (ओला ड्राइवर) और उसके पिता बेचेलाल समझ ही नहीं पा रहे हैं कि एक साल में क्या से क्या हो गया!

3

अन्दरूनी चोट

जून 2021 की एक दोपहर—दो खेतों के बीच पगडंडी पर नीम के पेड़ के नीचे, 65 साल के बेचेलाल बैठे हैं। उनके एक पैर पर पट्टी बँधी है। कोविड ने उन्हें भी पकड़ा और जिन्दगी छोड़कर बहुत कुछ ले गया। कोविड का शिकार हुई पत्नी की मृत्यु प्रमाणपत्र लेने गए थे। कमजोर पहले से थे भगदड़ में चोट खा बैठे।

गेहूँ की कटाई भी नहीं कर पाए थे कि कोविड फिर आ गया। वैसे भी बेचेलाल को अपनी छोटी-सी जोत से ज्यादा उम्मीद नहीं थी। उनकी ज्यादातर उम्मीदें अपने इकलौते बेटे गोविन्द पर टिकी थीं।

यह वही गोविन्द है जो दिल्ली में ओला कैब चलाता था और अप्रैल 2020 में लॉकडाउन के बाद शुरू हुए महाप्रवास में हमें दिल्ली-आगरा एक्सप्रेस वे पर मिला था।

बेचेलाल को ठीक-ठीक पता नहीं कि राष्ट्रीय नमूना सर्वेक्षण संगठन (एनएसएसओ) ने सरकार से कब कहा कि 40 फीसदी किसान अपने बच्चों को खेती-किसानी में नहीं लगाना चाहते। उन्होंने तो जिन्दगी की गरीब हकीकतों से तंग आकर, दस साल पहले ही बेटे को रोजी-रोटी का कुछ और जरिया तलाश करने दिल्ली भेज दिया था और कोविड के कहर से पहले तक यह कोशिश कमोबेश कामयाब रही थी।

बीते एक साल की तबाही आने से पहले तक गोविन्द ही अपने परिवार को गरीबी से बचा रहा था।

भाइयों में बँटवारे के बाद बेचेलाल के पास करीब दो एकड़ जमीन बच गई थी। उसमें से एक हिस्सा बगल से गुजर रहे हाइवे के लिए देना पड़ा। लेकिन

उससे जो पैसा मिला, वह गोविन्द की बहन की शादी में लग गया। आधा एकड़ जमीन गोविन्द के लिए टैक्सी खरीदने में बैंक के पास गिरवी हो गई।

अब बची जमीन में जो भी गेहूँ और धान उगता है, उसमें से ज्यादातर परिवार का पेट भरने के ही काम आ पाता है। बची हुई फसल मौके-बेमौके पैसे की जरूरत पूरी करने के लिए बाजार में बेची जाती है। बेचेलाल थोड़ी-बहुत सब्जियाँ भी उगा लेते, जिससे हाथ में कुछ पैसा आ जाता, फिर गोविन्द भी कुछ पैसा भेज दिया करता था। बेचेलाल और उनकी पत्नी की जिन्दगी चलाने के लिए यह काफी था।

लॉकडाउन ने जब करोड़ों कामगारों को अपने गाँव-घर लौटने पर मजबूर कर दिया तो यह व्यवस्था भी बैठने लगी। ज्यादातर छोटे किसानों की हालत बेचेलाल से कोई अच्छी नहीं है। जब अर्थव्यवस्था में रिकॉर्ड वृद्धि दिख रही थी, तब भी कृषि की हालत खस्ता ही थी। पिछले कुछ वर्षों से तो कीमतें गिरते जाने से किसानों के लिए अपनी लागत-पूँजी भी बचा लेने में मुश्किल हो रही है।

अर्थव्यवस्था के विभिन्न क्षेत्रों की विकास दर

(2004-05 के मूल्यों पर)

Sl No.	समयावधि	औसत सालाना विकास दर (%)			
		कृषि	उद्योग	सेवा	जीडीपी
1	1950-51 to 1968-69	2.01	6.48	4.60	3.67
2	1968-69 to 1975-76	2.19	2.75	4.07	3.07
3	1975-76 to 1988-89	2.74	4.89	5.80	4.30
4	1988-89 to 1995-96	2.69	5.59	6.38	5.06
5	1995-96 to 2004-05	2.23	5.57	7.87	5.92
6	2004-05 to 2016-17	3.19	6.41	8.89	7.29

Note: Phase I: Pre-Green Revolution Period(PGR) - 1960-61 to 1968-69; (ii) Phase - II: Early Green Revolution period(EGR) - 1968-69 to 1975-76; (iii) Phase - III: Period of Wider Technology Dissemination (WTD) - 1975-76 to 1988-89; (iv) Phase - IV: Period of Diversification (DIV) - 1988-89 to 1995-96; (v) Phase V: Post-Reform period (PR) - 1995-96 to 2004-05; (vi) Phase VI:Period of Recovery (REC) - 2004-05 to 2016-17

Source: Stranded and Jagged Crossroads by R S Deshpande and Khalil Musa Shaha : India's economy pre liberalization to GST - Ed - Uma kapila

फिर भी, देश में करीब 70 करोड़ लोग प्रत्यक्ष या परोक्ष रूप से खेती-किसानी से जुड़े हैं और तकरीबन 44 फीसदी कामगार कृषि में कार्यरत हैं (आर्थिक सर्वेक्षण, 2020)। तकरीबन चार दशक से आबादी में बढ़ोतरी की वजह से जमीन बँटती गई और खेतों का औसत आकार आधा हो गया है।

गोविन्द ने हमें बताया कि उसकी पीढ़ी के ज्यादा-से-ज्यादा लोग रोजगार की तलाश में दिल्ली या मुम्बई गए। जमीन पर बढ़ते दबाव, खेती में नुकसान और शहरों में उभरते नये-नये मौकों के मद्देनजर और कोई विकल्प भी नहीं था।

बेचेलाल बनाम कृषि भवन

गोविन्द अक्सर अपनी गाड़ी से नई दिल्ली के कृषि भवन के बगल से गुजरता था। उसे नहीं मालूम कि वहाँ होता क्या है। यहाँ गाँव में बैठकर यह समझा जा सकता है कि कृषि भवन, बेचेलाल से कितना दूर है। यह परिवार तो खेती-किसानी करनेवाले उन 90 फीसदी परिवारों में एक है, जिनके पास दो एकड़ या उससे कम जमीन है। आबादी बढ़ने के साथ देश में जोत का औसत आकार महज 1.08 एकड़ रह गया है।

लगातार बढ़ते न्यूनतम समर्थन मूल्य (एमएसपी) पर अन्तहीन वाद-विवाद (हालाँकि तमाम आलोचनाओं के बावजूद भारत में गेहूँ और धान, दोनों का एमएसपी ज्यादातर एशियाई देशों से कम है) के बारे में बेचेलाल को कुछ पता नहीं है लेकिन यह हिसाब उनकी उँगलियों पर है कि परिवार की साल भर की खपत का इन्तजाम करने के बाद उनके पास बेहद थोड़ा गेहूँ और चावल ही बच पाता है। अमूमन गाँव वाले अनाज स्थानीय कारोबारियों को ही बेच देते हैं। बेचेलाल इस बात से इत्तफाक करते हैं कि अनाज की सरकारी खरीद की कीमत अगर ज्यादा नहीं है तो घटी भी नहीं है। इसकी वजह शायद समर्थन मूल्य और बड़े पैमाने पर अनाज खरीद (कुल धान और गेहूँ पैदावार का 35-40 फीसदी तक) है।

रियायती दर पर खाद मिलती है। लेकिन बेचेलाल के गाँव में किसी के पास फसल बीमा नहीं था। डीजल की महँगाई ने सिंचाई की दर और ट्रैक्टर का भाड़ा आसमान पर पहुँचा दिया है। बेचेलाल को एक बार कर्जमाफी योजना से फायदा हुआ लेकिन आम तौर पर वे गाँव के महाजन से ही कर्ज लेते हैं।

प्रमुख देशों में फसलों का समर्थन मूल्य

2014-15 के मूल्य (प्रति मीट्रिक टन)

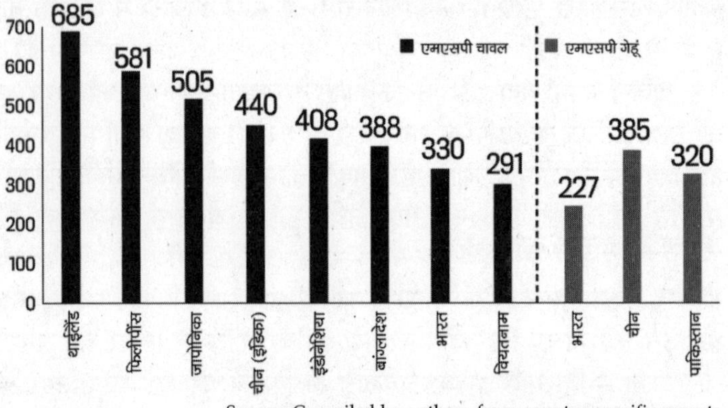

Source: Compiled by authors from country-specific reports.

2019 के बजट की समीक्षा से पता चलता है कि बेचेलाल जैसे गरीब और सीमांत किसानों के लिए सामाजिक सुरक्षा तंत्र (मनरेगा, प्रधानमंत्री किसान सम्मान निधि, खाद्य सुरक्षा और एमएसपी वगैरह) और लागत सब्सिडी (फसल बीमा, ब्याज रियायत और खाद सब्सिडी) सम्बन्धी छह बड़ी योजनाओं में 4.30 लाख करोड़ रुपये रखे गए। इसके अलावा राज्य सरकारें बिजली दरों में भारी रियायत देती हैं।

कुल उर्वरक सब्सिडी

2001-02 के बार

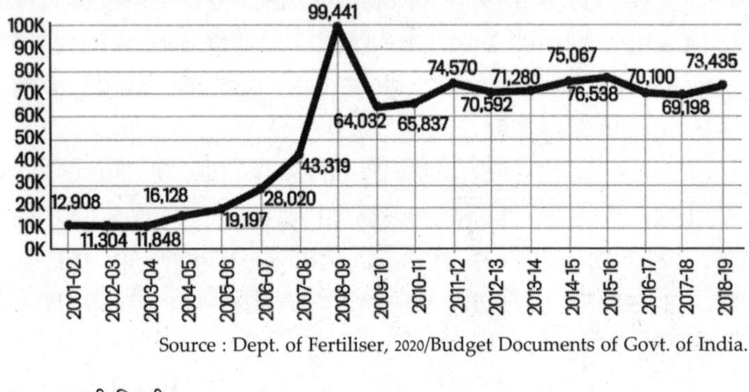

Source : Dept. of Fertiliser, 2020/Budget Documents of Govt. of India.

लेकिन भारी-भरकम सब्सिडी के इस तंत्र से बेचेलाल की कमाई में मामूली फर्क ही दिखता है। उनकी गाड़ी तो हर महीने गोविन्द के भेजे पैसे से ही चलती थी (शहरों से गाँवों को जानेवाली ऐसी छोटी-छोटी रकम जीडीपी का 2 फीसदी तक है)।

बेचेलाल को याद नहीं कि कब कोई सरकारी आदमी उन्हें बीज या नई मददगार तकनीक की जानकारी देने के लिए मिला था। गोविन्द बताता है कि गाँव ज्यादातर किसानों के लिए ई-नाम जैसी योजनाओं का खास मतलब नहीं है क्योंकि उनके पास बेचने को तो बहुत ही कम होता है। इन्फ्रास्ट्रक्चर और कृषि शोध के मद में उसी बजट में करीब 53,000 करोड़ रुपये का आवंटन है। सो, आश्चर्य नहीं कि भारत की कृषि उत्पादकता काफी कम बनी हुई है।

कीमतों में तेज वृद्धि या पैदावार में बढ़ोतरी के अभाव में पिछले कुछ साल में खेती-किसानी का संकट काफी बढ़ गया है। ओडिशा और तेलंगाना जैसे राज्यों की सरकारों ने इस मामले में सबसे पहले कदम बढ़ाया। 2019 में केन्द्र सरकार ने 2 हेक्टेयर (2.47 एकड़) तक के जोत वाले किसानों को सालाना 6,000 करोड़ रुपये की नकद सब्सिडी देने का ऐलान किया। इस तरह मदद का एक तीसरा तंत्र स्थापित हुआ।

गोविन्द के पास दो एकड़ से कम जमीन बची थी। प्रधानमंत्री सम्मान निधि की मदद लेने के लिए पहले दलालों को भेंट चढ़ानी पड़ी लेकिन उसके चाचा जिनकी जमीन की मिल्कियत को लेकर कुछ विवाद है, उन्हें यह पैसा नहीं मिला। वे सब्जी उगाने के लिए एक दूसरे किसान का खेत पट्टे पर लिया करते हैं। क्रिसिल ने दर्ज किया कि देश भर में करीब 5.6 करोड़ किसानों को प्रधानमंत्री किसान सम्मान निधि की रकम नहीं मिल पा रही है।

मवेशियों का स्ट्राबेरी चारा

बेचेलाल एक किराये के खेत में लौकी और कुछ दूसरी सब्जियाँ उगाते हैं। लॉकडाउन में जब सारे रास्ते बन्द हो गए तो उन्होंने सब सड़ने के लिए ही छोड़ दिया। यह काम उन्होंने जब शुरू किया था तो गोविन्द छोटा था। अपने चचेरे भाई तथा दोस्त सरजू की सलाह मानकर बेचेलाल ने

छोटे-छोटे खेत किराए पर लेकर मौसमी सब्जियाँ उगाना शुरू किया था। 1990 के दशक के मध्य से शहरों में सब्जियों और फल का बाजार बड़ा होना शुरू हुआ था। सब्जियों को कीड़ों से बचाना आसान नहीं होता, तड़के ही तोड़ना पड़ता है और समय से शहर में पहुँचाना होता है। अमूमन बिचौलिया ज्यादातर फायदा ले जाता था फिर भी वे रोजाना 200-300 रुपये कमा लेते थे।

2020 में मानसून के बाद, सभी धान रोपने की हड़बड़ी में थे। कुछ ने अपने ट्रैक्टर से उनकी सब्जियाँ रौंद दीं। कुछ ने उनके टमाटर और खीरे हाइवे पर फेंक दिये। बेचेलाल कहते-कहते रुक जाते हैं जैसे कि उस दर्द को दोबारा महसूस करने की कोशिश कर रहे हों। फिर वे थोड़ा घूमकर कुछ दार्शनिक भाव में बोले, यह सब होता रहता है, कभी न कभी तो धन्धे में गँवाना ही पड़ता है।

हमने उन्हें वह तस्वीर दिखाई, जिससे 2020 के लॉकडाउन के शुरुआती दिनों में दुनिया हिल उठी थी। महाराष्ट्र में एक किसान मवेशियों को स्ट्रॉबेरी खिला रहा है। गोविन्द ने तस्वीर को गौर से देखा और हँस पड़ा। उसने दिल्ली में लोगों को छोटे-छोटे पैकेटों में स्ट्राबेरी 200 रुपये में खरीदते देखा है।

दूसरे लॉकडाउन में जिन किसानों ने फल या महँगी सब्जियाँ उगाकर कुछ अतिरिक्त कमाई करने की कोशिश की, उनके लिए जोखिम कुछ ज्यादा ही बड़ा रहा है। उस तस्वीर में महाराष्ट्र के सतारा जिले के किसान ने स्ट्राबेरी उगाने के लिए अपनी दो एकड़ जमीन में 2.5 लाख रुपये खर्च किए थे। उसे इससे 8 लाख रुपये कमाई की उम्मीद थी लेकिन आखिरकार उसे वह मवेशियों को खिलाना पड़ा।

पिछले कई साल से भारत में अनाज की अपेक्षा बागबानी वाली फसलों की पैदावार ज्यादा हो रही है। लेकिन बेचेलाल जैसे छोटे किसान इसका ज्यादा फायदा नहीं उठा पाते। माँग बढ़ने पर बड़े किसानों ने सब्जियों और फलों की खेती शुरू कर दी। बड़े किसान न सिर्फ सिंचाई और कीटनाशक दवाइयों का प्रबन्ध कर सकते हैं, बल्कि बाजार की ऊँच-नीच को झेलने की भी बेहतर स्थिति में होते हैं।

हॉर्टीकल्चर (फल-सब्जी आदि) बनाम अनाज उत्पादन

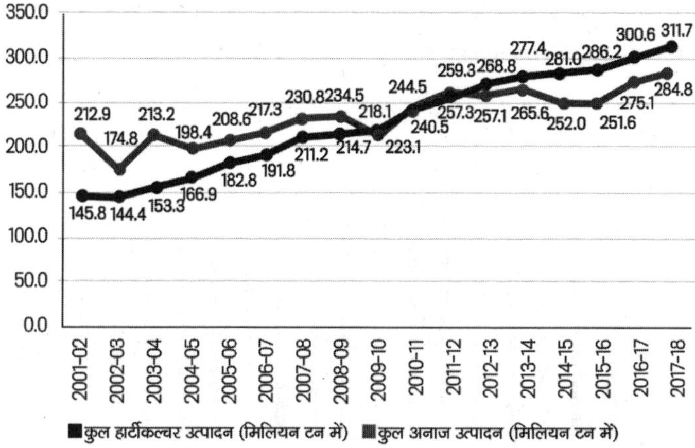

Source: Horticultural Statistics at a Glance 2018 Department of Agriculture, Government of India

आसपास कोल्डस्टोरेज और प्रसंस्करण इकाई न होने से बेचेलाल जैसे किसान अक्सर कीमतें गिरने पर अपने आलू या दूध सड़कों पर फेंक देने को मजबूर होते हैं। अनाज की एमएसपी जैसे फल-फूल और सब्जियों के लिए कोई सरकारी समर्थन उपलब्ध नहीं है। अच्छे मौसम में ऐसे किसानों की कमाई अनाज उगानेवालों से बेहतर हो जाती है, लेकिन कीमतों में अचानक गिरावट से वे पूरी तरह बर्बाद हो जाते हैं।

2018 में मध्य प्रदेश के मन्दसौर में हिंसक प्रदर्शन में कई किसानों की मौत के बाद राज्य सरकार ने भावांतर भुगतान योजना शुरू की, जिसके तहत लागत खर्च पर आधारित एमएसपी और बाजार दर का फर्क किसान को सरकार अदा करेगी। कुछ और राज्य सरकारों ने हाल में ऐसी ही योजना शुरू की है।

बेचेलाल का रिश्तेदार सरजू बाद में छत्तीसगढ़ चला गया था, उसने एक बोरवेल के लिए 5 लाख रुपये का कर्ज लिया था और अधिक फायदे के लालच में एक महँगी सब्जी पर दाँव लगाया था। उसने दो साल पहले फसल बर्बाद होने पर आत्महत्या कर ली थी। राष्ट्रीय अपराध ब्यूरो के मुताबिक, 2019 में ही 10,281 किसानों ने आत्महत्या की। ज्यादातर सरजू की तरह ही

कर्जदार थे (अगर हम किसानों और दैनिक मजदूरी करनेवालों को जोड़ लें तो 2019 में ही 42,480 आत्महत्याएँ दर्ज की गईं, जिसका मतलब है कि हर रोज 116 से अधिक आत्महत्याएँ)।

भारत में किसान आत्महत्या

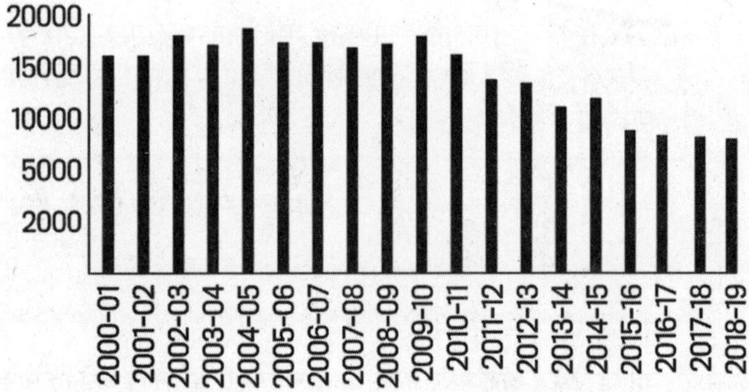

किसान आन्दोलन 2020-21 और फसल की कीमत

2020 में कोविड के बीच खेती में सुधार के तीन कानून पारित होते ही भारत में किसानों का आन्दोलन फूट पड़ा। सरकार बाजार में निजी मंडियों को इजाजत देकर, अनुबन्ध खेती (कांट्रैक्ट फार्मिंग) चुस्त कर और फसलों के भंडारण पर लगी रोक हटाकर किसानों को नये दौर का वास्ता दे रही थी और किसान न केवल इन कानूनों को वापस लेने पर अड़ गए बल्कि हर तरह की फसल बिक्री पर समर्थन मूल्य की गारंटी माँगने लगे।

आखिर सरकार के कृषि सुधारों में किसानों को अपनी जिन्दगी का सुधार क्यों नहीं दिख रहा था? क्योंकि समर्थन मूल्य की गारंटी माँगी जाने लगी। खेती की हकीकत बताती है कि फसल की वाजिब कीमत शायद सबसे बड़ा कृषि सुधार है। खेती की जमीन बढ़ नहीं सकती। फसलों का विविधीकरण, नई तकनीकों के इस्तेमाल करने, खेती में निजी निवेश बढ़ाने या फिर छोटे किसानों की आय बढ़ाने के सभी उपाय इस बात पर केन्द्रित है कि उत्पादक (किसान) को अधिकांश उत्पादन (फसल) की सही कीमत

कैसे मिले। खेती में तरक्की के सभी रास्ते इससे ही निकलते हैं।

नवम्बर 2018 में नीति आयोग ने न्यू इंडिया @75 नाम का दस्तावेज बनाया था, जिसकी भूमिका स्वयं प्रधानमंत्री नरेन्द्र मोदी ने लिखी थी। इसमें 2022 तक कृषि लागत और मूल्य आयोग (सीएसीपी) को खत्म कर एग्री प्राइसिंग ट्रिब्यूनल बनाने का लक्ष्य रखा गया। नीति आयोग से कहा गया था कि वह—

- एमएसपी के समानान्तर मिनिमम रिजर्व प्राइस (एमआरपी) की प्रक्रिया तय करे। इस एमआरपी पर मंडियों में फसल की नीलामी शुरू होनी चाहिए।
- तैयारी यह भी थी कि देश में सरप्लस उत्पादन, देश में कम लेकिन विदेश में ज्यादा और दोनों जगह कम उत्पादन वाली फसलों के लिए एमएसपी से अलग कीमत तय की जाए।
- मंडी कमीशन और फीस का ढाँचा बदलने की भी राय थी ताकि किसानों को एमएसपी का प्रतिस्पर्धी मूल्य मिल सके।
- अच्छे और खराब मानसून के दौरान अलग-अलग कीमतें तय करने पर भी बात हो रही थी।

यह दस्तावेज किसानों की आय दोगुनी करनेवाली समिति की सिफारिशों (सितम्बर 2018) के बाद बना था जिसमें किसानों की समग्र उत्पादन लागत पर कम-से-कम 50 फीसदी मुनाफा देने की सिफारिश की गई थी। इससे पहले 2011 में नरेन्द्र मोदी (तब मुख्यमंत्री) की अध्यक्षता वाली समिति एमएसपी को महँगाई से जोड़ने और बाजार में फसल की बिक्री एमएसपी पर आधारित करने के वैधानिक उपाय की राय दे चुकी थी।

इन तैयारियों से पहले सरकार यह स्वीकार कर चुकी थी—

- अधिकांश फसल (सरकारी खरीद कुल उपज का केवल 13 प्रतिशत) लागत से कम कीमत पर बिकती है। विभिन्न फसलों में खलिहान मूल्य (हार्वेस्ट प्राइस) बाजार के खुदरा मूल्य से 35 से 63 फीसदी तक कम हैं—नीति आयोग।
- 1980 के बाद से अब तक किसानों की आय कभी भी गैर खेतिहर श्रमिकों की आय के एक-तिहाई से ज्यादा नहीं हो सकी। यानी 2022 तक किसानों की आय दोगुना करने को उनकी कमाई सालाना

10.4 फीसदी की दर से बढ़ानी होगी।

इस हकीकत और तैयारी की रोशनी में नये कानूनों से फसलों की वाजिब कीमत तय करने की योजना तो दूर समर्थन मूल्य शब्द का जिक्र भी नहीं था।

दूसरी कमाई की दौड़

गोविन्द की पत्नी सुमन ने हमें बताया कि गाँव में औरतों के लिए पैसे कमाना काफी मुश्किल है। वह एक स्थानीय स्व-सहायता समूह (एसएचजी) में शामिल है। छोटे कद की प्रौढ़ चन्द्रा उनकी मुखिया है। चन्द्रा के पति ने आठ साल पहले दूसरी शादी कर ली और उसे घर से निकाल दिया। उसने अपने पति के खेतों में वर्षों तक मेहनत की लेकिन उसका उस पर कोई कानूनी दावा नहीं था। माता-पिता और भाइयों ने जमीन में कोई हिस्सा नहीं दिया।

चन्द्रा कहती है कि गाँवों में महिला कैसे जिये? उसे अपने परिवार के सबसे अहम आर्थिक संसाधन में कोई हिस्सेदारी नहीं मिलती। देश में 73 फीसदी महिलाएँ खेतों में काम करती हैं लेकिन 13 फीसदी से भी कम के पास जमीन की मिल्कियत है।

चन्द्रा को अपने तीन बच्चों की परवरिश करने के लिए यह स्वयं सहायता समूह काम् आया। उसकी टीम की महिलाएँ दूध बेचती हैं। एक निजी व्यापारी हर दूसरे दिन अपनी दूध उठानेवाली गाड़ी भेजा करता था लेकिन अब वह गाड़ी भी नहीं आती। वह हमें ही सस्ते कीमत पर घी बेचना चाहती थी।

ग्रामीण अर्थव्यवस्था में कृषि की हिस्सेदारी अब महज 35 फीसदी है। सेवाओं का योगदान (मुख्यत: कारोबार और जमीन-जायदाद) 30 फीसदी तक पहुँच गया है। लेकिन इस तरह की सेवाएँ और कंस्ट्रक्शन (ग्रामीण उत्पाद का 10 फीसदी) में वृद्धि मुख्यत: खेती-किसानी और गोविन्द जैसे लोगों की भेजी गई रकम पर निर्भर है।

ग्रामीण अर्थव्यवस्था में खेती का हिस्सा घटने के बावजूद, इस पर अब भी 60 फीसदी से ज्यादा रोजगार की जिम्मेदारी है। सरकारी खर्च (ग्रामीण सड़कों पर) और शहरों से आनेवाली कमाई, गाँवों को किसी तरह जीविका दे रही है। धारोली के पास के बाजार में जिन लोगों से हमारी मुलाकात हुई, उनमें से कुछ दुकानदारों को छोड़कर किसी की भी कमाई 200 रुपये रोजाना

से ज्यादा नहीं थी।

धारोली से वाराणसी लौटते वक्त हमें कोई गैर-कृषि उद्योग नहीं दिखा। बस कुछ कहीं-कहीं ईंट-भट्ठे ही दिखे। दरअसल पूरे देश के ग्रामीण इलाकों में कुछ खाद्य प्रसंस्करण या छोटे-मोटे उद्योगों के अलावा कुछ भी मुश्किल से ही दिखता है। इसलिए ग्रामीण उत्पादन में मैन्युफैक्चरिंग उत्पादन की हिस्सेदारी महज 18 फीसदी होना कोई आश्चर्य नहीं है।

हाल की इडेलविस रिपोर्ट (सितम्बर 2020) बताती है कि गाँव के आसपास लगी मैन्युफैक्चरिंग इकाइयों में भारी पूँजी लगती है। पिछले 15 साल से कोई रोजगार नहीं पैदा हुआ है। ये सभी बड़े संयंत्र हैं और ग्रामीण इलाकों में सिर्फ कम लागत खर्च और सरकारी रियायतों का फायदा लेने के लिए लगे हैं। ये संयंत्र अमूमन बड़े उद्योगों को सप्लाई करते हैं। स्थानीय अर्थव्यवस्था में इनका कोई योगदान नहीं होता।

क्या खाएँ, क्या बचाएँ

बेचेलाल से हमारी बात चल ही रही थी कि सेवाराम आ गए। वह धान की बुवाई की मजदूरी लेने निकले थे। सेवाराम भूमिहीन मजदूर हैं जो बुवाई-कटाई के मौसम में मजदूरी करके ही अपना पेट भरते हैं। लेकिन कुछ साल से गाँवों में मजदूरी रत्ती भर नहीं बढ़ी है। रेटिंग एजेंसी इंडिया रेटिंग की रिपोर्ट से साफ पता चलता है कि 2012 और 2017 के बीच कृषि में कुल आमदनी बढ़ोतरी का महज 15.3 फीसदी ही मजदूरी में गया। बाकी पूँजी लगानेवालों की जेब में गया।

बेचेलाल के खेत गाँव के दूसरे किनारे पर हैं सामने झोंपड़ियाँ व कुछ कच्चे-पक्के मकान दिखते हैं। स्कूल, पंचायत और ज्यादातर दुकानें गाँव से सटी सड़क के उस पार हैं। हमारे यहाँ पहुँचने तक ग्रामीण इलाकों में संक्रमण के मामले बढ़ने लगे थे और लोग बाहरी को शक की नजर से देखने लगे थे।

खेती के मौसम के बाद ज्यादातर पुरुष और बड़ी संख्या में महिलाएँ भी काम की तलाश में दिल्ली या दूसरे शहरों में चले जाती हैं। बेचेलाल के गाँव से तमाम लोग खेती के मौसम के अलावा बाकी वक्त में कुछ काम तलाशने शहरों की ओर जाते हैं। देश में करीब 90 लाख मौसमी प्रवासी मजदूर हर साल शहरों में पहुँचकर निर्माण मजदूरी, कुली, साइकिल रिक्शा चलाने का काम करते हैं।

हमें परवेज की याद आ गई जो अपने साथ हमें दिल्ली में यमुना के किनारे

ले गया, जहाँ झुग्गियों में 200 परिवार रह रहे थे। वे लॉकडाउन की वजह से सबसे ज्यादा प्रभावित होनेवाले शरणार्थी थे। उनके पास राशन कार्ड नहीं था, लिहाजा वे पूरी तरह से सरकार या दूसरी एजेंसियों से मिलनेवाले भोजन पर आश्रित थे। उन्होंने भी हमें बताया कि फसल कटने के बाद इस मौसम में घर जाने से दो वक्त का भरपेट खाना मिलना तय नहीं था।

खेतिहर भूमि का वितरण

1953-54 से 2013

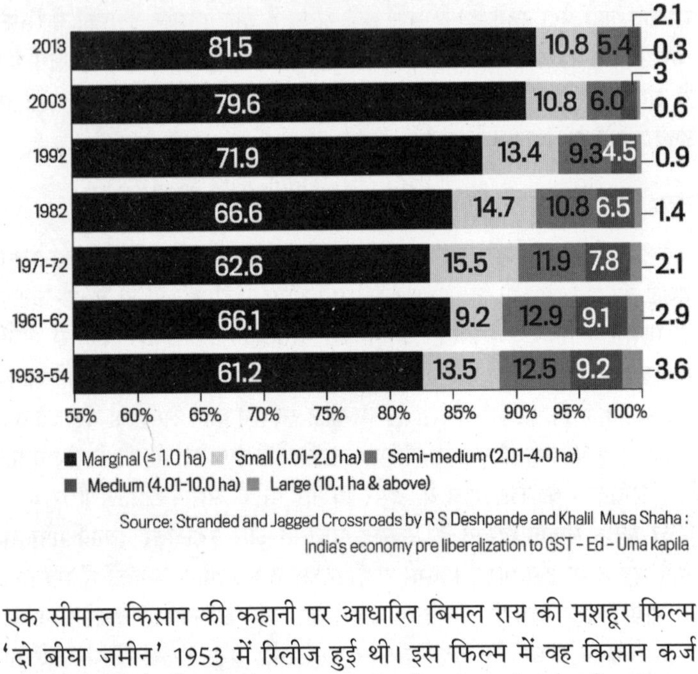

Source: Stranded and Jagged Crossroads by R S Deshpande and Khalil Musa Shaha : India's economy pre liberalization to GST - Ed - Uma kapila

एक सीमान्त किसान की कहानी पर आधारित बिमल राय की मशहूर फिल्म 'दो बीघा जमीन' 1953 में रिलीज हुई थी। इस फिल्म में वह किसान कर्ज के जाल में फँस जाता है और अपनी जमीन गँवा बैठता है। वह गाँव छोड़कर कोलकाता पहुँचता है, जहाँ उसे दो वक्त की रोटी के लिए कड़ी मेहनत करनी पड़ती है। तब भारत में 2.73 करोड़ भूमिहीन मजदूर थे (जनगणना 1951), जिनकी तादाद 2011 में बढ़कर 14.4 करोड़ हो गई।

दुखिया जैसे भूमिहीन मजदूर कुछ आदिवासी समुदायों को छोड़कर देश

के सबसे निर्धन लोगों में शुमार हैं। उनके पास आय का कोई निश्चित स्रोत नहीं है, निरक्षर हैं या बहुत कम पढ़े-लिखे हैं और उनके पास कोई संसाधन भी नहीं है। उनमें से ज्यादातर पिछड़ी जातियों के हैं और उनके साथ नियमित रूप से सामाजिक और आर्थिक भेदभाव किया जाता रहा है। यहाँ तक कि लॉकडाउन के दौरान आरोप लगाया गया कि मनरेगा के तहत रोजगार देने के मामले में भी उन्हें नजरअन्दाज किया गया।

जनगणना-2011 में पता चला कि करीब 50 करोड़ लोग या 55 फीसदी ग्रामीणों के पास जमीन का एक टुकड़ा तक नहीं है। नीतिगत चर्चाओं में भले ही इन्हें जगह न मिलती हो लेकिन लॉकडाउन के बाद इनकी जिन्दगी और जीविका सबसे बुरी तरह प्रभावित हुई है।

फिसलन भरी जमीन

पिछले डेढ़ दशक के दौरान इस तरह के भूमिहीन ग्रामीण और सीमांत किसान बेहतर भविष्य की तलाश में बड़े पैमाने पर शहरों की ओर निकल पड़े। क्योंकि कुल जीडीपी में कृषि का योगदान 15 फीसदी से भी कम है, फिर भी रोजगार के लिए 55 फीसदी लोग उसी पर निर्भर हैं।

ऐसा लगता है कि सरकार की सारी नीतियाँ उत्पादन बढ़ाने के लिए तैयार की गई हैं। लेकिन कृषि आधारित उत्पादों के निर्यात पर सख्त नियंत्रण, घरेलू माँग लगभग चरम पर पहुँच जाने और खाद्य प्रसंस्करण उद्योगों के अभाव में बेचेलाल सरीखे लोगों को अपने उत्पादों की मुनासिब कीमत नहीं मिल पाती।

तल्ख हकीकत यह है कि कृषि उत्पादन में बढ़ोतरी की वजह से ज्यादातर किसानों की आय में इजाफा नहीं होता। कृषि महज 10 फीसदी किसानों के लिए ही मुनाफे का धन्धा है। उन किसानों के पास निवेश के लिए पैसा है और वे बाजार की ऊँच-नीच को बर्दाश्त कर सकते हैं। कृषि लागत पर मिलनेवाली सब्सिडी और एमएसपी का सबसे ज्यादा फायदा वही उठाते हैं।

बेचेलाल की छोटी जोत में केवल दो फसलें उगाई जा सकती हैं। इस तरह वे साल में अधिकतम 50,000 रुपये या फिर महीने में 4,000 रुपये कमा सकते हैं। बेचेलाल जैसे लाखों किसानों के पास अपनी फसल की लागत

और उपभोग के लायक उपज रखने के बाद बाजार में बेचने के लिए बहुत कम माल बचता है।

एनएसएसओ और नाबार्ड के आकलन के मुताबिक, ऐसे किसानों की मासिक आय करीब 3,000 से 3,500 रुपये है। पिछले पाँच साल के दौरान यह आय लगभग स्थिर हो गई। बल्कि महँगाई के मद्देनजर दरअसल उनकी आय कम हो गई है। नीति आयोग छोटे और सीमांत किसानों की मासिक आय 6,000-6,500 रुपये बताता है।

यदि किसान की आय हर महीने 6,000 रुपये भी मान ली जाए तो भी यह महज 200 रुपये हर रोज की कमाई, जो सरकार की ओर से तय की गई न्यूनतम दिहाड़ी 375 रुपये से भी काफी कम है।

ग्रामीण भारत का बहीखाता

	कृषक परिवार	गैर कृषक परिवार	सभी परिवार
औसत लोग (करोड़ में)	49.5	45.9	95.4
औसत परिवार (करोड़ में)	10.1	11.1	21.2
औसत प्रति परिवार आय (रु.)	8,931	7,269	8,059
औसत प्रति परिवार मासिक उपभोग खर्च (रु.)	7,152	6,187	6,646
औसत मासिक सरप्लस—खर्च के बाद बची राशि (रु.)	1,779	1,082	1,413
बीते एक साल में बचत करने वाले परिवारों का अनुपात (%)	55.2	46.3	50.6
बचत करने वाले परिवारों की औसत बचत (रु.)	17,488	18,568	18,007
बीते एक साल में निवेश करने वाले परिवारों का अनुपात	10.4	8.7	9.5
-वित्तीय संपत्ति	3.6	1.5	2.5
-भौतिक संपत्ति (जमीन सोना आदि)	8.7	7.5	8.1
-वित्तीय व भौतिक दोनों	1.9	0.3	1.0
बीते एक साल में औसत निवेश (रु.)	62,734	58,131	60,529
-वित्तीय	15,731	17,595	16,624
-भौतिक	47,004	40,535	43,905
निवेश में कर्ज की हिस्सेदारी (%)	60.0	53.0	57.0
कर्ज में डूबे परिवार (%)	52.5	42.8	47.4
कर्ज में डूबे परिवारों पर औसत कर्ज (रु.)	1,04,602	76,731	91,407

Source: NABARD All India Rural Financial Inclusion Survey of 2017

भारत में सबसे धनी किसान की मासिक आय ($244)
रु. 18,000 यानी रु. 600 दैनिक

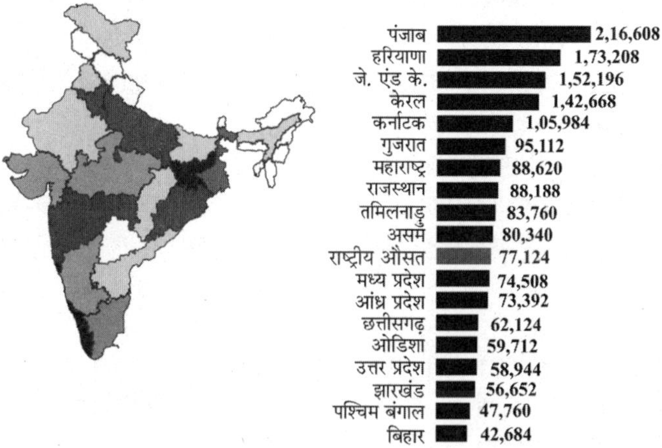

Source: Situation Assessment Survey of Agricultural Household (Jan-Dec 2013)

किसानों की आय दोगुनी करने की फौरी जरूरत है। लेकिन ऐसा सब्सिडी और मौजूदा नीतियों के जरिये नहीं हो सकता। गोविन्द और सेवाराम सरीखे लोगों के लिए गैर-कृषि क्षेत्रों में रोजगार के अवसर पैदा करके किसानों की कुल संख्या कम करने की जरूरत है। इसी तरह, बेचेलाल और उनके जैसे दूसरे लोगों के उत्पादन को तकनीक और प्रसंस्करण से जोड़कर उनकी कमाई बढ़ाने की जरूरत है।

खेती और नये निर्धन

गोविन्द सरीखे 10 करोड़ लोग 2005-06 और 2015-16 के दौरान गाँव से निकल गए और इस तरह सरकारी गरीबी की रेखा से करीब 27 करोड़ लोग बाहर आ गए। यह बदलाव गरीबी के खिलाफ दुनियाभर की लड़ाई में बड़ी जीत के तौर दर्ज हुआ।

लॉकडाउन मूलत: शहरी संकट था लेकिन इसने गोविन्द जैसे लाखों लोगों को उजाड़कर ग्रामीण भारत का पुराना जख्म फिर हरा कर दिया। कृषि से होनेवाली आय में लगातार कमी और गैर-कृषि मदों से आय अचानक खत्म

होने का मतलब था कि ग्रामीण भारत एक बार फिर नये गरीबों का केन्द्र बन जाएगा। इसे दूसरी तरह यूँ कह सकते हैं कि भारत में आर्थिक सुधारों की सबसे बड़ी सफलता अब खत्म होनेवाली है।

गोविन्द सरीखे लोगों ने निपट निर्धनता से उबरने के लिए दो दशक तक कड़ी मेहनत की। आज एक बार फिर वे निर्धनता की उसी खाई में लुढ़क सकते हैं।

भारत के 89 फीसदी सबसे गरीब लोग (सरकारी गरीबी रेखा के नीचे वाले) ग्रामीण इलाकों में रहते हैं। उनके सामने कोई आर्थिक अवसर नहीं हैं। लॉकडाउन के बाद की मन्दी इनके लिए आर्थिक तबाही का सबब बनकर आई है।

अब मनरेगा के तहत काम कर रहे गोविन्द को महज 150-200 रुपये दिहाड़ी मिलेगी, जो उसकी पहले की कमाई के मुकाबले आधे से भी कम है। ऐसे में साफ है कि जितना जल्दी हो वह दिल्ली लौट जाना चाहेगा। लेकिन वहाँ उसे एक बार फिर शून्य से शुरुआत करनी होगी, 500 रुपये से भी कम दिहाड़ी पर काम करना होगा और फिर भी उसे कोई सामाजिक सुरक्षा हासिल नहीं होगी।

महामारी शुरू होने से पहले ही आईएमएफ ने चेता दिया था कि देश के ग्रामीण इलाकों में घटती आय की वजह से वैश्विक वृद्धि दर नीचे आ रही है। 2019 में उपभोक्ता खर्च (सीईएस 2017-18) से जुड़े सरकारी आँकड़े आए थे जिनसे यह साफ हो गया कि वास्तविक उपभोक्ता खर्च 2011-12 और 2017-18 के दौरान सालाना चार फीसदी की दर से गिरा है।

आसान शब्दों में यूँ कह सकते हैं कि कोविड की आमद से पहले ही भारत में गरीबी (25 साल बाद एक बार फिर) बढ़ने लगी थी।

यूएनडीपी और विश्वबैंक जैसी बहुपक्षीय एजेंसियों ने माना था कि 2005 से 2015 के दौरान दुनिया के गरीबों की संख्या घटाने में भारत ने अहम भूमिका निभाई लेकिन कोविड के बाद अब वही एजेंसियाँ कह रही हैं कि दुनियाभर में 70 करोड़ लोग नये गरीबों की श्रेणी में पहुँच रहे हैं। अलग-अलग अध्ययन व आकलनों के मुताबिक भारत में 10 से 35 (अधिकतम) करोड़ लोग वापस गरीबी रेखा के नीचे सरक जाएँगे।

मार्च के बाद से लाखों अमेरिकियों की रोजी-रोटी छिन गई। वाशिंगटन

ने इस अप्रत्याशित संकट से निबटने के लिए बेरोजगारी भत्ता तिगुना बढ़ाकर 600 डॉलर प्रति सप्ताह कर दिया। इसके अलावा, संघीय सरकार ने सभी पात्र व्यक्तियों को एकमुश्त 1,200 डॉलर नकद दिये। ज्यादातर देशों ने इसी तरह बेरोजगारी भत्ते या दूसरे सामाजिक सुरक्षा के फायदों को बढ़ा दिया और जनकल्याण के नये कार्यक्रम शुरू कर दिये।

अमेरिका में बड़े पैमाने पर बेरोजगारी बढ़ने के मुकाबले पश्चिमी यूरोप के देशों में कम नौकरियाँ गईं। संकट की इस घड़ी में जर्मनी, फ्रांस या इटली (इस बार यहाँ तक कि यूनाइटेट किंगडम ने भी) ने पेरोल सपोर्ट के अपने आजमाए हुए तरीके (जर्मनी का कुर्जबेट, जर्मनी का शोमेज पार्शियल और इटली का कैसा इंटरग्रेजियोन) को फिर अपना लिया। इस व्यवस्था के तहत एक त्रिपक्षीय समझौता होता है जिसमें कम्पनियाँ नौकरियों में कटौती न करने के लिए राजी होती हैं, कर्मचारी वेतन में 80 फीसदी तक कटौती के लिए राजी होते हैं और सरकार वेतन का यह हिस्सा सीधे नियोक्ताओं को देने के लिए राजी होती है।

इसके बरअक्स इस संकट से निबटने के लिए भारत की प्रतिक्रिया आठ करोड़ प्रवासियों को दो महीने तक मुफ्त खाद्यान्न और तीन महीने तक महज 500 रुपये (यानी रोजाना मात्र 17 रुपये) प्रत्यक्ष अन्तरण तक सीमित रही। यह रकम भी सिर्फ जन-धन खाताधारक महिलाओं को ही दी गई!

विश्वबैंक के आकलन के अनुसार समृद्ध देशों की सरकारों ने कोविड के आर्थिक संकट का दर्द कम करने के लिए जीडीपी का 10 फीसदी हिस्सा खर्च किया जबकि उभरती हुई अर्थव्यवस्थाओं ने केवल 3 फीसदी। सबसे गरीब देशों में यह एक फीसदी से कम था। गरीब देशों ने औसत प्रति व्यक्ति 4 डॉलर खर्च किए जबकि अमेरिका, ब्रिटेन, फ्रांस आदि ने 695 डॉलर।

गर्दोगुबार छँटने के बाद भारतीय अर्थव्यवस्था को न केवल लॉकडाउन से तबाह हुए गोविन्द जैसे करोड़ों लोगों के लिए रोजगार का अवसर पैदा करना होगा बल्कि अपनी युवा आबादी के लिए भी नये रोजगार पैदा करने होंगे। मैकिंजी के एक हालिया अध्ययन के मुताबिक, भारत को 2022 से 2030 के दौरान कम-से-कम 10 करोड़ नई नौकरियों की जरूरत होगी।

पिछले अध्याय में हम पढ़ चुके हैं कि भारत के महिला कार्य बल की भागीदारी निराशाजनक हद तक कम है, ऐसे में अगर गोविन्द, रोहन और परवेज की पत्नियों, बहनों और बेटियों को रोजगार देना है तो भारत को 2030

तक 15 करोड़ नई नौकरियों की जरूरत होगी। मैकिंजी का आकलन है कि कृषि से इतर इतने बड़े पैमाने पर रोजगार पैदा करने के लिए अर्थव्यवस्था को सालाना औसतन 8-8.85 फीसदी की दर से बढ़ना होगा, जो 2019-20 की आर्थिक वृद्धि दर से दोगुनी है। महामारी से पहले यह वृद्धि दर 4.2 फीसदी थी।

यकीनन यह बहुत बड़ा लक्ष्य है। लेकिन फिलहाल तो पिछले दो दशकों के फायदों को बचाना होगा। भारत की खस्ताहाल वित्तीय हालत के साथ ही साहसिक नीतिगत उपाय करने में सरकारी नाकामी के कारण गोविन्द जैसे लोग अचानक निर्धनता की कगार पर जा खड़े हुए हैं। एक और झटका (कोई गम्भीर बीमारी या दुर्घटना) उनके परिवारों को गरीबी की खाई में गिरा सकता है।

इस संकट ने दिखा दिया है कि 500 रुपये प्रतिदिन की अर्थव्यवस्था में उनके भविष्य को सुरक्षित नहीं किया जा सकता। रोजाना 375 रुपये की आय के बिना उनकी बुनियादी जरूरतों को पूरा करना मुमकिन नहीं है। कैब चलाने (स्वरोजगार) पर निर्भर प्रवासी गोविन्द और भूमिहीन ग्रामीण मजदूर दुखिया, दोनों अब अपनी पुरानी कमाई को खर्च करनेवाले हैं। जब तक वे इस हालत से कुछ हद तक उबरेंगे तब तक उनकी जिन्दगी की शाम हो चुकी होगी और हाथ में कुछ खास बचत नहीं होगी।

दोहरी चोट

माँ को खोने के साथ गोविन्द ने बहुत कुछ खो दिया था। बीते बरस वह उम्मीदों और सपनों को रौंदता हुआ गरीबी लेकर गाँव पहुँचा था। दो साल में ग्रामीण अर्थव्यवस्था को दोहरी चोट लगी।

2020 के लॉकडाउन में शहरों की गरीबी गाँव में वापस लौट आई और सीमित खेती की पीठ पर बैठ गई। जबकि 2021 में कोविड की दूसरी लहर ने असंख्य गाँवों में कहर बरपा दिया (सरकारी आँकड़ों में मार्च से 15 जुलाई तक करीब 2.5 लाख मौतें, पहली लहर में कुल मौतें 1.57 लाख, स्वतंत्र आकलन में मरनेवालों की संख्या कहीं ज्यादा)। गाँवों में इलाज तो नहीं मिला लेकिन जान बचाने की कोशिश में बचत डूब गई।

संक्रमण की दस फीसदी से ज्यादा दर (20 मई, 2021 तक) वाले कुल 394 जिलों में बड़ी आबादी ग्रामीण थी। यह हालत सीमित कोविड जाँच के

बाद थी। अधिकांश ग्रामीण उन 5.5 करोड़ लोगों का हिस्सा हैं जो सामान्य दिनों में भी इलाज के खर्च से गरीब हो जाते हैं (पब्लिक हेल्थ फाउंडेशन का अध्ययन, 2018)। इस आबादी के लिए कोविड के तेज और लम्बे इलाज का खर्च उठा पाना नामुमकिन है, यही वजह है कि दूसरी लहर के दौरान गाँवों में मौतों की इतनी बड़ी संख्या नजर आई।

इंडिया रेटिंग्स के अध्ययन (जून 2021) ने बताया कि खेती के कामों से गाँवों में मजदूरी बढ़ने की दर 8.5 फीसदी (अप्रैल-अगस्त 2020) से घटकर 2.9 फीसदी (नवम्बर-मार्च 2021) पर आ गई। इसी क्रम में गैर खेती कामों में मजदूरी 9.1 फीसदी से घटकर 5.2 फीसदी पर आ गई है। आय कम होने से जून 2021 तक गाँवों में कर्ज की वसूली टूटने के खतरे भी बढ़ गए थे।

कमाई में इस कमी के कारण ही अचानक एक साल में अलग-अलग आकलनों के तहत करीब 10 से 35 करोड़ लोग नये गरीबों में बदल गए यानी कि गरीबी की रेखा से नीचे खिसक गए। इन्हें अब 200-250 रुपये की दिहाड़ी के लाले हैं।

गाँव में वित्तीय बचतें बेहद सीमित हैं। फसलों को बेचने और कर्ज (बैंक से लेकर पंसारी तक) चुकाने के बाद बचनेवाला कुछ धन ही गाँव से आनेवाली नई माँग का जरिया होता है। 2016-17 के नाबार्ड फाइनेंशियल इन्क्लूजन सर्वे ने बताया था कि भारत के गाँवों में निर्धन और औसत परिवारों के पास हर माह केवल 1500 रुपये अतिरिक्त बचते हैं। यह उन दिनों की बात है जब गाँवों में मजदूरी बढ़ रही थी। 2020 के लॉकडाउन ने शहरों से गाँवों में आनेवाले धन का (जीडीपी का दो फीसदी—आर्थिक समीक्षा 2017) स्रोत बन्द कर दिया। इधर गाँवों के अनेक घरों में कोविड की दूसरी लहर ने घर के कमानेवालों को निगल लिया या बीमार कर दिया।

नये सिरे से शुरुआत

कोविड के बाद रोजगार का परिदृश्य पूरी तरह बदलनेवाला है। ऐसे में गरीबी उन्मूलन—सब्सिडी राज—सामाजिक सुरक्षा के ढाँचे में आमूलचूल बदलाव की जरूरत है—

1. यह यूनिवर्सल बेसिक इनकम योजना शुरू करने का मौका है। यह सबके लिए होनी चाहिए, किसी को बाहर रखते हुए नहीं। गरीबी

और हाशिये पर जी रहे लोग इसी आधार पर अपना जीवन बेहतर करने का प्रयास कर सकते हैं। इससे नौकरशाही के अधिकार भी सीमित होंगे जो मुख्यत: लाभार्थियों को चुनने में भ्रष्टाचार करती है। इसके लिए असंख्य अप्रभावी सब्सिडी और स्कीमों को खत्म करके पैसा जुटाया जा सकता है।

2. पाँच सौ रुपये प्रतिमाह की प्रतीकात्मक पेंशन की जगह एक यूनिवर्सल सामाजिक सुरक्षा का खाका तैयार करने का समय आ गया है। इससे आम लोगों और छोटे व्यवसायों को काफी राहत मिलेगी। टैक्स पर ढेर सारे सेस को हटाकर एक सेस लगाकर ही इससे धन जुटाया जा सकता है।
3. मनरेगा और इसी तरह की दूसरी योजनाएँ संकट की घड़ी में बेहतरीन तात्कालिक उपाय हो सकते हैं। लेकिन सबसे बड़ा लक्ष्य रोजगार के अवसर पैदा करने और मौजूदा रोजगारों को बचाने का होना चाहिए। खपत खर्च बढ़ाने के लिए रोजगार ही उपयुक्त विकल्प है। कम्पनियों को आसान कर्ज या टैक्स में राहत देने के बजाय कम्पनियों को रोजगार बनाए रखने के लिए मदद मिलनी चाहिए।
4. अगर न्यूनतम मजदूरी में महँगाई दर को ध्यान में नहीं रखा जाता तो इसका कोई मतलब नहीं है। जब महँगाई के आधार पर सरकारी कर्मचारियों के वेतन और यहाँ तक कि टैक्स में इजाफा होता है तो कानूनी तौर पर बाध्य न्यूनतम मजदूरी में इजाफा क्यों नहीं होना चाहिए?

तेज आर्थिक विकास से ही रोजगार के अवसर निकलेंगे लेकिन यूनिवर्सल बेसिक इनकम के साथ ही यूनिवर्सल सामाजिक सुरक्षा और महँगाई आधारित न्यूनतम मजदूरी वह न्यूनतम समर्थन प्रणाली तैयार कर सकती है, जो नई गरीबी की फिसलन को रोकने के लिए अनिवार्य है।

4
अधर में

क्या थम जाएगा भारतीय मध्यवर्ग का कारवाँ?

थाणे, मुम्बई, जून 2021

रिया अब अवसाद दूर करनेवाली दवाएँ खाकर ही सामान्य हो पाती है। वह जून के पहले सप्ताह में अपने पिता मकरन्द पटेल के पास मुम्बई लौटी है। अप्रैल-मई 2021 में देश की राजधानी और उसके आसपास अपने परिवार के साथ उसने जो देखा उसके बाद उसका भरोसा और उम्मीद पूरी तरह ध्वस्त हो गई है। बीते साल एयरलाइंस की नौकरी जाने के बाद वह नोएडा में अपने मामा वरुण के पास आ गई थी। वरुण एक सूचना तकनीक कंसल्टिंग फर्म में ऊँचे ओहदे पर थे। वेतन कटा था लेकिन नौकरी चल रही थी।

उन्होंने रिया को बच्चों की ऑनलाइन कक्षा लेने व कोर्स लिखने का काम दिलाकर कुछ सहारा दिया इसी बीच कोविड की दूसरी लहर आ गई और वरुण को उजाड़कर चली गई।

वरुण राजस्थान-गुजरात सीमा पर मोडासा कस्बे के रहनेवाले हैं। अगर सेहत की बात न होती तो वरुण के माता-पिता उसको शान्त क़स्बे में बसा-बसाया संसार छोड़कर दिल्ली वरुण के पास रहने न आते। नौकरी जमते और मकान जुगाड़ते ही वरुण ने बुजुर्ग माँ-बाप को कस्बाई अस्पतालों के बुरे हाल का वास्ता दिया और दिल्ली ले आया।

वरुण के चचेरे भाई के रिटायर्ड माता-पिता भी रोहिणी में उसके साथ रहते थे जहाँ से न अस्पताल दूर थे, न बच्चों के स्कूल की दिक्कत।

अप्रैल में कोविड के कहर के वक्त वरुण और उसका भाई किसी भी कीमत पर पिता के लिए अस्पताल नहीं तलाश सके। उनके पास पैसा था, लेकिन अस्पताल नहीं मिले। उन्होंने लंगरों में जाकर ऑक्सीजन जुटाई लेकिन चचेरे भाई के पिता दुनिया छोड़ गए।

अब वरुण के माता-पिता अपनी पूरी सम्पत्ति बेचकर बेटी के पास विदेश में बसने को तैयार हैं। सॉफ्टवेयर इंजीनियर वरुण भी विदेश में नौकरी के पुराने प्रस्ताव को फिर हासिल करने में लगा है जो उसने दो साल पहले नकार दिया था।

यह सब देखकर मुम्बई लौटी रिया को अन्तहीन निराशा ने घेर लिया। उसकी अपनी कहानी भी कम त्रासद नहीं है। 2019 तक सब ठीक था। वह जिस बड़ी प्राइवेट एयरलाइंस में काम करती थी, उसके दिवालिया होने से ठीक छह महीने पहले उसे एक दूसरी उभरती एयरलाइंस में नौकरी मिल गई थी। काम तो ग्राउंड स्टाफ का ही था लेकिन नई कम्पनी ज्यादा सम्भावनाओं से भरी थी। रिया को पहले से थोड़ा बेहतर वेतन भी मिल रहा था।

आतिथ्य प्रबन्धन (हॉस्पिटैलिटी मैनेजमेंट) में प्रशिक्षण के बाद, रिया एयर-होस्टेस बनना चाहती थी लेकिन काम मिला ग्राउंड स्टाफ का। काम के घंटे लम्बे थे, बदमिजाज यात्री तनाव की वजह बनते थे, कम घंटों में एक साथ चेक इन काउंटर और डिपार्चर गेट सँभालना होता था, वेतन वृद्धि भी मामूली थी लेकिन इस सबके बाद भी जब हर सुबह वह अपनी एयरलाइंस की पोशाक में तैयार होकर टैक्सी में बैठने के लिए निकलती थी तो मुम्बई के उस मध्यवर्गीय गुजराती परिवेश में उसे खुद पर गर्व महसूस होता था।

लॉकडाउन के एक महीने बाद ही रिया की एयरलाइंस ने 30 प्रतिशत वेतन कटौती की घोषणा की, फिर वेतन देर से आना शुरू हुआ और जुलाई में, कम्पनी के साथ उनका अनुबन्ध समाप्त कर दिया गया। यह सब उस समय हुआ जब उसके पिता एक निजी अस्पताल में कोविड से लड़ रहे थे। 15 दिन बिताने के बाद जब वह घर लौटे तब तक अस्पताल लगभग 3 लाख रुपये ले चुका था। पूरे परिवार को 15 दिनों के लिए क्वारंटीन में रहना पड़ा।

रिया के पिता मकरन्द पटेल 1996 के आसपास मुम्बई आए थे और बड़ी गुजराती व्यापारिक फर्मों के साथ काम करना शुरू किया। कुछ वर्षों बाद, उन्होंने एडवांस अकाउंटिंग में प्रशिक्षण लिया और इससे उनके भविष्य को पंख लग गए। नये गुजराती कारोबारी बड़े पैमाने पर शेयर बाजार में आ रहे

थे। अपने गुजराती कनेक्शन का लाभ उठाते हुए, मकरन्द जल्द ही एक ऐसी ही ब्रोकिंग फर्म में चीफ अकाउंटेंट बन गए। फर्म की व्यावसायिक सफलता के सहारे, लगभग पाँच साल में मकरन्द मुम्बई के उभरते हुए नये मध्यवर्ग में शामिल हो गए।

नोएडा जाने से पहले तक रिया और उसका भाई हिमेश, दोनों जन्म से मुम्बई में रहे हैं। पहले मकरन्द मलाड में किराए के घर में रहते थे। रिया और हिमेश की प्रारम्भिक पढ़ाई मलाड में ही हुई। 2013 में, मकरन्द को एक प्रॉपर्टी डेवलपर मिला जो प्रॉपर्टी बाजार के संकट में आने के कारण कर्ज के जाल में फँस गया था। मौका न चूकते हुए मकरन्द ने इस डेवलपर से ठाणे में दो बेडरूम का एक अपार्टमेंट खरीद लिया। हालाँकि यह फ्लैट अपेक्षाकृत सस्ता था फिर भी मकरन्द को इसके लिए अपने गाँव में कुछ जमीन बेचनी पड़ी और दफ्तर के साथ-साथ बैंक से काफी मात्रा में कर्ज लेना पड़ा।

इस अपार्टमेंट और होम लोन के साथ, पटेल परिवार निम्न-मध्यवर्ग से मध्य-मध्यवर्ग में शामिल हो गया। रिया को नौकरी मिली तो परिवार की माली हालत कुछ और बेहतर हुई। हिमेश ने साइबर सिक्योरिटी में एक कोर्स में दाखिला लिया जो काफी महँगा था। मुम्बई में उसकी पढ़ाई का यह आखिरी सेमेस्टर था। इसके बाद, वह विदेश जानेवाला था।

अगले दो साल पटेल परिवार के लिए उम्मीदों से भरे थे। मकरन्द अपने करियर में अच्छा कर रहे थे, रिटायर होने में अभी दस साल बाकी थे। परिवार उम्मीद कर रहा था कि विदेश में प्रशिक्षण पूरा करने के बाद हिमेश को अच्छी नौकरी मिलेगी। रिया की अंकित से शादी की तैयारी भी चल रही थी। दोनों की मुलाकात उनके हॉस्पिटैलिटी मैनेजमेंट (आतिथ्य प्रबन्धन) क्लास में हुई थी। अंकित एयरपोर्ट के पास एक होटल में गेस्ट रिलेशनशिप मैनेजर के रूप में काम कर रहा था।

तभी लॉकडाउन (2020) हो गया!

मकरन्द की ब्रोकिंग कम्पनी एक बड़े पेमेंट में चूक गई। नौकरी पर बन आई।

नई नौकरी की तलाश में मकरन्द खुद को संक्रमण से नहीं बचा सके। इसी बीच रिया और अंकित दोनों की नौकरी चली गई। हिमेश का भविष्य ही शुरू नहीं हुआ था।

एयरलाइंस रिया की पहली नौकरी थी। नोएडा आने से पहले उसे नौकरियों की चुनौती की थोड़ी ही जानकारी थी लेकिन यहाँ आकर ऑनलाइन कोर्स और ट्रेनिंग ने उसे एक नये नेटवर्क से जोड़ दिया।

एक कानूनी कोर्स के वेबिनार में रिया ने लावण्या को आमंत्रित किया था और उनसे काफी प्रभावित हुई। व्हाइटफील्ड बेंगलुरु में रहनेवाली लावण्या के लिए कोविड की पहली लहर बड़ा झटका थी। उम्र के 30वें पड़ाव पर पहुँच रही लावण्या के पिता दिल्ली में विदेश मंत्रालय में ऊँचे अधिकारी थे। लावण्या की स्कूली शिक्षा इग्लैंड में हुई और फिर कानून की पढ़ाई करने के लिए वह वापस ऑक्सफोर्ड चली गई। पढ़ाई पूरी होने के बाद, भारत लौटने से पहले उन्होंने कुछ वर्षों तक लन्दन में काम भी किया। अन्तत: उनके माता-पिता ने बेंगलुरु में बसने का फैसला किया।

एक कॉर्पोरेट वकील के रूप में उनका करियर अच्छा था और श्रीजेश के साथ उन्होंने विवाह किया। दोनों के जीवन में सुख-सुविधाओं की चुनौती नहीं थी। श्रीजेश के माता-पिता के साथ-साथ उनके बड़े भाई राजेश भी एक प्रतिष्ठित डॉक्टर थे। वे डायग्नोस्टिक सेंटर की एक श्रृंखला चलाते थे। दूसरी ओर श्रीजेश एक आर्किटेक्ट (वास्तुकार) थे और उन्होंने फर्नीचर डिजाइनिंग में भी काम किया था। दुनियाभर से जुटाए गए फर्नीचर और कलाकृतियों से अलंकृत उनका आलीशान व्हाइटफील्ड विला किसी के लिए भी ईर्ष्या का कारण बन सकता था।

2018 से श्रीजेश के डिजाइनिंग स्टूडियो के पास स्थानीय ग्राहक कम हो गए लेकिन उनके विदेशी सम्पर्क काम ला रहे थे। वे एक बुटीक स्टोर के साथ डिजाइन स्टूडियो खोलने की सोच रहे थे। लावण्या को भी अपनी लॉ फर्म से शानदार वेतन और पर्याप्त बोनस मिल रहा था।

तभी लॉकडाउन 2020 शुरू हो गया।

श्रीजेश को अपनी योजनाएँ टालनी पड़ीं। लेकिन वे खुश थे। लॉकडाउन के दौरान नेटफ्लिक्स देखते हुए उन्होंने खुद को भरपूर व्यस्त रखा। आखिरकार लॉकडाउन समाप्त हो गया लेकिन लावण्या की नौकरी चली गई। अगस्त के आखिर में एक दिन, उनकी फर्म ने उन्हें इस्तीफा देने के लिए कहा। लावण्या

के लिए इस स्तर की कोई दूसरी नौकरी नहीं थी, अब वे वेबिनार में जाकर अपने लिए कंसल्टिंग के काम तलाश रही थीं।

ऑनलाइन कोर्स के लिए रिया का सम्पर्क कोलकाता की अहाना से भी हुआ। अहाना लेक गार्डन कोलकाता में रहती हैं। वह बीएड की पढ़ाई खत्म करने के बाद एक स्कूल में पढ़ाने लगीं। अहाना कोलकाता के सबसे अच्छे निजी स्कूलों में से एक में पढ़ाती थीं। उनका 12 साल का बेटा भी उसी स्कूल में पढ़ता था। नीलांजन एक राष्ट्रीय दैनिक के कोलकाता ब्यूरो प्रमुख थे।

अहाना और नीलांजन की मुलाकात यूनिवर्सिटी में हुई थी। दोनों को अंग्रेजी साहित्य, बंगाली संगीत और अलग-अलग तरह के व्यंजन आजमाना बड़ा पसन्द था। नीलांजन हमेशा एक पत्रकार बनना चाहता था। दोनों को अपने-अपने करियर में अच्छे अवसर मिले।

नीलांजन माँ के साथ दक्षिण कोलकाता के लेक गार्डन में किराए के मकान में रहते थे। अहाना पास के ही गोल्फ ग्रीन्स में पलीं-बढ़ीं, जहाँ उनके माता-पिता रहते थे। विवाह के बाद दोनों ने अहाना के स्कूल के करीब ईएम बाईपास पर एक नया अपार्टमेंट खरीदा। वे अहाना की गर्मी की छुट्टी के दौरान घर के भीतर कुछ काम करवाने की योजना बना रहे थे।

और तभी लॉकडाउन शुरू हो गया।

अहाना का स्कूल ऑनलाइन पढ़ाई में तब्दील हो गया, उनके वेतन में काफी कटौती हो गई। नीलांजन वास्तव में काफी व्यस्त थे। और फिर, एक दोपहर उन्हें अखबार के मुख्यालय से एक अप्रत्याशित मेल मिला। लागत में कटौती के लिए, अखबार ने अपने कुछ संस्करणों को बन्द करने का फैसला किया और कोलकाता संस्करण जिसे बस कुछ साल पहले ही बड़ी धूमधाम के साथ शुरू किया था—उनमें से एक था।

रिया, मकरन्द, वरुण, अहाना और लावण्या इनमें कौन भारतीय मध्यवर्ग का उपयुक्त प्रतिनिधि है? शायद सभी भारत के उस सबसे सम्भावनामय वर्ग का हिस्सा हैं जिसने भारतीय अर्थव्यवस्था की नींव रखी। इसी उभरते वर्ग ने पिछले दो दशकों में, भारत के विकास की कहानी का नेतृत्व किया है। हालाँकि मजाक में कहा जाता है कि अगर पाँच अर्थशास्त्री भारतीय मध्यवर्ग को परिभाषित करने बैठें, तो वे मध्यवर्ग के भीतर कम-से-कम छह अलग-

अलग मध्यवर्ग बता देंगे! यानी कि भारतीय मध्यवर्ग को सही-सही परिभाषित करना हमेशा से पेचीदा रहा है।

कोविड की दूसरी लहर से ठीक पहले मार्च में प्यू रिसर्च ने भारत के इस सबसे सम्भावनामय वर्ग की हालत बताई तो एकबारगी नीति-निर्माताओं को भरोसा नहीं हुआ। 2019-20 के दौरान भारत में करीब 3.2 करोड़ लोग मध्यवर्ग से निकलकर गरीबों में शामिल हो गए। यानी कोविड से पहले ही। विश्व बैंक का आकलन था कि 2011 से 2019 के बीच करीब 5.7 करोड़ लोग नया मध्यवर्ग बने थे।

मध्यवर्ग के सिकुड़ने की वजह 2020 में ही सामने आ गई थी जब लॉकडाउन के बाद, भारत ने एक-तिहाई से अधिक नौकरियाँ खो दीं। सीएमआईई का अध्ययन बताता है कि कोविड की दोनों लहरों ने वेतन वाली नौकरियों पर कहर बरपा दिया। भारत में ऐसी नौकरियों की संख्या पहले से कम है। 2019-20 में ऐसी नौकरियाँ 8.61 करोड़ थीं जो अप्रैल 2020 में घटकर जुलाई 2020 में 6.72 करोड़ रह गईं। 2017 के बाद से नियमित वेतन वाली नौकरियों की बढ़ोतरी एक फीसदी से कम हो गई थी।

आय का वर्गीकरण

विश्वबैंक का आय वर्गीकरण*	प्रति व्यक्ति आय अमेरिकी डॉलर में (जुलाई 2019) Atlas Method **
निर्धन/निम्न आय	Up to $1025 (@Rs. 75/USD, roughly Rs. 76875 or around Rs. 200 a day)
निम्न-मध्यम आय	$1026 and $3995 (up to Rs. 299625 or Rs. 820/day)
उच्च-मध्यम आय	$3996 and $12375 (up to Rs. 9,28,125 or Rs. 2543/day)
उच्च आय	more than $12376 (more than Rs. 9,28,200)

* World Bank announces country-wise income levels every July and it remains valid for the next 12 months. Since these figures are expressed in US dollar, exchange rate matters a lot. The new Atlas method, introduced in July 2019, takes into account a longer range of exchange rates. Important point to note that India has been stagnating at this (lower-middle income) level since 2009.

** It is important to note that the Forbes (list of billionaires) or Credit Suisse (list of millionaires) estimates are based on assets instead of incomes. Asset-based lists are more fool-proof but for poorer people, this asset-based approach does not make much sense.

विश्वबैंक की रैंकिंग के अनुसार, भारत मुख्य रूप से निम्न-मध्यम आय का देश है, जहाँ अधिकांश लोग 200 से 820 रुपये रोजाना कमाते हैं। मध्यवर्ग की पहचान इसलिए और भी मुश्किल है, क्योंकि भारत में बड़ी संख्या में दौलतमन्द या सुपर रिच (117 डॉलर अरबपति और 7,59,000 डॉलर करोड़पति) की कमी भी नहीं है।

विश्वबैंक प्रत्येक जुलाई में देशवार आय स्तर की घोषणा करता है और यह अगले 12 महीनों के लिए मान्य रहता है। चूँकि ये आँकड़े अमेरिकी डॉलर में बताए जाते हैं, इसलिए घरेलू मुद्राओं से विनिमय दर बहुत मायने रखती है। जुलाई 2019 में शुरू की गई नई एटलस पद्धति विनिमय दरों की लम्बी शृंखला को ध्यान में रखती है। विश्वबैंक की इस रैंकिंग में भारत 2009 से इसी (निम्न-मध्यम आय) स्तर पर बना हुआ है।

यह ध्यान रखना जरूरी है कि फोर्ब्स (अरबपतियों की सूची) या क्रेडिट सुइस (करोड़पतियों की सूची) के आकलन आय के बजाय सम्पत्ति पर आधारित हैं। सम्पत्ति-आधारित सूचियाँ अधिक विश्वसनीय और सरल हैं लेकिन यह वेल्थ यानी सम्पत्ति आधारित दृष्टिकोण गरीबों की कमाई की पैमाइश में बहुत मायने नहीं रखता है।

मध्यवर्ग की आय की न्यूनतम सीमा अक्सर 10 डॉलर प्रतिदिन आँकी जाती है (विश्वबैंक और ओईसीडी और भारत में एनसीएईआर के आकलन)। यह अमेरिका में न्यूनतम आय या गरीबी रेखा (2 डॉलर प्रतिदिन) से पाँच गुना होता है। इसी फार्मूले को आधार बनाकर, द इकोनॉमिस्ट 2018 में भारत की मध्यवर्गीय आबादी का आकार 7.8 करोड़ बताया था।

इस आकलन पर सवाल उठाना लाजिमी है। कई विशेषज्ञ मानते हैं कि भारत के लिए 10 डॉलर प्रतिदिन की सीमा बहुत अधिक है। उन्होंने सुझाव दिया है कि 2 डॉलर और 10 डॉलर (150 से 750 रुपये) के बीच प्रतिदिन कमानेवालों को 'नये मध्यवर्ग' के रूप में गिना जा सकता है। उनके अनुमान के अनुसार, 2004-05 और 2011-12 के बीच इस नये मध्यवर्ग की संख्या 60 करोड़ या भारत की आधी आबादी के स्तर तक पहुँच गई थी।

पिछले अध्याय में हम यह जान चुके हैं कि भारत में न्यूनतम मजदूरी दर (जीविका के लिए कम-से-कम) 375 रुपये प्रतिदिन की है। और संकट के लिए बचत और जरूरी न्यूनतम निवेश के लिए 500 रुपये प्रतिदिन की आय भी पर्याप्त नहीं है।

भारत में मध्यवर्ग की संख्या 7.8 करोड़ से अधिक तो है लेकिन 60 करोड़ का आँकड़ा सहज विश्वसनीय नहीं लगता। अलबत्ता मकरन्द पटेल की यात्रा हाल के दशकों में भारत के मध्यवर्ग के विस्तार को दर्शाती है। 1991 में, भारत की आबादी का सिर्फ 1 प्रतिशत मध्यवर्ग माना जाता था, अब 10 प्रतिशत से थोड़े अधिक को इस श्रेणी में रखा जा सकता है।

यहाँ तक कि शीर्ष 10 प्रतिशत के भीतर भी शीर्ष 1 प्रतिशत आबादी शेष 9 प्रतिशत की तुलना में काफी समृद्ध है (और इन 1 प्रतिशत में भी शिखर पर मौजूद 0.1 प्रतिशत, शेष एक फीसदी की तुलना में बहुत अमीर हैं)। यानी कि भारतीय मध्यवर्ग मुहावरों वाली भारतीय विविधता का आर्थिक अजायबघर है।

भारतीय मध्यवर्ग की परतों को खोलने पर चार प्रमुख आधार मिलते हैं। स्थान, व्यवसाय, वाहन स्वामित्व और शिक्षा के आधार पर मध्यवर्ग की उपश्रेणियाँ बनती हैं। भारतीय मध्यवर्ग की लगभग 13-14 प्रतिशत आबादी ग्रामीण क्षेत्रों में और शेष शहरी क्षेत्रों में रहती है। व्यवसाय के लिहाज से निजी क्षेत्र में काम करनेवाले, सरकारी सेवारत और व्यवसाय/स्वरोजगार वाले मध्यवर्ग में मिलते हैं। (गोल्डमैन सैक्स ने कुछ साल पहले अनुमान लगाया था कि लगभग 2.7 करोड़ परिवार, भारतीय जनसंख्या का शीर्ष 2 प्रतिशत प्रतिवर्ष 11000 डॉलर से अधिक कमाता है—उनमें से 1 करोड़ सरकारी नौकरी या सार्वजनिक उपक्रमों में हैं और बाकी 1.7 करोड़ निजी क्षेत्रों की उम्दा नौकरियों में हैं।)

शिक्षा के लिहाज से, उभरते मध्यवर्ग में से अधिकांश अक्सर पहली पीढ़ी के स्नातक या हाईस्कूल पास हैं। फिर दोपहिया वाला और कार वाला मध्यवर्ग है, और फिर ऐसा मध्यवर्ग है जो ऋण लेने के लिए तैयार है और जो वित्तीय बचत या निवेश करने की स्थिति में है। इसी तरह के अन्य वर्गीकरण भी हो सकते हैं।

बचानेवाला मध्यवर्ग

रिया के पिता मकरन्द पटेल ने घर और कार के लिए बहुत सोच-विचारकर कर्ज लिया था। मासिक किस्तें शुरू होते ही वे बचत करनेवाले मध्यवर्ग से खर्च करनेवाले (अक्सर उधार लेकर) मध्यवर्ग की श्रेणी में शामिल हो गए।

वास्तव में, लॉकडाउन से ठीक पहले, मकरन्द ने हिमेश के लिए एक शिक्षा ऋण लेने के लिए भी आवेदन किया था। तब तक वह अपनी बचत

को लेकर चिन्तित नहीं थे। एक औसत मध्यवर्गीय परिवार की तरह, वे अपने भविष्य में निवेश करना चाहते थे। वे अपने बच्चों के लिए बेहतर कल चाहते थे। यही वजह थी कि लॉकडाउन से पहले, मकरन्द की आय का एक बड़ा हिस्सा कर्ज की अदायगी में जाता था। बचत भविष्य निधि, स्वास्थ्य बीमा और म्यूचुअल फंड में कुछ निवेश तक सीमित थी।

भारत का मध्यवर्ग सिर्फ वित्तीय बचत ही नहीं करता, वह जमीन-मकान और सोने जैसी अचल सम्पत्ति का मुख्य खरीदार भी है। लॉकडाउन से पहले, पटेल जैसे शहरी मध्यवर्गीय परिवार सिर पर छत को लेकर अधिक चिन्तित थे। तब, स्वरोजगारी और ग्रामीण मध्यवर्ग अन्य अचल सम्पत्तियों में निवेश कर रहा था।

भारत के अधिकांश नौकरीपेशा मध्यवर्ग की बचत प्रोफाइल कमोबेश एक जैसी होती है। ज्यादातर पैसा बैंक एफडी में, कुछ प्रॉविडेंट फंड में, कुछ रियल एस्टेट और सोने में। उच्च-मध्यवर्गीय या ऊँची पारिवारिक आय वाले परिवार म्यूचुअल फंड और शेयर बाजार की तरफ मुखातिब हुए हैं।

सनद रहे कि इनकम टैक्स की वसूली (आयकर सीमा) लगभग 42000 रुपये मासिक आय (सालाना 5 लाख रुपये) से शुरू हो जाती है। मध्यवर्ग के नौकरीपेशा परिवारों की बचत का एक बड़ा हिस्सा या तो सरकारी शर्तों (भविष्य निधि, राष्ट्रीय पेंशन प्रणाली) पर आधारित है या फिर टैक्स बचाने (छोटी बचत, स्वास्थ्य बीमा, गृह ऋण) के लिए बचत की जाती है।

मध्यवर्गीय परिवार (भारतीय जनसंख्या का शीर्ष 10 प्रतिशत) घरेलू बचत के आधे से अधिक (53.7 प्रतिशत) का योगदान करते हैं, जो जीडीपी के 17.2 प्रतिशत के बराबर है। यह बचत बैंक जमा, बीमा, भविष्य निधि, म्यूचुअल फंड आदि जैसे विभिन्न विकल्पों में फैली है। रिजर्व बैंक कहता रहा है कि घरेलू बचत भारतीय अर्थव्यवस्था के लिए संसाधनों का सबसे स्थायी स्रोत है।

सालाना 5 लाख रुपये से अधिक कर योग्य आय वालों को (42000 रुपये प्रतिमाह) आयकर देना अनिवार्य है। केन्द्रीय प्रत्यक्ष कर बोर्ड के आँकड़ों के अनुसार, 2019 में, व्यक्तिगत आयकर दाताओं ने कुल 34.14 लाख करोड़ रुपये की आय बताई (वेतनभोगियों ने कुल 20 लाख करोड़ रुपये और व्यापारियों और पेशेवरों ने कुल 9.3 लाख करोड़ रुपये)। सरकार ने 2018-19 में इस आय में से 3.17 लाख करोड़ रुपये का कुल व्यक्तिगत इनकम टैक्स जुटाया।

माँग के महारथी

भारत के अन्य मध्यवर्गीयों की तरह, कर्ज की किस्तें चुकाने और जरूरी बचत निवेश के बाद पटेल परिवार ने बचा पैसा वस्तुओं और सेवाओं को खरीदने में खर्च किया। उनका यही खर्च अर्थव्यवस्था की माँग या खपत है।

मध्यवर्ग की कमाई के अधिकांश व्यावहारिक अनुमान उपभोग पर आधारित हैं। सीएमआईई और आईसीई 360° सर्वेक्षणों के अनुसार, भारत में एक मध्यवर्ग परिवारों की गिनती प्रतिमाह प्रति परिवार न्यूनतम 15000 रुपये के न्यूनतम खर्च स्तर से शुरू होती है (सबसे ऊपर दशमक (Deciles) में, 3 सदस्यों का औसत परिवार)।

भारत में परिवारों के खर्च और आय का आकलन Deciles में (दिसम्बर 2019)

डेसाइल # (1)	औसत प्रति व्यक्ति मासिक खर्च (रु.) (2)	कट ऑफ वैल्यू (निचली सीमा) (रु.) (3)	औसत प्रति परिवार मासिक खर्च (रु.) (4)	बचत दर (आय का %) (5)	परिवार की आय (रु.) (6)
1	1281.37	1571.67	7220.43	-34.0	5388
2	1748.81	1914	8929.98	-4.3	8562
3	2057.78	2198.67	9737.01	5.2	10271
4	2342.72	2489	10465.2	12.1	11906
5	2641.97	2797.8	11012.7	16.6	13205
6	2972.58	3158.75	11619.04	21.7	14652
7	3366.72	3595.75	12429.1	27.5	16683
8	3886.93	4224	13263.32	33.7	20004
9	4732.18	5399.25	14839.92	41.5	25368
10	7733.85	>5399.25	21668.18	52.5	45616

Source: from CMIE data (2019)
Table from https://www.theindiaforum.in/article/what-would-make-india-s-growth-sustainable

भारत में कमाई और बचत दोनों के आँकड़ों का मिलान मुश्किल है क्योंकि आँकड़े घटिया हैं और देरी से मिलते हैं। सीएमआईई के उपभोक्ता पिरामिड डेटा ने नियमित आय आँकड़ों से जुड़ी समस्याओं का समाधान किया है। आईसीई 360° सर्वेक्षण खर्च और बचत आँकड़ों का दशमक-वार (डेसाइल वाइज) संयोजन करता है जिससे भारतीय परिवारों की कमाई-खर्च-बचत को समझने में मदद मिलती है।

उपरोक्त आँकड़े बताते हैं कि—

— सबसे नीचे के 20 प्रतिशत परिवार हमेशा कर्ज में रहेंगे क्योंकि उनका नियमित खर्च कमाई से अधिक है।

— एक गम्भीर बीमारी या दुर्घटना इन परिवारों को गरीबी रेखा से नीचे धकेल सकती है।

— बीच में यानी 40-50% परिवारों के पास नगण्य बचत होती है।

कुल मिलाकर, भारत इतना गरीब है कि—

— सबसे ऊपर के 10 प्रतिशत परिवारों का खर्च भी शहरी गरीबी रेखा के अनुपात में महज 2-3 गुना ही ज्यादा है (शहरी गरीबी रेखा 1984 रुपये प्रतिमाह खर्च पर निर्धारित जो रंगराजन फार्मूले के 1410 रुपये मासिक खर्च और महँगाई मिलाकर तय होती है)।

दरअसल यह 10 फीसदी आबादी ही निवेशकों, कॉरपोरेट्स और नीति-निर्माताओं को बाजार में माँग के नजरिये से सबसे अधिक उत्साहित करती है। लेकिन अपेक्षाकृत उच्च विकास के दो दशकों के बाद भी, भारतीय कुल मिलाकर बहुत गरीब हैं। वे भोजन और ऊर्जा जैसी बुनियादी आवश्यकताओं पर ज्यादातर (60 प्रतिशत) खर्च करते हैं। 2012 में, एक सरकारी (एनएसएसओ) सर्वेक्षण में पाया गया कि सिर्फ 20 प्रतिशत परिवारों के पास कार या स्कूटर, टेलीविजन, कम्प्यूटर, एयर-कंडीशनर (कूलर या एसी), और रेफ्रिजरेटर, यानी पाँच सुविधाओं में कोई तीन या अधिक मौजूद थीं। भारत में सिर्फ 3 प्रतिशत परिवार के पास सभी चीजें एक साथ उपलब्ध थीं। यानी कि जरूरी उपभोगों के अलावा जीवन को बेहतर करनेवाले उत्पादों-सेवाओं की माँग के लिए घरेलू बाजार पूरी तरह से एक छोटे मध्यवर्ग पर निर्भर है।

विश्वबैंक और अन्य एजेंसियों की आय और सम्पत्ति के अनुमानों को

खँगालने के बाद, आयकर और बचत और विभिन्न खपत सर्वेक्षणों के आधार पर भारतीय मध्यवर्ग के बीच दो बड़े उपवर्ग मिलते हैं।

— लॉकडाउन शुरू होने तक पहले वर्ग में 4 से 5 करोड़ परिवार (कुल जनसंख्या 12-15 करोड़) शामिल थे, जिनकी मासिक आय लगभग 35000 रुपये से शुरू होती थी। उनके पास कुछ सम्पत्ति होती है, वे भविष्य के लिए बचत करते हैं, कर्ज लेते हैं और जीवन की गुणवत्ता में सुधार करने के लिए निवेश करते हैं। वे विभिन्न प्रकार की वस्तुओं और सेवाओं का उपभोग करते हैं, करों का भुगतान करते हैं और अपनी छुट्टियों का आनन्द उठा सकते हैं। ये वर्ग दृष्टि से मध्यवर्गीय हैं।

— दूसरा समूह मूल रूप से मध्यवर्ग में शामिल होने की कोशिश में है। इस समूह में भारत की लगभग 50 प्रतिशत जनसंख्या शामिल है और करीब 15 करोड़ परिवार आते हैं। उनकी मासिक घरेलू आय 12000-15000 रुपये से लेकर लगभग 30000 रुपये तक है। मास्टरकार्ड रिसर्च के हालिया अनुमान में पाया गया है कि लगभग 16 करोड़ भारतीय परिवार (लगभग 64 करोड़ लोग) गरीब नहीं थे, लेकिन अभी तक मध्यवर्ग के स्तर तक नहीं पहुँच पाए हैं। उनमें से ज्यादातर हमारे जमील, गोविन्द और जगत जैसे थे।

पिछले दो दशकों में सभी उपभोक्ता वस्तुओं की कम्पनियों ने आस लगा रखी है कि गोविन्द और जगत जैसे लाखों भारतीय जल्द ही मकरन्द पटेल के स्तर तक पहुँच जाएँगे, क्योंकि चीन और पूर्वी एशियाई बड़ी अर्थव्यवस्थाओं में एक ही पीढ़ी में यह बदलाव देखने को मिला था।

जब लोगों के पास खर्च करने के लिए अधिक संसाधन होते हैं, तो वे केवल विलासिता नहीं खरीदते हैं, वे शिक्षा में भी निवेश करते हैं। विश्वस्तर पर देखा गया है मकरन्द पटेल की तरह मध्यवर्ग शिक्षा पर खर्च करता है क्योंकि पढ़ाई से और अधिक कमाई की सम्भावना होती है।

हालाँकि एक औसत भारतीय छात्र को सिर्फ 6 साल की शिक्षा मिलती है और वह भी सन्दिग्ध गुणवत्ता वाली। शिक्षा और स्वास्थ्य पर खर्च की कमी उन्हें मध्यवर्ग बनने से रोकती है

तूफान से पहले

कोविड से पहले ही मध्यवर्गीय परिवार की बैलेंस शीट कर्ज से लदी कम्पनियों की तरह लगने लगी थी। उनकी आय का स्तर नीचे जा रहा था, मुद्रास्फीति धीरे-धीरे उनकी जिन्दगी की लागत को बढ़ा रही थी। कमाई और खर्च के अन्तर को पाटने के लिए, मध्यवर्ग के परिवार कर्ज (कार ऋण, गृह ऋण, शिक्षा ऋण, व्यक्तिगत ऋण) पर अधिक से अधिक निर्भर हो गए और बाद में अपनी बचत तोड़ने पर मजबूर हुए।

मध्यवर्ग के लिए, मन्दी कोविड से पहले ही आ गई थी। दूरसंचार, बैंकिंग और वित्तीय सेवाएँ, रिटेल और स्टार्ट-अप में 2016 तक मन्दी आ चुकी थी जबकि इन्हीं उद्योगों में अधिकतम नौकरियाँ और अच्छे वेतन मिलते थे। अपने करियर के शुरुआती दौर में, मकरन्द और नीलांजन दोनों बेहतर वेतन के साथ अक्सर नौकरी बदलने में सक्षम थे। लेकिन पिछले कुछ वर्षों में नौकरी का बाजार सूखने लगा।

कमाई और मजदूरी में बढ़त

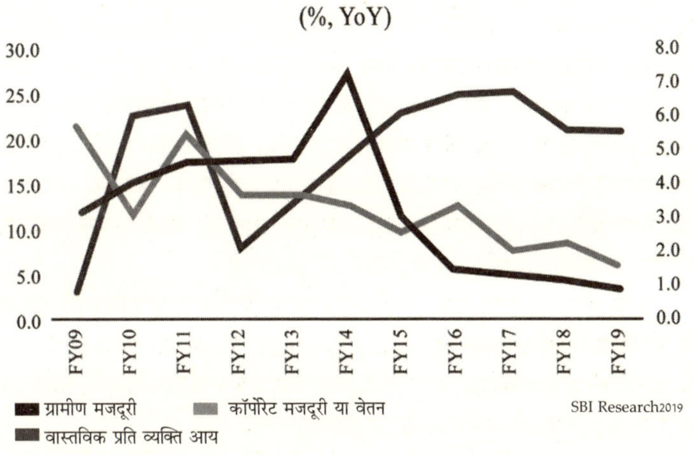

2011 के बाद से शहरी वेतन गिरने लगे। घाटे को सीमित करने और अपने कर्ज को सीमित करने के लिए, कम्पनियों ने नौकरियों में कटौती करना शुरू कर दिया। 2014 के बाद यह सिलसिला तेज हो गया। ग्रामीण आय में

भी इसी तरह गिरावट दर्ज की गई। 2014 में ग्रामीण मजदूरी 27.9 प्रतिशत बढ़ रही थी, 2017 से 2019 के दौरान यह गिरकर 5 प्रतिशत रह गई।

कमाई टूटने ने बचत और खपत दोनों को तोड़ दिया। 2011 (जब वेतन गिरना शुरू हुआ) और 2018 के बीच, घरेलू बचत दर 23.6 प्रतिशत से घटकर 17.2 प्रतिशत हो गई (उसी अवधि में कुल बचत दर 35 प्रतिशत से घटकर 30 प्रतिशत हो गई)। इससे मध्यवर्ग की वित्तीय हालत में अभूतपूर्व परिवर्तन हुए। भारत की जीडीपी के बुरे दिन यहीं से शुरू हुए थे। जीडीपी में घरेलू खपत का हिस्सा 60 प्रतिशत था, खपत वृद्धि की दर में तेजी से कमी आ रही थी। 2018-19 में खपत बढ़ने की दर 7.4 प्रतिशत से गिरकर 2019-20 में 5.3 प्रतिशत हो गई।

2019 के बाद, जब भारत एक चुनावी घमासान में व्यस्त था, तो आय और खपत के बीच का असन्तुलन दिखाई देने लगा। 1950 के दशक के बाद पहली बार ऐसा हुआ जब प्रति व्यक्ति वार्षिक खर्च केवल 7 प्रतिशत (2013 और 2020 के बीच) की गति से बढ़ा जबकि कमाई में बढ़ोतरी 5.5 प्रतिशत रह गई।

यही वक्त था जब मकरन्द और उनके दोस्तों को अधिक बैंक कर्ज लेने के लिए मजबूर होना पड़ा। 2010 और 2019 के बीच, मध्यवर्ग का औसत कर्ज उनकी आय के 30 प्रतिशत से बढ़कर 44 प्रतिशत हो गया। बैंक कर्ज के आँकड़े बताते हैं कि पिछले पाँच वर्षों में, उद्योगों के कर्ज में केवल 2 प्रतिशत की ऋण वृद्धि दर्ज की गई, लेकिन उपभोक्ता कर्ज में लगभग 17 प्रतिशत बढ़ोतरी हुई।

आय में कमी और कर्ज पर निर्भरता के कारण घर और जमीन की बचत में भी भारी गिरावट आई। 2013 में आय का 20 प्रतिशत हिस्सा इनमें निवेश होता था जो 2019 में आय का 15 प्रतिशत रह गया। अचल सम्पत्ति क्षेत्र की माँग और कीमतों में कमी इसका प्रमाण है।

2009 तक, एक औसत मध्यवर्गीय परिवार एक साल की बचत के साथ अपने कर्ज को चुकाने की स्थिति में था, लेकिन 2019 तक, इस कर्ज का आकार एक साल की बचत का दोगुना हो गया। यानी कर्ज चुकाने के लिए उन्हें दो साल तक बराबर बचत की आवश्यकता थी।

अधर में लटके

यह समझना मुश्किल नहीं है कि रिया ने अपनी नौकरी क्यों गँवा दी। क्रिसिल ने मई में 40000 कम्पनियों का सर्वेक्षण करके बताया था कि 70 प्रतिशत के पास कारोबार ठप होने की स्थिति में लगातार दो तिमाहियों के लिए वेतन देने के संसाधन नहीं थे। अर्थव्यवस्था की एक गहरी मन्दी पर चौतरफा स्वीकारोक्ति के बाद 1000 करोड़ रुपये से अधिक तक के सालाना कारोबार वाली कम्पनियों तक के लिए नौकरियाँ बचाए रखना मुश्किल हो गया। बड़ी कम्पनियों में जो लोग अपनी नौकरी बचा सके, उन्हें 10 से 25 प्रतिशत तक वेतन में कटौती का सामना करना पड़ा। यहाँ तक कि टाटा समूह ने भी अपने 152 साल के इतिहास में पहली बार वेतन कटौती का सहारा लिया।

अचानक घोषित लॉकडाउन से अधिकांश स्वरोजगार और दैनिक मजदूरी करनेवाले लोग अपनी आजीविका से वंचित हो गए। फिर धीरे-धीरे अर्थव्यवस्था का चरमराता पहिया घूमने से कम आय वाले रोजगार आंशिक तौर पर लौटते नजर आए लेकिन जैसे ही लॉकडाउन हटाया गया, वेतनभोगी मध्यवर्ग पर आफत फट पड़ी। इसका सीधा असर खपत पर पड़ा और खपत बढ़ने की दर केवल 5.5 फीसदी रह गई जो कोविड से 7 फीसदी से ऊपर थी। 2020 के साल में भारत का खपत खर्च 83.2 लाख करोड़ रुपये से घटकर 75.6 लाख करोड़ रुपये रह गया। जीडीपी में निजी खपत खर्च का हिस्सा 60 फीसदी है।

सबकी गरीबी

2020 का साल -7.3 फीसदी की नकारात्मक जीडीपी दर के साथ खत्म हुआ। इसके बाद दूसरी लहर की तबाही और बेकारी ने वित्त वर्ष 2021 की पहली तिमाही भी निगल ली। मन्दी के बीच महामारी के दूसरे दौर के साथ महँगाई ने पूरी धमक के साथ दस्तक दी और बेकारी के बीच 2020-21 में भारत की 97 फीसदी आबादी महँगाई के कारण गरीब हो गई है। सीएमआईई का यह आकलन आय और महँगाई के अन्तर पर आधारित है।

भारत में खाद्य सामान की कीमत एक फीसदी बढ़ने से खाने पर खर्च करीब 0.33 लाख करोड़ रुपये (काउंटर इंट्यूटिव इन्फ्लेशन नवम्बर 2020 क्रिसिल) बढ़ जाता है। खाद्य महँगाई बीते एक साल में अगस्त 2020 से अगस्त 2021 के दौरान 9.1 फीसदी (कोविड पूर्व से तीन फीसदी) की दर से बढ़ी।

भारत में महँगाई और गरीबी के ताजे रिश्ते केवल मौद्रिक नहीं हैं। यदि महँगाई की नई नाप-जोख अलग-अलग मदों पर उपभोग खर्च हो तो मध्यवर्ग की गरीबी और गहरा जाती है। 2021 में पेट्रोल-डीजल की महँगाई (मई-जून में 22 बार मूल्य वृद्धि) और कोविड के कारण बीमारी के इलाज पर खर्च के कारण दूसरी जरूरतों पर खर्च घटाकर पेट काटा गया है, इससे मन्दी और गहराई है।

एसबीआई रिसर्च ने जून 2020 में बताया कि जिन्दगी आसान करनेवाले उत्पाद व सेवाओं में लोगों का खर्च बीते छह माह में करीब 60 फीसदी कम हुआ जिसकी वजह ईंधन पर बढ़ा खर्च है।

कोविड में इलाज पर लोगों ने 66000 करोड़ रुपये ज्यादा खर्च किए। कोविड से पहले तक भारतीयों के उपभोग खर्च में स्वास्थ्य पर खर्च औसत 5 फीसदी होता था जो एक साल में 11 फीसदी हो गया।

सीएसओ के आँकड़ों के अनुसार 2020-21 में प्रति व्यक्ति आय रुपये 8637 घटी है। निजी और असंगठित क्षेत्र में बेरोजगारी और वेतन कटौती के कारण आय में 16000 करोड़ की कमी आई है :

भारत में खुदरा महँगाई में एक फीसदी बढ़त से जिन्दगी 1.53 लाख करोड़ रुपये महँगी (क्रिसिल) हो जाती है। एक बरस में खुदरा महँगाई की सरकारी (आधा-अधूरा पैमाना) सालाना दर 6.2 फीसदी रही जो 2019 से करीब दो फीसदी ज्यादा थी। अब यह 8 फीसदी की तरफ बढ़ रही है। इसी के चलते 97 फीसदी निम्न और मध्यवर्गीय आबादी की खपत बुरी तरह सिकुड़ गई यानी वे पहले से ज्यादा गरीब हो गए।

खपत की उलझन

अब रोजगारों में कटौती, आय में गिरावट, बचत में कमी और कर्ज अदायगी में चूक बढ़ने से भारतीय मध्यवर्ग के उपभोग पैटर्न में बुनियादी बदलाव आने की सम्भावना है।

लॉकडाउन से पहले तक मकरन्द पटेल जैसे वेतनभोगी कर्मचारी हों या खंडूजा जैसे स्व-नियोजित, मध्यवर्गीय परिवार मुख्य रूप से अपने जीवन स्तर को सुधारने पर खर्च कर रहे थे। मनोरंजन, यात्रा, परिवहन, ईंधन, इंटरनेट, होटल आदि क्षेत्रों पर उपभोग खर्च में पिछले पाँच वर्षों में औसतन 17 प्रतिशत की

दर से वृद्धि हुई है। शिक्षा और भोजन आदि में खर्च की वृद्धि की दर लगभग 10 प्रतिशत थी। पिछले दशक में, अर्थव्यवस्था के सबसे तेजी से बढ़ते क्षेत्रों में खुदरा, यात्रा, मनोरंजन जैसी सेवाएँ शामिल थीं, जहाँ से अधिकतर रोजगार आए थे, आज इन्हीं क्षेत्रों का हाल सबसे बुरा है।

सीमित आय और नौकरियों की कमी का मतलब होगा कि अगले दो साल के दौरान भारतीय बाजार में खपत दैनिक आवश्यकताओं (किराने, दवाइयों, बुनियादी वस्तुओं और सेवाओं) तक सीमित रहेगी। इन क्षेत्रों में निवेश और रोजगार के अवसर सीमित हैं।

रोजगारों का तदर्थवाद (एड-हॉकिज्म)

एयरलाइंस की नौकरी छूटने के बाद रिया ने ऑनलाइन पढ़ाने का काम मजबूरी में किया। वह खुद को बदले हुए हालात के हिसाब से ढालकर उस तदर्थ (एड हॉक) रोजगार व्यवस्था का हिस्सा बनने की कोशिश कर रही थी जिसे कभी ठेके वाला काम कहा जाता था।

गिग इकोनॉमी, तदर्थ रोजगार या ठेके पर काम वाली अर्थव्यवस्था पहले रोजगार बाजार में सरप्लस श्रम शक्ति तक सीमित थी जिनके पास नौकरियों के अवसर नहीं थे। जिसमें उबर और ओला ड्राइवर या जोमैटो और स्विगी के डिलीवरी ब्वाय या अर्बन कम्पनी के ब्यूटीशियन शामिल होते थे। लॉकडाउन से पहले तक गिग इकोनॉमी को सूचना प्रौद्योगिकी और सम्बन्धित क्षेत्रों में अस्थायी, आकस्मिक रोजगारों तक सीमित माना जाता था।

कोविड ने सब बदल दिया। ज्यादातर बेरोजगारों, काम करनेवाले लोगों ने छोटे-मोटे काम की तलाश शुरू कर दी है। स्थायी रोजगार व नियमित भुगतान वाले कामगारों की संख्या तेजी से घटने लगी है। अधिकांश कॉरपोरेट्स अब गिग रोजगारों पर जोर दे रहे हैं। इससे उन्हें लागत में कटौती करने, विविध कामों के लिए लोग जुटाने और रोजगारों की व्यवस्था को लचीला रखने में मदद मिलती है।

फ्रीलांस काम के लिए एक प्रमुख वैश्विक ऑनलाइन प्लेटफॉर्म freelancer.com पर, भारतीय सबसे अधिक संख्या में हैं और उनकी संख्या मार्च 2020 से तेजी से बढ़ रही है। Fiverr और upwork जैसे अन्य प्लेटफॉर्मों या नये उभर रहे भारतीय प्लेटफॉर्मों में भी ऐसी ही तेजी आई है।

हालिया रिपोर्टों से पता चलता है कि भारत में गिग कर्मचारियों की संख्या मौजूदा 20-30 लाख से बढ़कर अगले कुछ वर्षों में 80 लाख से 1 करोड़ हो जाएगी।

रिया को फिर से पूर्णकालिक नौकरी पाने के लिए वास्तव में बहुत भाग्यशाली होना पड़ेगा। कई छात्र जो उसकी ऑनलाइन कक्षाओं में भाग लेते हैं, वे शायद अब कभी भी एक स्थायी नौकरी न पा सकें।

नोएडा में रहते हुए रिया ने महसूस किया कि उनके आसपास ऐसे बहुत से लोग थे जिनकी नौकरी अचानक चली गई या फिर उन्हें नौकरी जाने की चिन्ता निरन्तर बनी हुई है। कोविड के असाधारण वातावरण के बीच घर से काम करते (वर्क फ्रॉम होम) उनकी जिन्दगी खासी मुश्किल हो चुकी है क्योंकि घर से काम करने की लागत (बिजली, फोन, सेहत) बढ़ती जा रही है।

कोरोना की मन्दी ने असंख्य मध्यवर्गीय परिवारों को बेहद कमजोर कर दिया है। तमाम लोग बिना किसी निश्चित आय के जीने और बिना किसी सामाजिक सुरक्षा के काम करने के दबाव का सामना कर रहे हैं, जहाँ के काम के लिए प्रतिस्पर्धा बेहद सख्त है और वेतन या भुगतान बेहद कम।

दूर की उम्मीद

वरुण के सॉफ्टवेयर कम्पनी के गुजराती मालिक एक साल पहले ही विदेश में बस गए थे। 2014 और 2018 के बीच, रिकॉर्ड संख्या में 23,000 करोड़पति दूसरे देशों को चले गए। लेकिन अब वरुण जैसे पेशेवर भी भारत छोड़ने के विकल्प तलाश रहे हैं।

वरुण की बहन भी सॉफ्टवेयर इंजीनियर है और दो साल पहले ऑस्ट्रेलिया में बस गई थी। कोविड के बाद आनेवाली हर कॉल में वह माता-पिता को एडीलेड आने की तैयारी करने को कहती है। वरुण सिंगापुर या हांगकांग में विकल्प खोज रहे हैं।

श्रीजेश ने अपना डिजाइन कोर्स सिंगापुर में किया था और वहाँ से उन्हें काफी बिजनेस मिलता है। दूसरी ओर लावण्या का झुकाव यूके की ओर अधिक है लेकिन वह इस बात को लेकर बहुत आश्वस्त नहीं है कि ब्रेक्जिट के बाद ब्रिटेन उन्हें कितना अवसर प्रदान करेगा। हाल के वर्षों में, दोनों को सिडनी, एडिलेड, वेलिंगटन जैसे ऑस्ट्रेलियाई व न्यूजीलैंड के शहरों की जीवंत संस्कृति और उच्च गुणवत्ता वाली जीवनशैली ने बहुत आकर्षित किया है।

वरुण जैसे कई परिवार हैं जो अपनी सारी सम्पत्ति बेचकर विदेश में बस जाना चाहते हैं और अगली पीढ़ी को पढ़ाई के लिए विदेश भेजना चाहते हैं। एक भयावह महामारी के बीच भी, संसाधन सम्पन्न युवा भारतीय बड़ी संख्या में Stem (विज्ञान, प्रौद्योगिकी, इंजीनियरिंग और गणित) कोर्स या मैनेजमेंट की पढ़ाई करने के लिए विदेश जाने की योजना बना रहे हैं जबकि विश्वविद्यालयों के छात्र अब सबसे पहले टाफेल और आइलेट्स जैसे अंग्रेजी भाषा दक्षता का कोर्स पूरा कर लेना चाहते हैं।

कोविड की दूसरी लहर के बाद बड़े शहरों में जैसी तबाही दिखी उसने भारत की सबसे शानदार कहानी को त्रासदी में बदल दिया। बीते ढाई दशक में भारतीय मध्यवर्ग ही भारत की प्रत्येक चमत्कारी कथा के शुभंकर रहे हैं। यही लोग हैं जो गाँवों से सम्पत्ति खींचकर शहर लाए और नये नगर (80 फीसदी मध्यवर्ग नगरीय) बसा दिये। उनके खर्च (60 फीसदी भारतीय जीडीपी खपत पर निर्भर) से अर्थव्यवस्था झूम उठी। शहरों में चिकित्सा, मनोरंजन और परिवहन, संचार का नया ढाँचा बन गया। इसी वर्ग ने ऑटोमोबाइल, सूचना तकनीक, बैंकिंग, रिटेल, हाउसिंग, फार्मा जैसे उद्योगों को नये भारत की पहचान बना दिया।

यह बिंदास मध्यवर्ग जो विश्व की फार्मेसी और डिजिटल इंडिया वाले नये भारत को गर्व से कंधे पर लेकर चलता था, भारत में सड़कों पर मरते लोगों, चिताओं की भीड़ और नदियों में तैरती लाशों को देख उसे काठ मार गया है। इनकी नाउम्मीदी दोहरी है। पहली लहर ने इनकी नौकरियाँ और दूसरी लहर ने इनकी उम्मीद तोड़ दी है।

अगर प्रतिशत के सन्दर्भ में देखा जाए तो भारत का उच्च-मध्यवर्ग भी उतना ही कर चुकाता है जितना कई विकसित देशों के लोग, लेकिन वे न तो अपने बच्चों को सरकारी स्कूलों में भेजने की उम्मीद कर सकते हैं और न ही सार्वजनिक स्वास्थ्य सेवा का लाभ उठा सकते हैं। टूटी-फूटी सड़कें, भयानक यातायात, प्रदूषण और किसी की कोई जवाबदेही नहीं।

संकट के मध्य

लाखों मध्यवर्गीय परिवारों ने भारत की विकास गाथा की नींव रखी है। पिछले 25 वर्षों से, भारत में अधिकांश औद्योगिक निवेश इस वर्ग की आकांक्षाओं

और उपभोग पैटर्न के इशारे पर नाचता रहा है। महामारी और मन्दी ने इस विकास गाथा के तीन प्रमुख स्तम्भों—खपत, बचत और उधार की रीढ़ तोड़ दी।

1991 के बाद से भारत के मध्यवर्ग ने कोई बड़ा संकट नहीं देखा है (1991 से पहले मध्यवर्ग बहुत सीमित था)। भारत के भविष्य को लेकर रिया और मकरन्द का विश्वास हिल गया है। वरुण जैसे उच्च-मध्यवर्गीय, अपना बेहतर भविष्य दुनिया के किसी दूसरे देश में तलाश कर रहे हैं। खपत और बचत में उनके बड़े योगदान की नामौजूदगी से (शीर्ष 1 प्रतिशत परिवारों के बचत में 12.3 प्रतिशत योगदान है) अर्थव्यवस्था को नुकसान पहुँचेगा। लेकिन जब सामने भविष्य अनिश्चित दिखता हो तो दूसरे लोग भी कर्ज के बूते होनेवाली खपत से दूर होने को मजबूर होंगे।

भारत की जीडीपी वृद्धि काफी हद तक मध्यवर्ग की खपत पर निर्भर करती है और दूसरी ओर, उनके चमकदार भविष्य का दारोमदार अर्थव्यवस्था के तेज विकास पर है। यह निन्यानवे का फेर अब लम्बा चलता दिख रहा है।

8-9 प्रतिशत विकास दर, अब दूर की कौड़ी है। वर्तमान संकट से बाहर निकलने के लिए, 2022 और 2023 में जीडीपी को 15 प्रतिशत से अधिक की दर से बढ़ने की आवश्यकता है। तभी जीडीपी 5 प्रतिशत के औसत तक लौट सकती है। और इसे प्राप्त करने के लिए, निजी खपत को सबसे तेजी से बढ़ाना होगा। इसका मतलब है कि अगर मकरन्द और वरुण पिछले साल यानी 2020 में 100 रुपये खर्च कर रहे थे, तो उन्हें अब 150 रुपये खर्च करने होंगे। लेकिन अब तो पहले से कहीं अधिक सँभलकर चलने की आदतें डाली जा रही हैं। मकरन्द, वरुण या रोहन जैसे लाखों भारतीय कर्ज नहीं लेंगे और खर्चों में भारी कटौती करेंगे।

मन्दी, लॉकडाउन और नकारात्मक वृद्धि के कारण भारतीय मध्यवर्ग भी सिकुड़ गया है। उच्च-मध्यवर्ग की खपत घटने से कार, घर, इलेक्ट्रॉनिक्स और अन्य लग्जरी वस्तुओं और सेवाओं की बिक्री टूट गई। नया मध्यवर्ग बढ़ती आय के साथ अपनी बचत को वित्तीय निवेशों में भी लगा रहा था। अब स्टॉक, म्यूचुअल फंड में निवेश भी प्रभावित होगा।

दूसरी ओर, निम्न-मध्यवर्ग का एक बड़ा हिस्सा आर्थिक रूप से कमजोर वर्ग में बदल गया है। 15000-20000 रुपये मासिक औसत आय वाला यह वर्ग गरीब नहीं होगा लेकिन यह अपनी तमाम जरूरतों के लिए घटिया सरकारी

व्यवस्था पर निर्भर होगा। इसका प्रभाव शिक्षा, डिजिटल खपत और भविष्य की बचत पर दिखाई देगा। यह वर्ग शिक्षा और बचत दोनों पर खर्च में कटौती करने पर मजबूर हो सकता है।

इस वर्ग को लगा झटका भारतीय उद्योगों और निवेशकों के लिए बुरी खबर है, क्योंकि इसी वर्ग को निकट भविष्य में उनका उपभोक्ता बनना था और इसी पर वे अपना दाँव लगा रहे थे।

माँग और आपूर्ति के अर्थशास्त्र से परे मध्यवर्ग का सिकुड़ना लोकतंत्र के लिए अच्छा नहीं है। अरस्तू कहते थे कि किसी भी देश में, मध्यवर्ग राजनीतिक रूप से सबसे महत्त्वपूर्ण है। वे हमेशा गरीबों और अमीरों के बीच खड़े होते हैं और लोकतंत्र में सन्तुलन लाते हैं। यह वर्ग शासन में अधिक पारदर्शिता और समाज में अवसरों की समानता चाहता है। यह शासकों को अति लोक-लुभावन बनने से रोकता है क्योंकि शासक वर्ग रेवड़ियाँ बाँटकर निर्धनों से समर्थन हासिल कर लेता है।

महामारी और मन्दी ने भारतीय लोकतंत्र के नाजुक सन्तुलन को बुरी तरह से प्रभावित किया है और इसका सामाजिक-राजनीतिक प्रभाव लम्बे समय तक चलेगा।

इतना तो जरूरी है...

नौकरियों को बचाने की आवश्यकता का उल्लेख अध्याय 3 के अन्त में भी किया है, कम्पनियों को मिलनेवाले सभी सरकारी प्रोत्साहनों (कर राहत, आसान ऋण आदि) को नौकरी और वेतन सुरक्षा से जोड़ा जाना चाहिए। औपचारिक क्षेत्र की एक नौकरी अनौपचारिक क्षेत्र की चार नौकरियों का समर्थन करती है। इसलिए, यदि औपचारिक क्षेत्र के 4.5 करोड़ कामगारों (कर्मचारी भविष्य निधि लाभार्थियों की संख्या) की नौकरी और वेतन को पूरी तरह सुरक्षित रखा जा सके और बढ़ाया जा सके तो बदले में अनौपचारिक क्षेत्र के 18 करोड़ रोजगारों को (घरेलू सहायकों, ड्राइवरों, छोटे-मोटे काम करनेवालों) बचाया जा सकता है। इस तरह उपभोग के पहिए को फिर से शुरू करने के लिए इसके अलावा कोई रास्ता नहीं है।

यदि सरकार कमाई में वृद्धि नहीं कर सकती है तो कम-से-कम खपत को सस्ता करने का प्रयास होना चाहिए। जीएसटी की दरों में कमी और संख्या

में कटौती (अधिकतम दो टैक्स रेट) मूल्य में कमी लाने में महत्त्वपूर्ण राहत प्रदान करेगी।

टैक्स छूट के तौर पर मध्यवर्ग को सबसे प्रभावी मदद दी जा सकती है। कम-से-कम अगले तीन वर्षों के लिए, 10 लाख रुपये तक कमानेवाले लोगों को कर अवकाश दिया जा सकता है। इसका बड़ा हिस्सा खपत में जाएगा।

इसी तरह पाँच साल के लिए पूरी तरह से आयकर अवकाश या 100 करोड़ रुपये तक के कारोबार वाले व्यवसायों के लिए सेल्फ एसेसमेंट पर आधारित टैक्स व्यवस्था लाई जा सकती है।

इन प्रयासों से, माँग फिर से लौट सकती है लेकिन बचत और निवेश के लिए संसाधन कहाँ से आएँगे?

खण्ड : दो

दरारों के बीच

5

जो बड़ा है वही चढ़ा है

दक्षिण कोलकाता के व्यस्त गरियाहाट चौराहे पर गहमागहमी में एक नई चर्चा जुड़ गई थी। रोजमर्रा के दुकानदार और राहगीर वहाँ शुरू हुए एक नये और विशाल रिटेल स्टोर से नजर नहीं हटा पा रहे थे। पैंटालून्स नाम का यह स्टोर उस वक्त कोलकाता के सबसे बड़े गारमेंट स्टोर से भी सम्भवत: 5 गुना से ज्यादा बड़ा था। यह मारवाड़ी कारोबारी किशोर बियानी का उपक्रम था। उनके परिवार की एक कपड़ा मिल थी, लेकिन ब्रांडेड गारमेंट के कारोबार में उतरनेवाले वे पहले शख्स थे।

अगस्त-सितम्बर 1997, कोलकाता

बियानी वर्षों तक दूसरे खुदरा (रिटेल) विक्रेताओं के माध्यम से अपने परिधान बेचते रहे। अन्तत: उन्होंने खुद रिटेल कारोबार में उतरने का फैसला किया था। जब भी वे कोई नया कारोबार शुरू करते, उन्हें कर्ज लेना पड़ता था। यह बात उनके पिता लक्ष्मी नारायण बियानी को नापसन्द थी। वे हमेशा किशोर को आगाह करते रहे कि मारवाड़ी कर्ज देते हैं, उधार लेना उनके कारोबारी उसूलों के खिलाफ है। किशोर अपने पिता की इस झिड़की पर मुस्करा देते थे।

फरवरी 2020 के आखिरी दिनों में बियानी की दो बेहतरीन कम्पनियों, फ्यूचर रिटेल और फ्यूचर लाइफ स्टाइल के शेयर क्रमश: 370 रुपये और 350 रुपये के आसपास खरीदे और बेचे जा रहे थे। इस बीच दो दशक में बियानी का कारोबार कोलकाता के उस एक पैंटालून्स स्टोर से बढ़कर 1700 मेगा स्टोर तक पहुँच गया था। अब उन्हें भारत का रिटेल किंग या नये जमाने

के खुदरा कारोबार के शहंशाह के तौर पर जाना जाता था। पैंटालून्स के बाद उन्होंने बिग बाजार, एफबीबी, सेंट्रल, होमटाउन, ई जोन, ब्रांड फैक्टरी सरीखे कई शानदार रिटेल संस्करण तैयार किये जिनमें आटा, दाल, चावल से लेकर फर्नीचर, इलेक्ट्रॉनिक, हाई फैशन गारमेंट तक सब कुछ मिलता था।

2014 तक उनका यह कारोबार जबरदस्त तेज रफ्तार से बढ़ा। इसके बाद रिलायंस ने बियानी से रिटेल कारोबार की बादशाहत का ताज़ छीन लिया। रिटेल का कारोबार फैलाते हुए उन्होंने ढेर सारा कर्ज भी लाद लिया था। नतीजतन शेयर बाजार में सूचीबद्ध फ्यूचर ग्रुप की छह कम्पनियों में बियानी (प्रमोटर) के हिस्से के ज्यादातर शेयर (77 से 99.8 फीसदी) कर्जदाताओं के पास गिरवी रख दिये गए। मार्च 2020 में शेयर बाजार में बियानी का सितारा डूबा। फ्यूचर रिटेल और फ्यूचर लाइफ स्टाइल दोनों के शेयर के भारी गिरावट के साथ 100 रुपये से नीचे आ गए (फरवरी और अप्रैल 2020 के बीच फ्यूचर ग्रुप की छह कम्पनियों के कुल बाजार पूँजीकरण में 71 फीसदी तक की गिरावट आई)। इसके साथ ही किशोर बियानी की किस्मत का फैसला हो गया था।

अगस्त 2020 में रिलायंस ने 24,713 करोड़ रुपये में फ्यूचर ग्रुप के रिटेल कारोबार का अधिग्रहण कर लिया। यानी कि जिस शख्स ने भारत में भारी डिस्काउंट या छूट देकर माल बेचने की (सबसे सस्ते दिन) शुरुआत की थी, वह अपना समूचा कारोबारी साम्राज्य सबसे सस्ती कीमत में बेचने को मजबूर हो गया।

कोविड के बाद बियानी और रिलायंस का समझौता विवादों में उलझ गया। ग्लोबल ऑनलाइन रिटेल दिग्गज ने इस समझौते पर सिंगापुर की पंचाट और फिर भारत की अदालत से स्टे हासिल कर लिया। अमेजन और बियानी की कम्पनी में निवेश किया था और इस बिक्री का प्रस्ताव उन्हें मिलना चाहिए था। अदालतों ने अमेजन के इस तर्क को सही पाया।

बियानी इसके बाद एक और मुसीबत में फँस गए जब भारतीय शेयर बाजार के नियामक सेबी ने उन्हें इनसाइडर ट्रेडिंग के आरोप में दोषी पाया और शेयर बाजार में खरीद-बिक्री करने से एक साल के लिए रोक दिया, जुर्माना अलग से लगा। यह मामला भी उनकी अपनी कम्पनी के पुनर्गठन के दौरान शेयरों की खरीद-बिक्री से सम्बन्धित था।

बियानी शायद खुद को बचाए रख पाने में कामयाब हो जाते, अगर यह कोविड लॉकडाउन नहीं हुआ होता। इस दौरान उनके सारे स्टोर बन्द हो गए और

वे इतनी न्यूनतम नकदी भी नहीं जुटा सके कि अपने कर्जों की किस्तें चुका पाते।

बियानी ही क्यों, 2018-19 में भारतीय अर्थव्यवस्था की विकास दर टूटने के बाद जी न्यूज के सुभाष चन्द्रा, यस बैंक के राणा कपूर, रिलायंस एडीएजी के अनिल अंबानी और कैफे कॉफी डे के वी.जी. सिद्धार्थ सभी कर्ज के बहुत ऊँचे स्तरों की वजह से गहरे संकट में फँस गए थे। इनमें से कुछ तो पूरी तरह धराशायी हो गए।

क्रेडिट रेटिंग एजेंसी एस एंड पी ने जुलाई 2020 के मध्य में अपनी रिपोर्ट में बताया था कि उस वक्त (जुलाई 2020) तक करीब 4,000 भारतीय कम्पनियों की कर्ज साख या रेटिंग घटाई जा चुकी थी यानी कि एक दिन में औसतन 21 कम्पनियों की साख टूटी थी।

कर्ज में सर्वाधिक डूबे उद्योग

चीनी	उर्वरक	स्टील	टेलीकॉम	कपड़ा
कंस्ट्रक्शन	मशीनरी	होटल और रेस्टोरेंट		रियलस्टेट

Source : *SBI Ecowrap Balance Sheet Strength of Corporates Key to Survive the Pandemic dated 3 July, 2020*

सर्वाधिक शेयर गिरवी रखनेवाली कम्पनियाँ

	Promoter Pledge %
Arshiya	100
Bajaj Hindustan	100
CG Power	100
Orient Green	99.90
B L Kashyap	99.80
Reliance Infra	98.30
Walchandnagar Industries	98.20
Future Market	98

सर्वाधिक शुद्ध कर्ज वाली शेयर बाजार में सूचीबद्ध कम्पनियाँ

	Debt to equity (X)
Kesoram	26.21
JP Associates	23.97
Adlab Entertainments	23.02
Ashoka Buildcon	19.18
Bombay Dyeing	18.52
Emami Realty	12.97
Sadbhav Engineering	10.60

Source: *Systematix Shares and Stocks, based on Capitaline database, all figures are of 31 March, 2019*

समीर की पहेली

दूसरे कई सारे मध्यवर्गीय हिन्दुस्तानियों की तरह समीर ने भी लॉकडाउन बाद से शेयर बाजार में हाथ आजमाना शुरू किया। वे यह देखकर हैरान थे कि ऐसे समय जब अर्थव्यवस्था का भट्ठा बैठ गया है, तो शेयर बाजार और खासकर उसमें सबसे आगे रहनेवाली कम्पनियों के शेयर इतनी जल्दी बदहाली से कैसे उबर आए। एक दिन उन्होंने अपने कॉलेज के दोस्त कपिल के साथ बैठक जमाई ताकि शेयरों की कीमतों में इस फटाफट तेजी को बेहतर ढंग से समझ सकें।

कपिल, स्टॉक मार्केट में निवेश करनेवाली कम्पनियों में काम कर चुके हैं और अब नामचीन पोर्टफोलियो मैनेजमेंट सर्विस के साथ जुड़े हुए हैं। यह कम्पनी बड़े निवेशकों की पूँजी बाजार में लगाती है। शेयरों का चुनाव गहरे शोध के जरिये होता है। कपिल ने समीर को समझाया कि शेयर बाजार में रोजमर्रा का उतार-चढ़ाव बस शोर-शराबा है। दरअसल मुट्ठी-भर कम्पनियों की कीमतें इसलिए ऊपर चढ़ती जा रही हैं क्योंकि कोविड संकट की बदौलत उन्होंने अपने उत्पाद व सेवाओं के बाजार में और ज्यादा हिस्सेदारी हथिया ली है।

मसलन वोडाफोन के लिए संकट जितना ज्यादा गहरा होगा, रिलायंस जियो और भारती एयरटेल का मुनाफा उतना ही ज्यादा बढ़ेगा, क्योंकि भारतीय दूरसंचार की दुनिया अब महज इन तीन कम्पनियों तक सिमटकर रह गई है।

इसी तरह, भारत का कुल रिटेल बाजार नहीं बढ़ा लेकिन मौजूदा बाजार में हाल के महीनों में रिलायंस की हिस्सेदारी में अच्छा-खासा इजाफा हुआ है।

एकाधिकार वाली कम्पनियों के मुनाफे इसलिए नहीं बढ़ते कि बाजार बड़ा हो रहा है बल्कि वे प्रतिस्पर्धा सिमटने या खत्म होने से अमीर होती जाती हैं।

कपिल ने समीर को सलाह दी कि वह रिलायंस जैसी कुछ दूसरी ऐसी रिटेल कम्पनियों के शेयर खरीद लें जिनमें भारी निवेश किया गया है। उसने समझाया कि ग्राहक कभी तो वापस आएँगे ही यानी संगठित रिटेल बाजार में चहल-पहल लौटेगी लेकिन तब तक बाजार में कम्पनियों की तादाद कम हो जाएगी और जो कम्पनियाँ बचेंगी, उनमें निवेश पर उसे ज्यादा मुनाफा होगा।

कपिल ने समीर को समझाया कि उसे उन कम्पनियों पर निगाह रखनी चाहिए जिनके पास बाजार का अधिकांश हिस्सा (मोनोपली) है या फिर उन उत्पाद व सेवाओं के बाजारों में देखना चाहिए जहाँ दो-तीन कम्पनियाँ (डुओपली)

मिलकर पूरे बाजार पर काबिज हैं। ऐसी कम्पनियों के शेयर खरीदकर वह खूब पैसा बना सकता है।

कपिल ने आँकड़ों के साथ समझाया कि भारत में आज मक्खन से चॉकलेट तक रोजमर्रा की जरूरत की तमाम चीजों के बाजार पर एक से लेकर तीन कम्पनियों का नियंत्रण और दबदबा है।

समीर के मन में थोड़े शक-शुबहे थे। कपिल ने मुस्कराते समीर और उसकी पत्नी से पूछा कि आपकी पसन्द के ब्रांड कौन-कौन-से हैं?

ज्यादातर मध्यवर्गीय परिवारों की तरह उनकी पसन्द भी पार्ले और ब्रिटानिया (बिस्कुट), मारिको और डाबर (हेयर ऑइल), मारिको और अडानी (कुकिंग ऑइल) आदि के उत्पाद थे। जाहिर है कि इन सभी बाजारों में दो कम्पनियों (डुओपली) का दबदबा था। समीर के पसन्दीदा ब्रांड में नेस्ले (बेबी फूड में 97 फीसदी बाजार हिस्सेदारी) और पेज इंडस्ट्रीज (इनरवियर) जैसे एकाधिकार (मोनोपली) वाली कम्पनियाँ भी शामिल थीं।

मुम्बई स्थित निवेश फर्म मार्सेलस के मुताबिक, भारत में 20-25 कम्पनियों ने अपने-अपने बाजारों में 80 फीसदी या उससे भी ज्यादा कारोबार पर एकाधिकार कायम कर रखा है (ज्यादातर देशों में 15 फीसदी की बाजार हिस्सेदारी को कम्पनी की अग्रणी स्थिति माना जाता है)।

कपिल ने कहा कि जो कम्पनियाँ शेयर बाजार में सूचीबद्ध नहीं हैं, उनमें भी तकरीबन यही हालत है। जैसे मोबाइल एप्लीकेशन आधारित टैक्सी सेवाओं में ओला और उबर, ई-कॉमर्स में अमेजन और फ्लिपकार्ट या ऑनलाइन किराना में बिगबास्केट और ग्रोफर्स का दबदबा है यानी अधिकांश कारोबार पर इनका कब्जा है।

SENSEX और NIFTY का अर्धसत्य

बाजार में एकाधिकार (मोनोपली और डुओपली) वाली

Index	On 24.3.2020	On 08.09.2020	% Change
Sensex	25639	38365	50%
Nifty	7511	11317	51%

Source: LKP Securities

लॉकडाउन 2020 के बीच शेयर बाजार में मोनोपली कम्पनियों के शेयरों का प्रदर्शन

Company Name	On 24.3.2020	On 08.09.2020	% Change
GMM Pfaudler	2098	5678	171%
3M India	16018	19131	19%
Dixon Technologies	3184	9605	202%
Indiamart Intermesh	1892	4755	151%
India Energy Exchange	130	192	47%
IRCTC	858	1380	61%
MCX	864	1549	79%
Pidilite	1275	1447	13%
Info Edge	1773	3314	87%

Source : LKP Securities

अलग उद्योग वर्गों में एकाधिकार वाली कम्पनियों के शेयरों का प्रदर्शन

Company Name	On 24.3.2020	On 08.09.2020	% Change
Delta Corp	57	107	90%
GNFC	98	207	112%
Nestle	13478	16127	20%
NOCIL	53	127	137%
Redington India	62	115	84%
VST Tillers	665	1813	173%
Wonderla Holidays	137	176	29%

Source: LKP Securities

डुओपली (बाजार पर दो कम्पनियों का कब्जा) कम्पनियों के शेयरों का प्रदर्शन

Company Name	On 24.3.2020	On 08.09.2020	% Change
Alkyle Amines	1186	3244	174%
Balaji Amines	225	828	268%
Amara Raja Batteries	380	718	89%
Exide Industries	136	158	16%
Bata India	1080	1308	21%
Relaxo Footwears	517	645	25%
Bharti Airtel	404	498	23%
Reliance Industries	935	2107	125%
Carborundum Universal	188	249	32%
Grindwell Norton	421	539	28%
Cochin Shipyard	216	327	51%
Garden Reach Shipbuilders	123	183	48%
Indraprastha Gas	320	390	22%
Mananagar Gas	711	891	25%
TTK Prestige	3978	5951	50%
Hawkins Cookers	3551	4901	38%

Source: LKP Securities

भीमकाय एकाधिकारों का उदय

समीर ने न केवल इन कम्पनियों में निवेश किया बल्कि वह यह देखकर हैरान रह गया कि भारत में कारोबार कितनी जबरदस्त हद तक कुछेक कम्पनियों

के हाथों में सिमटा हुआ था। मार्सेलस ने बताया कि 2019 में कम्पनियों की कुल आमदनी का करीब 70 फीसदी हिस्सा सबसे अव्वल 20 कम्पनियों की जेब में गया (इसके मुकाबले, अमेरिका में शीर्ष 20 कम्पनियों के खाते में कुल कॉरपोरेट मुनाफे का तकरीबन 25 फीसदी हिस्सा (2019) गया। इसके बावजूद वहाँ नियामक (रेगुलेटर) और उपभोक्ता दोनों एकाधिकार वाली कम्पनियों की बढ़त को लेकर खासे चिन्तित थे)।

समीर को अब कारोबार और मुनाफे के असाधारण रूप से मुट्ठी भर कम्पनियों तक सिमट जाने का रहस्य समझ में आ रहा था। इनमें से कुछ कम्पनियाँ, मसलन सरकारी बैंक या कोल इंडिया जैसी एकाधिकार वाली कम्पनियाँ, 1991 से पहले कोटा-परमिट राज की आखिरी निशानियाँ थीं। पेट्रोलियम, गैस, रेल, कोयला कुछ क्षेत्रों में पूरी तरह और बिजली उत्पादन तथा वितरण सरीखे क्षेत्रों के ज्यादातर हिस्से पर सरकार का एकाधिकार अभी तक बना हुआ है।

समीर को यह पता चला कि कम्पनियों का दूसरा समूह भी है जहाँ कामकाज अच्छे-भले ढंग से चलाया जाता है। इनको बाजार से कम लागत पर कर्ज मिलता है जैसे कि एचडीएफसी बैंक या फिर इनमें सूचना तकनीक (आईटी) की दिग्गज कम्पनियाँ इन्फोसिस और टीसीएस और उपभोक्ता उत्पादों की कम्पनी आईटीसी है जिनके पास खुद की भरपूर नकदी है।

भारत में कम्पनियों का तीसरा समूह भी है, जो सरकारों और नियामकों के साथ तालमेल और तोल-मोल में माहिर हैं। इसमें रिलायंस सरीखी कम्पनियाँ हैं। असल में, रिलायंस अकेली कम्पनी है जो 1992 से हर साल सबसे ज्यादा मुनाफा कमानेवाली शीर्ष 20 कम्पनियों की फेहरिस्त में मौजूद रही है।

इन जानकारियों से समीर की बेचैनी बढ़ गई थी। उसने एक शनिवार को कपिल के साथ बैठकी लगाई। अलबत्ता इस बैठक में समीर और कपिल ही नहीं थे। श्वेता जूम कॉल के जरिये उनसे जुड़ी थी।

बड़ी मछलियों का राज

समीर, कपिल और श्वेता कॉलेज के दिनों के साथी थे। एमबीए करने के बाद श्वेता अमेरिकी बिजनेस स्कूल में पढ़ा रही थी। समीर एक-दो बार मुम्बई में उससे मिला था। उसे पता नहीं था कि श्वेता और कपिल इन्वेस्टमेंट रिसर्च

में एक साथ काम कर रहे हैं। स्वागत और हालचाल की औपचारिकताओं के बाद समीर ने दो टूक पूछ ही लिया कि भारत का कारोबार इस हद तक कुछेक कम्पनियों के हाथों में क्यों सिमट गया और इसके नतीजे क्या होंगे?

कपिल ने इंदुलेखा नाम के ब्रांड की कहानी के साथ अपनी बात शुरू की। यह केरल और तमिलनाडु के बाजारों में खासा कामयाब हेयर केयर (बालों का तेल अन्य उत्पाद) ब्रांड था। 2016 में हिन्दुस्तान यूनिलीवर ने 350 करोड़ रुपये में इस ब्रांड का अधिग्रहण कर लिया। इसे उन्होंने अखिल भारतीय ब्रांड बनाया और नये उत्पाद पेश किए। महज तीन साल में इंदुलेखा, हिन्दुस्तान यूनिलीवर के लिए 2,000 करोड़ रुपये का ब्रांड बन गया।

कपिल ने कहा कि वह ऐसे उदाहरण गिना सकता है जैसे कि आईटीसी ने बंगाल का छोटा-सा ब्रांड निमाइल (Nimyle) खरीद लिया और इंदुलेखा वाला फॉर्मूला दोहराया गया। टाटा ने चाय के लोकप्रिय ब्रांड लाल घोड़ा और काला घोड़ा का अधिग्रहण किया।

हवाई चप्पलों (बाथरूम स्लीपर्स) के बाजार के निर्विवाद लीडर रिलैक्सो की कहानी भी दिलचस्प है। हवाई चप्पल कोई हाई टेक उत्पाद नहीं है लेकिन बाजार में छोटी कम्पनियाँ अपने ब्रांड का समुचित प्रचार नहीं कर पाईं, वितरण नेटवर्क कमजोर था और इस बीच नोटबन्दी और जीएसटी का दोहरा हमला हो गया। इनका डूबना रिलैक्सो के लिए विटामिन साबित हुआ।

बीते करीब एक-डेढ़ दशक में भारत में, सड़कों और हाइवे के विकास, सस्ती घरेलू उड़ानों, मोबाइल टेलीफोन, ब्रॉडबैंड नेटवर्कों और मीडिया के जबरदस्त विस्तार ने नेटवर्क इकोनॉमी तैयार की है। डिजिटल माध्यमों से लैस यह अर्थव्यवस्था जिसमें उत्पाद और सेवाएँ बनाती है और फिर विशाल सोशल नेटवर्कों के माध्यम से उनका वितरण और मूल्य बढ़ाती है विशाल अखिल भारतीय वितरण नेटवर्क वाली चुस्त और चाक-चौबन्द कम्पनियाँ इस नेटवर्क इकोनॉमी का फायदा उठाती हैं और उपभोक्ता जो अब तक छोटे और असंगठित क्षेत्र से सामान खरीदते थे वे संगठित कारोबार के ग्राहक हो जाते हैं।

कपिल ने उन्हें क्रेडिट सुइस (अन्तरराष्ट्रीय निवेश बैंक) के चार्ट और आँकड़े दिखाए जिनमें भारत के शेयर बाजार में सूचीबद्ध 500 शीर्ष सूचीबद्ध कम्पनियों के भविष्य के ग्रोथ का ब्लू प्रिंट समझाया गया था।

बीएसई 500 कम्पनियों की ताकत और हिस्सेदारी—क्रेडिट सुइस का आकलन

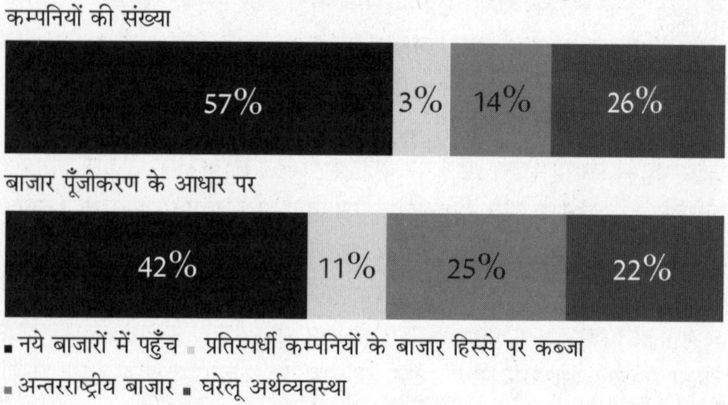

समीर ने सवाल किया कि छोटी कम्पनियों का डूबना एक नियम जैसा हो गया है, कपिल का जवाब था, ला ओपाला या कजारिया सिरैमिक्स सरीखे महज कुछेक अपवाद हैं जिन्होंने खुद को राष्ट्रीय कम्पनियों के तौर पर स्थापित किया। वरना तो छोटी कम्पनियाँ नियमों-कानूनों के बोझ में दबकर निवेश तथा टेक्नोलॉजी के लिहाज से पीछे छूट गईं।

कपिल का कहना था कि सबसे बड़ा फर्क पड़ता है पूँजी की लागत से। नकदी में अमीर निजी कम्पनियाँ, छोटी-छोटी कम्पनियों के मुकाबले कम-से-कम दो फीसदी या उससे भी सस्ता कर्ज ले आती हैं और बची लागत से उपभोक्ताओं को लुभाकर छोटी कम्पनियों को मैदान से बाहर फेंक देती हैं। (भारत में निजी कॉरपोरेट कम्पनियों ने कर्ज पर औसतन 9.25 फीसदी ब्याज अदा किया, जो औसत अमेरिकी कम्पनियों के मुकाबले करीब तीन गुना ज्यादा था।)

इन कम्पनियों ने एक बार जब भारी मुनाफा देनेवाले विशाल नेटवर्क (फ्रैंचाइज) का निर्माण कर लिया, तो फिर अन्य सम्बन्धित कारोबारों में उनके लिए विस्तार बहुत आसान हो गया। जैसे कि एचडीएफसी किस तरह हाउसिंग फाइनेंस से बढ़कर बड़ा निजी बैंक बन गई और उसके बाद उसने बीमा, निवेश, एसेट मैनेजमेंट में भी अपने पैर पसार लिए।

कपिल ने ब्रुस्केटा (इटैलियन स्टार्टर) की प्लेट समीर की तरफ बढ़ाते हुए कहा कि "बुनियादी और पते की बात पर वापस आएँ तो वह यह कि अगर आप भारतीय स्टॉक मार्केट में पैसा बनाना चाहते हैं तो एकाधिकार वाली कम्पनियों में निवेश करते रहें।"

श्वेता हँस पड़ी और उसने कहा कि वह कपिल की गहरी वित्तीय समझ की हमेशा मुरीद रही है लेकिन उसने कहा कि आर्थिक बदलावों को शेयरों की कीमत के चश्मे से देखना, हमेशा सही नहीं होता।

श्वेता ने प्रोफेसर की तरह भूमिका बाँधते हुए कहा कि हाल के सालों में वैश्वीकरण और टेक्नोलॉजी के विकास के साथ प्रत्येक अर्थव्यवस्था में कम्पनियों या कॉरपोरेट समूहों की संख्या कम हो रही है लेकिन भारत शायद अकेली बड़ी अर्थव्यवस्था है जहाँ कई कारोबारों में महज एक या दो कम्पनियों ने पूरा दबदबा बना लिया है।

दुनिया के जिन देशों में प्रतिस्पर्धा के नियम-कायदे लागू किए जाते हैं, वहाँ मुनाफे बढ़ने के साथ नई कम्पनियाँ भी आती हैं यानी प्रतिस्पर्धा बढ़ती है जिससे रिटर्न कम होते हैं और कई कम्पनियों के बीच बँट जाते हैं। इससे रोजगारों में बढ़ोतरी होती है।

मगर भारत में नीतियाँ कुछ ऐसी रहीं कि छोटी घरेलू कम्पनियाँ बड़ी नहीं हो सकीं और जो बड़ी थीं उन्होंने सरकारों की मदद से नई प्रतिस्पर्धा और विदेशी कम्पनियों के लिए दरवाजा हमेशा सँकरा रखा।

आए थे, चले गए

श्वेता ने समीर से पूछा कि क्या उसने कभी इस बात पर विचार किया है कि भारत में वैश्विक ब्रांड या कम्पनियों की संख्या इतनी कम क्यों है। बात सिर्फ इतनी ही नहीं है कि नेहरूवादी समाजवाद (1951-1991) के दिनों में विदेशी उत्पादों के लिए दरवाजे बन्द कर दिये गए थे या पहली गैर-कांग्रेसी सरकार में उद्योग मंत्री जॉर्ज फर्नांडीस ने चर्चित तौर पर कोकाकोला और आईबीएम को देश से निकाल बाहर किया था। हकीकत यह है कि अर्थव्यवस्था को उदार बनाने के दशकों बाद भी विदेशी कम्पनियों के लिए भारत में कारोबार करना मुश्किल है। नीतियों में अचानक होनेवाले फेरबदल, टैक्स के मनमाने तकाजों और इंस्पेक्टर राज ने दुनिया की कम्पनियों को बार-बार भारत से कारोबार समेटने के लिए मजबूर किया है।

2000 के दशक के शुरुआती सालों तक काल्टेक्स (Caltex), एस्ट्राजेनेका (Astrazeneca), रॉश (Roche) जैसी कई बड़ी वैश्विक फार्मास्यूटिकल कम्पनियाँ भारत से रुखसत हो गईं। मेरिल लिंच, स्टैंडर्ड चार्टर्ड, फिडेलिटी, एआईजी सरीखी बहुत-सी ग्लोबल वित्तीय और बीमा कम्पनियाँ अलग-अलग वक्त पर भारत से चली गईं।

2जी विवाद के बाद टेलीनॉर और एतिसलाट सरीखी दूरसंचार कम्पनियों ने सामान समेट लिया। फिनलैंड की हैंडसेट बनानेवाली कम्पनी नोकिया ने टैक्स के भारी-भरकम तकाजों के आगे हार मानकर घुटने टेक दिये। हवाई अड्डे चलानेवाली जर्मन कम्पनी फ्रैपोर्ट, जो कभी नई दिल्ली हवाई अड्डे की मालिक जीएमआर का हिस्सा थी, 2012 में रुखसत हो गई और जनरल मोटर्स ने 2019 में भारत को अलविदा कहा, और कोविड वाली मन्दी के बाद सितम्बर 2020 में मशहूर मोटरबाइक कम्पनी हार्ले डेविडसन ने भारत छोड़ने का ऐलान कर दिया।

बहुत कम ही अन्तरराष्ट्रीय कम्पनियाँ ऐसी हैं जो भारत में कारोबार करने का रंग-ढंग सीखकर कामयाब हो पाईं। यूनिलीवर, नेस्ले, सुजुकी, बॉश, हुंडई, सैमसंग, पी एंड जी और फाइजर जैसी कम्पनियों को इस सूची में गिना जा सकता है। बहुत सी कम्पनियों ने बरसों की जद्दोजहद के बाद यह पाया कि किसी भारतीय कारोबारी की दोस्ती के बाद ही यहाँ काम किया जा सकता है। लिहाजा मार्क एंड स्पेंसर (रिलायंस), स्टारबक्स (टाटा), फोर्ड (महिन्द्रा), ऐरोपोर्ट्स डि पेरिस (जीएमआर) ने यही रास्ता अपनाने का फैसला किया।

मगर भारत में विदेशी दिग्गज कम्पनियों की बुरी गत का सबसे जानदार नमूना वोडाफोन है। भारत में 20 अरब डॉलर से ज्यादा का निवेश करने के बाद भी यह भीमकाय ब्रिटिश दूरसंचार कम्पनी पिछली तारीख से लागू टैक्स दावों, स्पेक्ट्रम की मनमानी फीस और नियमों में बदलाव के चलते दिवालिया होने की कगार पर आ गई।

श्वेता ने कहा कि इसमें क्या हैरानी कि ठीक लॉकडाउन के बीच (मार्च से अक्टूबर तक) रिलायंस जियो में गूगल और फेसबुक, क्वालकाम, माइक्रोसॉफ्ट (एक साथ) और दूसरे अग्रणी निवेशकों ने खूब पैसा झोंका। इसी तरह रिलायंस रिटेल को खूब विदेशी पूँजी मिली। कोई आश्चर्य नहीं कि दुनिया की दिग्गज ऊर्जा कम्पनियाँ और सोवरिन फंड अडानी समूह में हिस्सेदारियाँ, भारी हिस्सेदारी

(2020 में) खरीदी है। दरअसल जुलाई 2020 तक भारत में 57 अरब डॉलर का जो अच्छा-खासा विदेशी निवेश आया, उसका 66 फीसदी तक हिस्सा बड़ी भारतीय कम्पनियों की ऐसी ही परोक्ष हिस्सेदारी खरीदने में गया।

क्रान्ति का शोकान्त

श्वेता ने समीर से पूछा कि जब वह स्कूल में था, क्या तब उसके पास लैंडलाइन नम्बर था। समीर ने जवाब दिया कि उसके पिता की नौकरी की बदौलत उसके यहाँ दफ्तर वालों की तरफ से फोन लगाया गया था लेकिन वह अक्सर काम नहीं करता था। श्वेता ने 1980 के दशक में भारत में प्रचलित एक चुटकुला याद दिलाया कि आधा (मध्यवर्गीय) भारत टेलीफोन कनेक्शन का इन्तजार कर रहा होता था और बाकी आधा डायल टोन का। 1995 में तत्कालीन संचार मंत्री सुखराम ने पश्चिम बंगाल के मुख्यमंत्री ज्योति बसु को जब पहला मोबाइल कॉल किया था तब भारत में प्रति 1,000 लोगों पर महज एक फोन था।

शुरुआत में मोबाइल से फोन करने का शुल्क 16 रुपये प्रति मिनट तक महँगा था और इसके अलावा उपभोक्ता को कॉल रिसीव करने का भी भारी-भरकम शुल्क चुकाना पड़ता था, जिसकी वजह से लोग फोन लिया ही नहीं करते थे। दो दशक बीतते-बीतते भारत में देश की कुल आबादी से ज्यादा मोबाइल कनेक्शन थे और कॉल की दरें घटकर शायद दुनिया में सबसे निचले स्तर पर आ गई थीं।

फिर आया 2जी घोटाला यानी कि एक ऐसा घोटाला जो घोटाला नहीं था। जाँच एजेंसियाँ अदालत में किसी के भी खिलाफ आपराधिक आरोप साबित नहीं कर पाईं, अलबत्ता 122 टेलीकॉम लाइसेंस रद्द हो गए। तब से इस अन्धी ढलान का कोई अन्त नहीं है। एक के बाद एक कई भीषण नीतिगत गलतियों के कारण कम्पनियों पर कर्ज का बोझ बढ़ता गया और प्रतिस्पर्धा बुरी तरह छीजती गई। 2016 में टेलीकॉम सेक्टर में पिछले दरवाजे से रिलायंस जियो आ गया जिसकी विवादित प्रतिस्पर्धा ने दूरसंचार क्षेत्र को तितर-बितर कर दिया। श्वेता ने याद दिलाया कि भारत में प्रतिस्पर्धा आयोग बाकायदा मौजूद था लेकिन दरों की होड़ और टेलीकॉम बाजार में सिमटती प्रतिस्पर्धा की तरफ से आँखें मूँद लीं।

2020 में भारत के टेलीकॉम सेक्टर में निजी क्षेत्र की महज तीन कम्पनियाँ रह गई हैं। उनमें से भी एक (वोडाफोन-आइडिया, अब वीआइ) तकरीबन दिवालिया हो चुकी है। इधर बैंकों के खातों में टेलीकॉम कम्पनियों के भारी कर्ज फँसे हैं। टीआरएआई जैसे नियामक जो पहले सर्विस क्वालिटी के सर्वे करते थे अब उनके पास उपभोक्ताओं की मुसीबतों के लिए वक्त नहीं है।

भारतीय दूरसंचार बाजार का सफर

सरकारी एकाधिकार से डुओपली

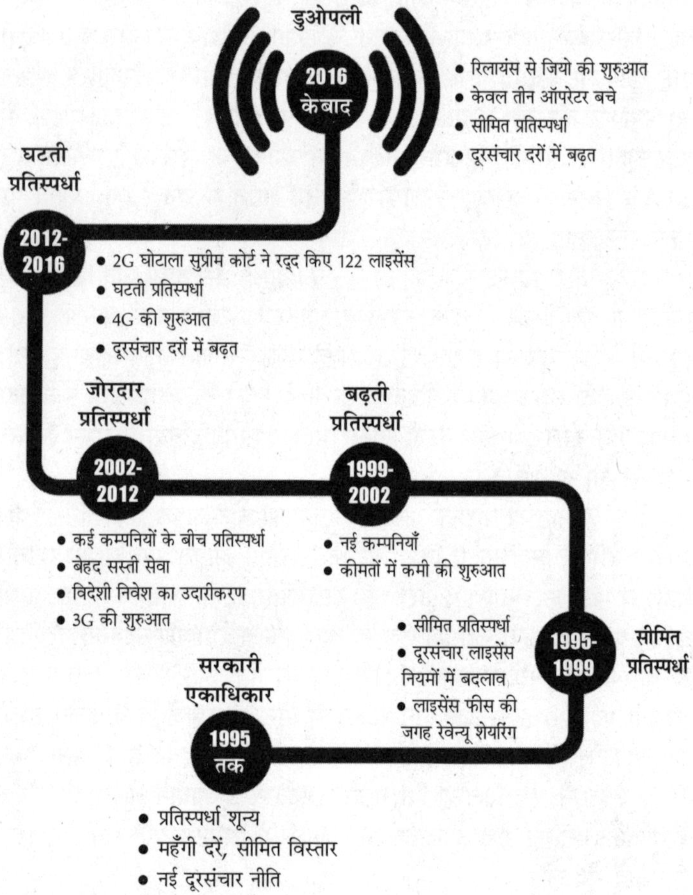

मन्दी और टेलीकॉम कम्पनियों पर कर्ज के बीच महँगी 5जी सेवा की मंजिल दूर हो गई है। बीते कुछ वक्त से कॉल और डेटा की दरें भी बढ़ने लगी हैं और उपभोक्ता दो कम्पनियों के बन्धक हो गए हैं।

श्वेता ने कहा कि 2008-09 तक जो टेलीकॉम क्षेत्र भारत की सफलता का सबसे चमकदार गाथा था, जहाँ तकनीक, नौकरियाँ, प्रतिस्पर्धा, नये तरह के प्रयोग, मनोरंजन सब कुछ था वह दस साल के भीतर भारी बैंक कर्ज, खराब सेवा, महँगी दरों और दो कम्पनियों के बाजार पर कब्जे की कहानी में बदल गया।

श्वेता ने बताया कि उसके छात्रों ने बाकायदा रिसर्च के जरिये यह समझाया है कि प्रतिस्पर्धा ही उदार अर्थव्यवस्था की बुनियाद है। श्वेता ने पिछले दिन याद करते हुए कहा कि उसकी पीढ़ी के भारतीयों ने करीब से देखा है कि प्रतिस्पर्धा की बदौलत किस तरह एक ही कारोबार में कई सारी कम्पनियाँ आईं, नौकरियाँ मिलीं और सस्ते दामों में बेहतर गुणवत्ता के सामान व सेवाएँ मिलीं। अगर प्रतिस्पर्धा नहीं होती तो भारतीय अभी विंटेज एंबेसेडर और फिएट की प्रीमियर में से किसी एक कार को चुन रहे होते या केवल एयर इंडिया में यात्रा कर रहे होते।

दूसरी क्रान्ति का दुर्भाग्य

श्वेता ने कहा कि टेलीकॉम की तुलना में संगठित रिटेल बाजार में बदलाव काफी तेज रहे। संगठित खुदरा बाजार ने भारत में 2005 के आसपास परवान चढ़ना शुरू किया था। शुरू से सरकारें मल्टी ब्रांड रिटेल में विदेशी निवेश को लेकर राजनीति का तापमान परखती रहीं। छोटे कारोबारियों के तर्कहीन विरोध और नीतियों पर असमंजस का नतीजा यह हुआ कि विदेशी कम्पनियाँ बाजार में आ नहीं सकीं।

अब, स्टॉकब्रोकर से उद्यमी बने राधाकृष्ण दामानी के डी-मार्ट को छोड़कर, भारतीय रिटेल पुराने उद्योग घरानों के कब्जे में आ गया। जैसे टाटा ग्रुप (ट्रेंट, टाइटन, क्रोमा के वेस्टसाइड और स्टार बाजार), बिड़ला (एवी बिड़ला फैशन एंड रिटेल, पीटर इंग्लैंड, एलेन सोली, वैन ह्यूसन, लुई फिलिप, जेपोर ब्रांड के मालिक) और रिलायंस (जियोमार्ट, रिलायंस फ्रेश, रिलायंस डिजिटल और कई अन्य)।

समीर ने कहा कि बियानी का हश्र भारतीय रिटेल बाजार पर सबसे बेहतर टिप्पणी है। भारत में संगठित रिटेल के बिल गेट्स यानी बियानी का ब्रांड पैंटालून्स बिड़ला घराने का हो गया है। बचा हुआ फ्यूचर ग्रुप रिलायंस का हो गया है।

श्वेता ने कहा कि रिटेल कारोबार में नीतियों की उठापटक का खमियाजा उत्पादक और उपभोक्ता दोनों को ही भुगतना पड़ा। सरकारें अभी (2020) तक यह तय नहीं कर पाई हैं कि रिटेल बाजार में सुधारों का क्रम क्या होगा। मल्टीब्रांड रिटेल में विदेशी निवेश पर रोक और सिंगल ब्रांड रिटेल में बहुत कारोबार की सम्भावना नहीं है।

दुनिया में मशहूर स्वीडिश फर्नीचर ब्रांड आइकिया को भारत में काम करने के लिए कितने पापड़ बेलने पड़े इस पर उनका एक पूरा प्रेजेंटेशन बनाकर अपने छात्रों को दिखाया था।

श्वेता ने कहा कि नमूने और भी हैं जैसे कि ऑनलाइन की आमद से पहले अमेरिकी रिटेल महारथी वालमार्ट ने टेलीकॉम दिग्गज भारती (सुनील मित्तल) के साथ (ब्रांड-इजी डे) भारतीय रिटेल बाजार में मगजमारी की। फ्रेंच दिग्गज कार्फू और ब्रितानी टेस्को ने भी हाथ-पैर मारे।

श्वेता ने कपिल से पूछा, क्या उसे पेजर याद है? माचिस के पैकेट जैसी मशीन जिस पर मैसेज आते थे। भारतीय बाजार में पेजर सर्विस लाइसेंस बाँटे जाने के एक-दो साल बाद ही (1993-95) मोबाइल आ गए नतीजतन पेजर कम्पनियाँ दो साल में ही डूब गईं। ठीक इसी तरह संगठित रिटेल स्टोर बन पाते उससे पहले ऑनलाइन रिटेल आ गया।

2015 तक भारत का ई-कॉमर्स बाजार देशी स्टार्ट-अप कम्पनियों से गुलजार था। डिस्काउंट मिल रहे थे और एंजेल इन्वेस्टर नये भारतीय ब्रांड को आगे आने में मदद कर रहे थे लेकिन रिटेल उदारीकरण के पिछले दौर की तरह फिर राजनीति शुरू हुई।

संरक्षणवादी स्वदेशियों के दबाव में नियम बदले। कम्पनियों के पास डिस्काउंट देने की सुविधा सीमित हो गई और कारोबार बैठने लगा। इस बीच मन्दी के कारण माँग भी टूट गई। अन्ततः ई-रिटेल बाजार में पहले अधिग्रहण शुरू हुए जिसमें स्नैपडील, मित्रा जैसे ब्रांड खेत रहे।

इसके बाद सस्ती पूँजी के साथ दुनिया की दो सबसे बड़ी खुदरा कम्पनियों अमेजन (अब तक भारत में 6 अरब डॉलर से ज्यादा का निवेश) और

वालमार्ट (भारत की अग्रणी ई-कॉमर्स कम्पनी फ्लिपकार्ट 2018 में 16 अरब डॉलर में खरीदी) ने बाजार पर कब्जा लिया। लेकिन नीतियों की उठापटक जारी रही। स्वदेशी ने सर उठाया तो 2019 की शुरुआत में नियम फिर बदले जिनका सबसे ज्यादा असर विदेशी ई-कॉमर्स कम्पनियों पर पड़ा। विदेशी कम्पनियों पर भी कारोबार की नई शर्तें लगा दी गईं, विदेशी निवेश के जरिये डीप डिस्काउंट देने पर रोक लगा दी गई। मार्केट प्लेस में एक सप्लायर से आपूर्ति लेने की अधिकतम सीमा तय कर दी गई जिसमें उन्हें अपने बिजनेस मॉडल बदलने पड़ रहे हैं।

श्वेता का मानना था कि रिलायंस रिटेल इस बाजार में छोटी कम्पनियों को निगलकर ताकत बढ़ाएगी। प्रतिस्पर्धा दो या तीन कम्पनियों के बीच ही रहेगी यानी कि उपभोक्ता घटिया उत्पादों या सेवाओं के लिए कहीं ऊँची कीमत चुकाने को मजबूर रहेगा।

सबसे बड़े खिलाड़ी

समीर के दिमाग पर रिलायंस को मिल रहा विदेशी निवेश और गूगल, माइक्रोसॉफ्ट, फेसबुक, क्वलाकाम से उसकी नई रिश्तेदारी की चर्चा किसी नशे की तरह छाई हुई थी। दूसरी तरह वह अमेरिका में अमेजन, गूगल, फेसबुक पर प्रतिस्पर्धा चुराने के मामले की सुनवाई को करीब से देख रहा था। वह श्वेता से इस सबका परिप्रेक्ष्य समझना चाहता था।

2021 जून में इसे लिखते वक्त तक रिलायंस जियो और फेसबुक के तीन प्लेटफॉर्म (फेसबुक, व्हाट्सएप और इंस्टाग्राम) को अपनी-अपनी श्रेणियों में सबसे ज्यादा सब्सक्राइबर या ग्राहक हासिल थे। जियो ने गूगल के साथ दुनिया के सबसे सस्ते स्मार्टफोन के साथ मोबाइल हैंडसेट बाजार में उतारने का ऐलान कर दिया था। सर्च इंजिन और मोबाइल ऑपरेटिंग सिस्टम (एंड्रायड) में गूगल का पूरा का पूरा दबदबा है। माइक्रोसॉफ्ट के जरिये जियो को मोबाइल डिवाइस व क्लाउड नेटवर्क और क्वालकाम के जरिये 5जी तकनीक मिलनी है। इसलिए यह साफ है कि वह बाजार पर अपने दबदबे का दुरुपयोग करने की विलक्षण और अनोखी स्थिति में है।

श्वेता ने कहा कि ज्यादातर उपभोक्ताओं को ऑनलाइन प्लेटफॉर्म से जुड़े प्रतिस्पर्धा के गम्भीर मुद्दों का अहसास ही नहीं है। हममें से ज्यादातर

सोशल मीडिया से जुड़कर खुश हैं या ई-कॉमर्स की सहूलियत का खूब लाभ उठा रहे हैं।

गूगल, फेसबुक और अमेजन सरीखी कम्पनियों का इस्तेमाल करनेवाले लोग दो किस्म के हैं। गूगल और फेसबुक करोड़ों लोगों को मुफ्त सेवा देकर अपने दूसरे उपयोगकर्ताओं (विज्ञापनदाताओं) को उनकी सूचनाएँ, आदतें और वरीयताएँ बेचकर मोटी रकम वसूलते हैं। यहाँ सेवा मुफ्त है इसलिए यूजर ही प्रोडक्ट बनकर बिकता है।

ऑनलाइन विज्ञापन के बाजार पर फेसबुक-गूगल का एकतरफा दबदबा अमेरिका और यूरोप में विभिन्न एंटी-ट्रस्ट (प्रतिस्पर्धा के खिलाफ) कार्रवाइयों का विषय रहा है। अमेरिकी संसद यानी कांग्रेस और दूसरी एजेंसियाँ इनकी छानबीन कर रही हैं। वहाँ जनमत मजबूती से ऐसे एकाधिकारों के खिलाफ है (आम लोगों में 'टेक-लैश' के नाम से लोकप्रिय)।

श्वेता ने यह भी बताया कि अमेरिका में 20वीं सदी की शुरुआत से ही एंटी-ट्रस्ट कार्रवाइयों का न केवल समृद्ध इतिहास रहा है, बल्कि हाल के सालों में माइक्रोसॉफ्ट के (ब्राउजर-इंटरनेट एक्सप्लोरर) खिलाफ एंटी-ट्रस्ट कार्रवाई के नतीजतन गूगल (क्रोम) सरीखी नई टेक्नोलॉजी कम्पनियों के आगे बढ़ने का रास्ता साफ हुआ।

अमेजन पर खुदरा कारोबारियों से ज्यादा कमीशन वसूलने (और उन्हें अपने लॉजिस्टिक नेटवर्क का इस्तेमाल करने के लिए मजबूर करने) और ग्राहकों की सूचनाओं का गलत इस्तेमाल करने का आरोप लगा है। वे ग्राहक जो अमेजन से अन्य कम्पनियों का सामान खरीद रहे थे उनकी सूचनाओं के आधार पर अमेजन ने अपने उत्पाद बना लिये और उन्हें ऊँचे मुनाफे पर बेचा। (केपीएमजी की हाल की एक रिपोर्ट के मुताबिक, इन-हाउस ब्रांड या तथाकथित प्राइवेट ब्रांड्स ने भारतीय रिटेल कम्पनियों को दूसरे ब्रांड के मुकाबले दोगुना या और ज्यादा रिटर्न दिया है)।

श्वेता ने कपिल को सुझाव दिया कि उसे रिलायंस को इस नजरिये से देखना चाहिए। अमेजन ने जो काम किया है वह रिलायंस और बेहतर ढंग से कर सकता है। रिलायंस के पास देश में रिटेल नेटवर्क बनाने के बेहतर मौके हैं और उसके पास तो ग्राहकों का डेटा अमेजन से कहीं ज्यादा है।

प्लेटफॉर्म जितना ज्यादा बड़ा होता जाता है, उसके लिए दूसरों के मुनाफे को कम करना और ज्यादा मुनाफे वाले अपने ब्रांड को आगे बढ़ाना उतना ही ज्यादा आसान हो जाता है।

श्वेता ने कहा कि एक तरफ ऑनलाइन बाजार है और दूसरी तरफ स्थानीय किराना दुकानें। मुम्बई के जोगेश्वरी इलाके में सभी दुकानों पर मिलनेवाले दक्षिण भारतीय स्नैक्स, एक बार का खाना बनाने लायक मसाले, गैर ब्रांडेड मेवों की पैकिंग, स्थानीय चाय पैकिंग, जैसे छोटे, स्थानीय, क्षेत्रीय ब्रांड ऑनलाइन प्लेटफॉर्म पर नहीं बिकते। लॉकडाउन में, जब हममें से ज्यादातर लोग बिगबास्केट और ग्रोफर्स को ऑर्डर दे रहे थे, तब सबसे ज्यादा नुकसान इन्हें ही हुआ है।

एकाधिकार के इस खेल में आम तौर पर बड़े ही जीतते हैं। यही नहीं, शुरुआती चरण में वे सम्भावित प्रतिस्पर्धा को खरीदकर प्रतिस्पर्धा की सम्भावनाओं को भी खत्म कर देते हैं। जैसे गूगल ने यू ट्यूब, फेसबुक ने इंस्टाग्राम (2012), व्हाट्सएप (2014) और 2020 में रिलायंस जियो मार्ट (रिटेल) ने ऑनलाइन दवा कम्पनी नेटमेड को खरीद लिया।

डिजिटल प्लेटफॉर्म और डेटा पर भारी-भरकम एकाधिकार मुक्त बाजार, राजनैतिक स्थिरता और निजता के लिए भी खतरा है। दुनिया के कानून निर्माता कम्पनियों की तुलना में बेहद सुस्त हैं। उन्होंने अभी यह सोचा भी नहीं कि किन कानूनों के जरिये डिजिटल एकाधिकारों को तोड़ा या रोका जाएगा।

भारत की इंटरनेट क्रान्ति में न केवल एकाधिकार के खतरे हैं बल्कि यह भारतीय उपभोक्ताओं के लिए भी मुश्किल बनेगा। स्टार्ट-अप कम्पनियों का विकास इस माहौल में नहीं हो सकता।

कपिल इस बात से सहमत था कि भारत में यह एकाधिकारों की बहस अभी शुरू तक नहीं हुई है। भारत के प्रतिस्पर्धा आयोग के पास न तो पर्याप्त विशेषज्ञता है, न मजबूत कानूनी टीम और न ही एकाधिकार वाली कम्पनियों पर लगाम कसने की राजनैतिक इच्छाशक्ति। ऐसे में वह आम तौर पर महज तमाशबीन बनकर रह गया है। 2002 के प्रतिस्पर्धा कानून में डिजिटल एकाधिकारों या डेटा कब्जे को लेकर पर्याप्त प्रावधान तक नहीं है।

इन बहसों के बीच ही दूसरे लॉकडाउन में मन्दी और गहरा गई। व्यापार चौपट हुए थे। सरकार को ई-कॉमर्स की वजह से राजनीतिक नुकसान महसूस

होने लगा। जून 2021 में ई-कॉमर्स को नये नियमों का प्रारूप जारी हुआ जिसमें सरकार ने अमेजन, फ्लिपकार्ट, जियो मार्ट के कामकाज के तरीके बदलने का प्रस्ताव किया। उन्हें फ्लैश सेल (स्पेशल डिस्काउंट पर बिक्री) करने से रोका जाएगा। वे अपनी वेबसाइट पर आयातित उत्पादों के सामने भारतीय विकल्प भी दिखाएँगे, ई-कॉमर्स कम्पनी अपने ब्रांड का सामान नहीं बेच पाएगी और ग्राहकों से मिली सूचनाओं के कारोबारी इस्तेमाल पर रोक होगी।

नये नियम केवल ई-कॉमर्स कम्पनियों के ही नहीं बल्कि उबर, ओला, स्विगी जैसी तमाम ई-सर्विस कम्पनियों के कारोबार को मुश्किल करेंगे, जो सेवाओं के साथ उत्पाद भी बेचती हैं।

कपिल का कहना था कि सरकार ई-कॉमर्स को लेकर गहरी दुविधा में है। उसे बड़ी ग्लोबल कम्पनियों का निवेश भी चाहिए और घरेलू बाजार के राजनैतिक दबाव भी हैं। बीते एक दशक से ई-कॉमर्स की नीति इन्हीं के बीच झूल रही है। बेहतर यह है कि घरेलू छोटे उद्योगों को सक्षम और आधुनिक बनाया जाए न कि उपभोक्ताओं के लिए अच्छे विकल्प ही खत्म कर दिये जाएँ।

प्रतिस्पर्धा का अन्त

समीर को यह पूरी बातचीत दिलचस्प लग रही थी लेकिन वह थोड़ा उलझन में भी था।

कपिल ने आगे बढ़कर बातचीत का सार पेश किया। 2020-21 की पहली तिमाही में भारत की अर्थव्यवस्था शून्य से 24 फीसदी नीचे लुढ़क गई और शेयर सूचकांक यानी सेंसेक्स ने 26 फीसदी की छलाँग लगाई। यह अन्तर्विरोध इसलिए था क्योंकि जीडीपी पूरी अर्थव्यवस्था की नुमाइंदगी करता है जिस पर छोटे कारोबार और अनौपचारिक क्षेत्र का दबदबा है। लॉकडाउन की मन्दी में सरकार ने उन्हें कोई मदद नहीं की और वे नेस्तनाबूद हो गए।

दूसरी तरफ, सबसे बड़े कारोबार पर सबसे कम असर पड़ा। कपिल ने कहा कि सेंसेक्स और निफ्टी फरवरी 2020 में रिकॉर्ड ऊँचाई पर थे और सितम्बर में उनमें महज 10 फीसदी की गिरावट आई। शीर्ष 50 कम्पनियों को मोटे तौर पर इतनी ही चपत लगी।

बाजार की प्रमुख 100 कम्पनियों (बीएसई-100) की बिक्री और मुनाफे में दूसरी अर्थव्यवस्थाओं की उनकी जैसी कम्पनियों के मुकाबले

कम गिरावट आई (बड़ी गिरावट ऊर्जा और ऑटो कम्पनियों में थी)। फार्मास्यूटिकल, खाद्य उत्पाद, टेलीकॉम और आईटी सरीखे कुछ सेक्टरों ने बढ़ोतरी ही दर्ज की।

इस फेहरिस्त को शीर्ष 500 कम्पनियों तक बढ़ाकर उन कम्पनियों को भी शामिल किया जा सकता है जो मैन्युफैक्चरिंग और निर्यात में नहीं हैं। इनमें अधिकांश कम्पनियाँ सेवा क्षेत्र की होंगी जिन पर लॉकडाउन का सबसे बुरा असर पड़ा है। इनमें वही टिकी रह पाएँगी जिनके पास इतनी नकदी होगी कि कम-से-कम तीन साल तक कमजोर कारोबार के साथ जिन्दा रह सकें।

जिन कम्पनियों के ऊपर भारी कर्ज है उनका वजूद अब और ज्यादा खतरे में है। कपिल ने कहा कि बात डरावनी है लेकिन खरी है कि लॉकडाउन के धक्के के बाद शेयर बाजार के नजरिये से भारत में शीर्ष 500 कम्पनियों के अलावा ज्यादा कुछ बचेगा नहीं।

श्वेता हँस पड़ी और उसने बताया कि एकाधिकारों और प्रतिस्पर्धा को लेकर इतनी ज्यादा चर्चा इसलिए होती है क्योंकि खुली व्यवस्था में विशाल कम्पनियाँ संकट के दौरान छोटी कम्पनियों को निगल जाती हैं। यदि प्रतिस्पर्धा के कानून कमजोर हों तो फिर बाजार में कत्लेआम रुकना असम्भव है।

भारत 40 सालों से सरकारी एकाधिकार की सजा भुगत रहा है। यह सोचना भी गलत होगा कि निजी एकाधिकार थोड़े से बेहतर होंगे। कीमत तो आखिरकार आम उपभोक्ता को ही चुकानी होगी। मगर इसका फौरी असर नौकरियों के जाने के तौर पर सामने आएगा। क्योंकि प्रतिस्पर्धा नई शुरुआत के मौके पैदा करती है।

कार्लोस स्लिम हेलु मेक्सिको का एक सामान्य शेयर ट्रेडर था। सरकार में पहुँच के जरिये उसने एक विवादित निजीकरण में टेलीकॉम बाजार पर एकाधिकार रखनेवाली सरकारी कम्पनी टेलीमेक्स का अधिग्रहण कर लिया। उसकी बोली सबसे ऊँची बोली नहीं थी और वह एकमुश्त पूरी रकम भी नहीं चुका पाया (उसने आखिरकार टेलीमेक्स से कमाकर ही इस अधिग्रहण का भुगतान किया), तो भी इस कम्पनी पर कब्जे ने उसे अन्ततः दुनिया के सबसे अमीर आदमियों में शामिल कर दिया। जहाँ राजनीति सत्ता मुक्त प्रतिस्पर्धा के बजाय चुनिन्दा कम्पनियों की मदद करती है वहाँ नये प्रयोग रुक जाते हैं और नियामक व्यवस्था की साख बैठ जाती है।

श्वेता ने मिस्र का उदाहरण भी जोड़ा कि होस्नी मुबारक की सरकार में कुछ शीर्ष कारोबारी मंत्रिमंडल में शामिल हो गए और सरकारी कानून बनाकर उन्होंने प्रतिस्पर्धा को सीमित कर दिया। नतीजतन उनकी कम्पनियों ने बाजार पर नियंत्रण कर लिया।

मेक्सिको, मिस्र, रूस, अर्जेंटीना सरीखे देशों में मुक्त प्रतिस्पर्धा की शुरुआत तो अच्छी नहीं लेकिन कुछ ही सालों में आपस में चुनिन्दा उद्योग घरानों ने ज्यादातर कारोबारों पर एकाधिकार कायम कर लिए। ऐसे देश अक्सर निम्न आय वर्ग के चंगुल में फँसे पाए गए हैं।

श्वेता ने अपनी बात खत्म करते हुए कहा कि 1991 में प्रतिस्पर्धा और उदारीकरण के बाद भी भारत ने लाखों लोगों को गरीबी से बाहर निकालने में कामयाबी हासिल की है। हाल के वर्षों में ये दोनों ही उदारीकरण और प्रतिस्पर्धा में गिरावट की तरफ हैं।

कपिल, समीर और श्वेता की यह चर्चा सुनने के बाद हमारे जेहन में वही सवाल दौड़ रहे थे जो जमील, खंडूजा और दूसरों के साथ हमारी बातचीत में निकलकर आए थे।

- अगर और भी ज्यादा नौकरियाँ जाती हैं तो भारत की खपत या उपभोग सफलता का क्या होगा, क्योंकि 60 फीसदी से ज्यादा अर्थव्यवस्था घरेलू खपत पर निर्भर है।
- अर्थव्यवस्था में वेतनभोगी लोगों और खासकर संगठित क्षेत्र के वेतनभोगियों का योगदान उनके खुद के आकार से कहीं ज्यादा बड़ा है।
- भारतीय अर्थव्यवस्था पूरी तरह से संगठित क्षेत्र की नौकरियों की भूखी है, उसमें कम्पनियाँ बन्द होने, ज्यादा तादाद में नौकरियों के जाने की यानी प्रतिस्पर्धा करने के असर क्या होंगे?

इतना तो जरूरी है...

- प्रतिस्पर्धा कानून को अमल में आए दो दशक हो चुके हैं। लेकिन अभी तक भारत में एकाधिकार और कार्टेल की परिभाषाएँ स्पष्ट नहीं हैं। भारत में कितने बाजार हिस्से को एकाधिकार माना जाए, यह स्पष्ट नहीं है। सरकारी कम्पनियों के एकाधिकार तो किसी गिनती में ही नहीं आते हैं। पूँजीवादी व्यवस्था में प्रतिस्पर्धा पर लगातार निगरानी

जरूरी है और इसके मामले में भारतीय नियामक और प्रतिस्पर्धा के नियमों को नये तरह से लिखे जाने की जरूरत है।

- कारोबार का भविष्य डिजिटल है। ई-कॉमर्स और फिनटेक के विस्तार के बाद सूचनाओं पर एकाधिकार के सवाल पेचीदा हो रहे हैं। डेटा मोनोपली पर नियम स्पष्ट नहीं है। भारत का प्रतिस्पर्धा कानून इस मामले में पुराना है। डेटा प्राइवेसी यानी निजता के नियमों की रोशनी में प्रतिस्पर्धा कानून को बदलने की जरूरत है।
- सरकार को प्रोत्साहन बाजार में प्रतिस्पर्धा केन्द्रित करने होंगे। आयात महँगे करने के बजाय स्थानीय अर्थव्यवस्थाओं में कम्पनियों को लागत (जमीन, बिजली, टैक्स) कम करने के लिए सहायता देनी होगी ताकि वे स्थानीय बाजारों में प्रतिस्पर्धा की स्थिति में बने रहें। सरकार पाँच साल के छोटे उद्योगों की संरक्षण या आरक्षण की नीति पर विचार कर सकती है ताकि पर्याप्त क्षमताएँ तैयार हो सकें।
- कोविड के बाद उभरते एकाधिकारों के बीच भारतीय शेयर बाजार का ढाँचा बदल रहा है। यह भारत के नवोदित शेयर बाजार के लिए अच्छी खबर नहीं है। शेयर बाजार में छोटी और मझोली कम्पनियों के घटते आकर्षण ने सेबी को सितम्बर 2020 में यह आदेश जारी करने पर मजबूर किया कि म्यूचुअल फंड को अपने निवेश मिड कैप और स्माल कैप स्टॉक्स का हिस्सा बढ़ाना होगा। बाजार में जब प्रतिस्पर्धा कुछ कम्पनियों के बीच होगी तो शेयर बाजार में निवेश सीमित कम्पनियों में सिमट जाएगा। सेबी और सरकार को बाजार में नई कम्पनियों (आम उपभोग के सामानों वाली, डिजिटल सेवाएँ) के सूचीकरण को बढ़ावा देना होगा ताकि निवेश के नये मौके खुल सकें।

उदारीकरण के कारण प्रतिस्पर्धा ने भारत को दो प्रमुख फायदे पहुँचाए—एक, उपभोक्ताओं को नये विकल्प मिले जिससे जिन्दगी बेहतर हुई और दूसरे, रोजगारों का सृजन हुआ। अगर भारत ने बढ़ते एकाधिकार या कार्टेल नहीं रोके तो बाजार की ताकत और अवसर कुछ हाथों में सिमट जाएँगे और विकास की गति तेज करने की सम्भावनाएँ सीमित हो जाएँगी।

6

दुविधाओं का बैंक खाता

जुलाई 2020 में लॉकडाउन खत्म होने तक यह तय हो गया था कि रोहन को अपनी जिन्दगी नये सिरे से शुरू करनी होगी। रोहन से हमारी मुलाकात इस किताब की भूमिका में हुई थी। डूबते जीडीपी ने यह तय कर दिया था कि पूरी दुनिया घूमकर होटल के ऑडिट करनेवाली शानदार नौकरी अब कभी वापस नहीं लौटेगी। उसका काम या पेशा उन कारोबार का हिस्सा हो गया था जो भारत के जीडीपी में निगेटिव ग्रोथ के साथ हमेशा के लिए खत्म होनेवाले थे। उसकी अमेरिकी कम्पनी ने बैंकरप्टसी कानून की शरण ले ली थी। भारतीय दफ्तर बन्द हो गया था।

नौकरी कहाँ मिलनी थी इसलिए एमबीए शिक्षित रोहन ने अपने पुराने सम्बन्धों के आधार पर डिजिटल मार्केटिंग की नई कम्पनी बनाने का फैसला किया था। अब संसाधनों का जुगाड़ करना था। लखनऊ के अपने मित्र मुदित के साथ वह इस कारोबार के लिए पूँजी और कर्ज की जुगाड़ में था। कोविड की दूसरी लहर ने मुदित को भी निगल लिया।

वह अगस्त 2020 की एक बरसाती सुबह थी जब रोहन ने कम्पनी की लागत, पाँच साल के बिजनेस और पूँजी की जरूरत का हिसाब बनाने के बाद पहली बार अपनी जेब टटोली। खाते खँगाले, निवेश देखा। नौकरी ठीक थी इसलिए बैंक में नकद बचत के जरिये कुछ महीने कट गए थे, शेयरों, म्यूचुअल फंड में कुछ ज्यादा निवेश नहीं था और बाकी बचतें केवल जरूरी थीं जिन्हें तोड़कर कार और मकान का कर्ज चुकाने की बात चल रही थी।

रोहन को महसूस हुआ कि बीते दस बरस में उसके पास इतनी बचत नहीं थी कि वह संकट में नया कारोबार खड़ा कर सके। उसने अपने रिटायर्ड पिता की तरफ देखा। उनकी ज्यादातर बचत गाँव में जमीन या एक मकान खरीदने में लग चुकी थी। इस मन्दी में उनकी कीमतें घट गई थीं और पिता को जमीन बेचने के लिए तैयार करना एक भावनात्मक चुनौती थी। पिता की कुछ बचत बैंक में थी जिस पर घटते ब्याज के कारण वह हमेशा खीजे रहते थे।

केवल कर्ज ही एक रास्ता था जिससे रोहन अपनी नई एजेंसी शुरू कर सकता था।

जमील, परवेज, गोविन्द जिनसे इस किताब में हम पहले मिल चुके हैं उन्होंने भी हमें यह बताया था कि किसी के पास इतनी बचत नहीं है जिसके दम पर वह लॉकडाउन की बर्बादी से निकल नये सिरे से कारोबार फिर शुरू कर सकें। लॉकडाउन के कारण उनकी बकाया और पेमेंट भी फँस चुकी थी। कर्ज के बिना इनका पुनर्जीवन भी असम्भव था।

कोविड की दूसरी लहर आने तक यानी अप्रैल 2021 तक पूरी अर्थव्यवस्था में ही बचत टूट गई। रिजर्व बैंक का मार्च 2021 बुलेटिन बताता है कि जुलाई से सितम्बर के दौरान वित्तीय बचत दर घटकर 10.4 फीसदी पर आ गई जो अप्रैल से जून में 21 फीसदी थी। यानी कि लॉकडाउन खुलने के बाद रोजगार और कमाई नहीं लौटी तो बचत खाकर काम चलाया गया।

मारिया की सूझ

मारिया एक बैंकर हैं। गोवा की मूल निवासी मारिया का परिवार अरसे से दिल्ली में है। वह रोहन के कॉलेज के दिनों की साथी हैं। एक सरकारी बैंक के क्षेत्रीय प्रबन्धक की जिम्मेदारी वह सँभाल रही हैं और गुरुग्राम और दिल्ली एनसीआर की शाखाएँ उनके मातहत हैं। अर्थशास्त्र की पढ़ाई वह कर चुकी हैं। बीते तीन-चार बरस से उनका बैंक दर्जनों मुसीबतों से जूझ रहा है।

रोहन अक्सर मारिया से परामर्श लेता रहता है। लॉकडाउन के दौरान एक दिन मारिया ने रोहन से किसी डॉक्टर का सन्दर्भ पूछा था तब रोहन को उनके हाइपरटेंशन के बारे में पता चला।

मारिया बड़ी उम्मीद से बैंकर बनने आई थीं लेकिन वह तो आदेशों और उलझनों की गफलत में खुद को सरकारी विभाग के अधिकारी जैसा मानने लगी हैं।

मारिया ने कहा कि सरकार के फैसले पारे की तरह चढ़ते-उतरते हैं। पहले बैंकों को जन धन खातों में जमा जुटाने को कहा गया फिर बैंकरों से कहा गया कि मुद्रा कर्ज योजना के लाभार्थी जुटाए जाएँ और फिर कहा गया कि कर्ज की वसूली तेज की जाए।

2008 से 2012 के तेज विकास दर वाले वर्षों में अन्य सरकारी बैंकों की तरह मारिया के बैंक ने भी बुनियादी ढाँचे और बिजली परियोजनाओं को खूब कर्ज बाँटे, जिनकी वसूली नहीं हो सकी। देखते-देखते उनका बैंक बीमार हो गया। 2020 में लॉकडाउन से पहले उनके बैंक का विलय एक दूसरे सरकारी बैंक में हो गया है। विलय के मामले सुलझें इसके पहले लोन मॉरीटोरियम (कोविड मन्दी के शिकार कर्जदारों को कर्ज भुगतान से राहत) की जिम्मेदारी आ गई। अब बकाया कर्ज को टालने यानी री-स्ट्रक्चर करने की कवायद चल रही है। इस बीच 2021 के बजट के बाद बैंक निजीकरण के ढोल बज उठे हैं।

अब मारिया दवा और मेडिटेशन के सहारे बैंकिंग की उलझनें सुलझा रही हैं।

रोहन ने जब अपनी कारोबारी योजना और कर्ज लेने की इच्छा का जिक्र मारिया से किया तो बैंकर मारिया की सलाह थी कि रोहन किसी तरह बचत का जुगाड़ करे और कर्ज कम ले क्योंकि कर्ज एक सीमा से अधिक सस्ता नहीं हो सकता। मन्दी के कारण कारोबार की हालत बुरी है। धन्धे में रिटर्न टूटे हुए हैं। कर्ज की लागत उसके मुनाफे पर असर डालेगी।

मारिया को एक जरूरी मीटिंग निबटानी थी। उसने बचतों पर एक छोटा-सा नोट पढ़ने के लिए रोहन को थमा दिया और एक-दो सप्ताह बाद चाय पर मिलकर बात करने का वादा किया।

जब अच्छे दिन थे

मारिया के साथ अपनी अगली मुलाकात में रोहन ने उदासी के साथ यह स्वीकार किया कि उसके पास अपना कारोबार शुरू करने के लिए पर्याप्त बचत नहीं थी। अच्छी नौकरी के बावजूद रोहन के पास बचत न होने पर मारिया भी कम हैरान नहीं थीं।

मारिया ने माहौल को हल्का करते हुए कहा कि—आपमें और भारतीय अर्थव्यवस्था में कोई खास फर्क नहीं है। भारत ने तेज विकास के वर्षों में

अपनी बचत गँवाई है। मन्दी और महामारी के बाद 2020-21 में इसमें और गिरावट की सम्भावना है (2007-08 में जीडीपी के अनुपात में 36 फीसदी की बचत दर अर्थव्यवस्था की ताकत थी जो कोविड से पहले 2019-20 में 30 फीसदी पर आ गई—रिजर्व बैंक सालाना रिपोर्ट 2021)। लोग ही अर्थव्यवस्था हैं और जो लोग सबसे अच्छे दिनों में बचत नहीं करते, वे मुश्किल वक्त के दौरान बेसहारा हो जाते हैं। उनकी अगली पीढ़ियों के पास निवेश का क्या कर्ज तक के संसाधन नहीं होते।

रोहन ने कहा, पिता के पास जमीन है लेकिन बिक नहीं रही है। बैंकर मारिया झुँझला पड़ीं, मानो किसी ने दुखती रग छू ली हो। उनके माता-पिता ने भी सोना खरीद रखा है लेकिन वह कभी उसमें लगी पूँजी का इस्तेमाल नहीं कर सकतीं।

मारिया ने कहा कि रोना तो इसी का ही है रोहन। कुल बचत में भी 77 फीसदी पैसा जमीन और 11 फीसदी सोने का है। इस बात का कोई प्रमाण नहीं कि बीते एक-दो दशकों में जमीन या सोने ने बहुत अच्छा रिटर्न दिया हो। इन बचतों का तत्काल कोई इस्तेमाल नहीं हो पाता। रोहन समझने की कोशिश कर रहा था कि उसके पिता ने अपनी बचत जमीन-मकान में निवेश की जिसका आज उसे कोई फायदा नहीं मिल पा रहा है, उसे तो वह बचत चाहिए जिसे पूँजी में बदलकर कारोबार शुरू हो सके। आम लोगों की वित्तीय बचतें ही इस काबिल हैं। बैंक जमा, बचत स्कीमें, बीमा आदि इस दायरे में आते हैं लेकिन 2017 में परिवारों की सम्पत्तियों वित्तीय बचतों का हिस्सा केवल 5 फीसदी था।

कर्ज की महँगाई

रोहन को जल्द ही यह अहसास हो गया था कि तमाम कोशिशों के बाद भी उसे 10-12 फीसदी से कम ब्याज पर कर्ज नहीं मिल रहा था। उसके कई जानकारों को तो बैंक 15 फीसदी पर कर्ज दे रहे थे (अन्य उभरती अर्थव्यवस्थाओं में ब्याज दर औसत 5.5 फीसदी है। विकसित देशों में 2 फीसदी से भी कम है)। अन्य लागतें (बिजली टैक्स, किराए, ईंधन) भी ऊँची थीं। इस मन्दी में कोई कारोबार ऐसा नहीं था जिससे उसे 15 फीसदी का रिटर्न मिल सके।

रोहन ने पूछा कर्ज सस्ता नहीं हो सकता क्या?

6-7 फीसदी की दर पर पूँजी उठानेवाले, हर साल भारी नुकसान खानेवाले, कर्ज माफी देनेवाले, भारी बकाया कर्जों के लिए अपनी पूँजी गँवानेवाले बैंक कहाँ से कर्ज सस्ता करेंगे? मारिया ने कहा।

मारिया को अचानक याद आया कि पिछली मुलाकात में उसने रोहन को कुछ पढ़ने के लिए दिया था। रोहन ने वह पर्चा कायदे से पढ़ा था।

मारिया का पर्चा

2011 की शुरुआत की बात है जब भारत में कई घोटालों, टेलीकॉम कम्पनियों के लाइसेंस और कोल ब्लॉक आवंटन रद्द होने के बाद इन कम्पनियों को दिये गए बैंक कर्ज की वसूली अधर में टँग गई थी। 2013-14 में भारत में आर्थिक सुस्ती के पहले संकेत यही निकले जिसमें कम्पनियाँ और बैंक दोनों एक ही गड्ढे में गिर गए थे (डुअल बैलेंस शीट रिसेशन)। कम्पनियाँ मन्दी और अलग-अलग कारणों से कर्ज नहीं चुका पा रही थीं और बैंक फँसे हुए कर्ज में डूब गए थे जिससे निकलने के चक्कर में बैंकों को गहरा नुकसान हुआ। कर्ज माफ करने पड़े।

भारत में पिछले एक दशक में ज्यादातर निवेश स्वाभाविक माँग के सतर्क आकलन के बजाय इस पैमाने पर हुआ कि किस कम्पनी को सरकार कितनी सुविधाएँ दे रही है। कहीं सरकार ने सस्ती जमीन दी, कहीं स्पेक्ट्रम दिया, कहीं बिजली की माँग गारंटी (पीपीपी), कहीं खदानें, कहीं सस्ते मकान के लिए सब्सिडी की सहायता। बैंकों के फँसे हुए कर्ज का सबसे बड़ा हिस्सा बुनियादी ढाँचा परियोजनाओं में है। बैंकों ने इस तरह कर्ज बाँटे कि जैसे कभी मन्दी ही नहीं आएगी, वजह यह कि लगभग प्रत्येक बड़े बैंक के कर्ज के पीछे कहीं-न-कहीं सरकार की परोक्ष गारंटी मौजूद थी यानी कि ज्यादातर परियोजनाओं में सरकार परोक्ष भागीदार या संरक्षक थी।

बैंकों के फँसे हुए कर्ज एनपीए जो 2012-13 में कुल एडवांस के केवल 3.4 फीसदी थे वे 2017-18 में 14 फीसदी से ऊपर हो गए। 2020 का लॉकडाउन खत्म होने के बाद रिजर्व बैंक ने अपनी फाइनेंशियल स्टेबिलिटी रिपोर्ट में बताया कि सितम्बर 2021 तक भारतीय बैंकों के एनपीए उनके

कुल लोन के 13.5 फीसदी तक पहुँच सकते हैं। यानी कि कर्ज की छूट और रियायत बैंकों पर भी भारी पड़ेगी।

डूबते बैंक कर्ज का अम्बार

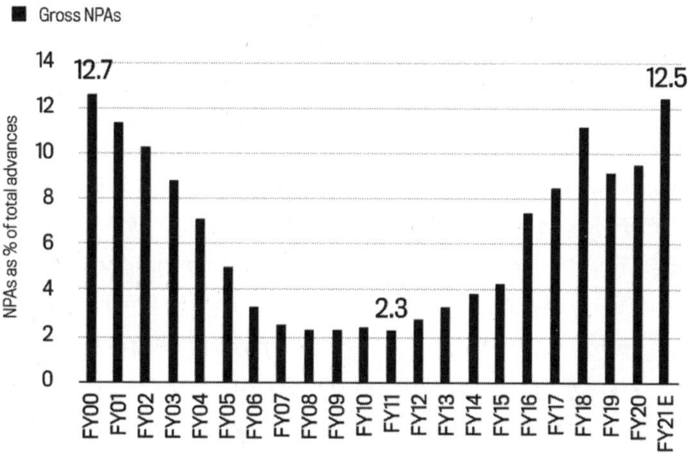

Sources: CMIE, RBI, ASKWA Research

भारत बनाम विश्व की बड़ी अर्थव्यवस्थाएँ : कुल डूबे कर्ज

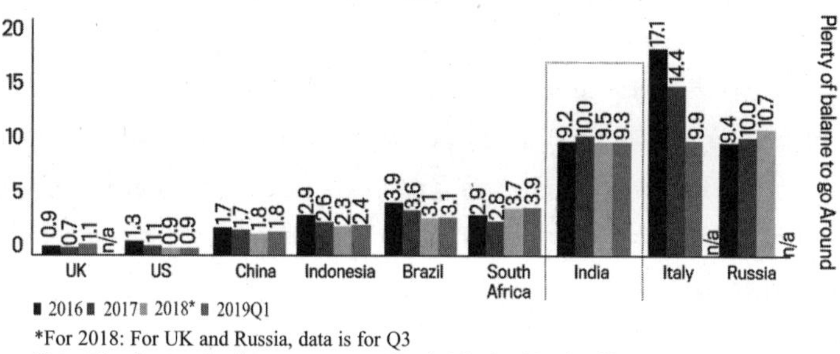

*For 2018: For UK and Russia, data is for Q3

Note: Q1 refers to calender year quarter ending in March of South Africa data is of Janaury

n/a: Not Applicable

Source: IMF Financial Soundness Indicators RBI FSR

निजी बैंकों ने 2012-13 तक अपने कर्ज को सन्तुलित रखा लेकिन बाद में क्रेडिट बूम में वे भी फँस गए। हालाँकि उनकी सक्रियता सरकारी

बैंकों से कम थी। निजी बैंक भी उन परियोजनाओं को कर्ज देने लगे जिनको सरकारी बैंक भी कर्ज से नवाज रहे थे। इसलिए निजी बैंकों में लोन घोटाले (आईसीआईसीआई बैंक) हुए और यस बैंक जैसे निजी बैंक दागी कम्पनियों (दीवान हाउसिंग, अनिल अंबानी, आईएलएंडएफएस) को कर्ज देकर संकट में फँस गए।

इसी दौरान वित्तीय कम्पनियाँ और म्यूचुअल फंड भी सक्रिय हो रहे थे जिन्हें निजी बैंकों से अच्छा-खासा कर्ज (बांड और कामर्शियल पेपर) मिला। कोविड से पहले जब मन्दी आई तो वित्तीय कम्पनियों की कर्ज वसूली फँस गई। उनके डिफाल्ट कई बैंकों पर बहुत भारी पड़े।

मन्दी के कारण निवेश के लिए कर्ज की माँग थमने लगी तो बैंकों को खपत बढ़ाने के लिए कर्ज देने को कहा गया जिससे माँग बढ़ाई जा सके। यही वह वक्त था जब गैर बैंकिंग वित्तीय कम्पनियाँ, हाउसिंग फाइनेंस कम्पनियाँ नये खिलाड़ी के तौर पर आईं जो आम तौर पर ज्यादा जोखिम वाले ग्राहकों को कर्ज देती थीं। इन कम्पनियों को पैसा बैंकों से ही मिलता था। यह भारत का दूसरा क्रेडिट बूम था जिसमें रिटेल क्रेडिट या खुदरा कर्ज बढ़ने की रफ्तार, कॉरपोरेट कर्ज से ज्यादा थी। अगर कर्ज के आईने में भारत के तेज विकास को देखा जाए तो यह दरअसल उन आम लोगों की छोटी बचत से निकला है जिसे बैंकों ने कर्ज के तौर पर बाँटा था।

वे दिन लद गए जब भारतीय बचत बहादुर होते थे। आज हमारी बचत टूटी है तो हम टूट रहे हैं। यह बचत ही है जो बैंकों से लेकर सरकार के खर्च तक फैली है। बैंकर हों या कर्ज लेनेवाले, पूरी भारतीय अर्थव्यवस्था बचत की कमी के कारण संकट में है। यह ऊँची ब्याज दर की मजबूरी, बैंकों में पूँजी की कमी, निवेश के संसाधनों की किल्लत, यह सब कुछ इसी से निकल रहा है, क्योंकि सरकार के खर्च से लेकर बैंकों से कर्ज तक सब किसी देश की बचत पर निर्भर है।

इस पर्चे को पढ़कर आए रोहन ने मासूमियत के साथ पूछा कि रिजर्व बैंक ने यह सब कैसे होने दिया? बैंकों को हुए नुकसान की भरपाई कैसे हुई? मारिया ने व्यंग्य भरी मुस्कान के साथ कहा कि रिजर्व बैंक और सरकार, दोनों लम्बे समय तक इस भ्रम में रहे कि कर्ज की माँग का पहिया फिर घूमेगा और सब

ठीक हो जाएगा। बैंक और कम्पनियों के संकट में फँसने के बाद (डुअल बैलेंस शीट रिसेशन) ही 2014 में रिजर्व बैंक ने बकाया कर्ज (एनपीए) को लेकर नियम बदले, बैंकों से फँसे कर्ज के बदले पूँजी निर्धारित (प्रॉविजिनिंग) करने के लिए कहा गया। इसके बाद बैंकरप्टसी कानून आया जिसके तहत कुछ कम्पनियों और बैंकों ने सम्पत्तियाँ बेचकर बकाया कर्ज खत्म करने का रास्ता चुना। प्रॉविजिनिंग और बैंकरप्टसी कानून के तहत बकाया कर्ज छोड़ने के कारण बैंकों के मुनाफे बुरी तरह टूट गए। हालत यह हुई कि भारतीय शेयर बाजार में जोरदार तेजी के बीच अक्टूबर 2020 में पाँच सरकारी बैंकों के शेयरों की कीमत उनके अंकित मूल्य (फेस वैल्यू) यानी दस रुपये से भी नीचे आ गई थी।

अँधेरे का सफर

रोहन को नये कारोबार के लिए कर्ज मिल पाता इससे पहले उसे अपने मौजूदा कर्ज के बारे में भी कुछ फैसला करना था। होम लोन चुकाने में छह माह की राहत (मॉरीटोरियम) मिली थी लेकिन तीसरी बार राहत देने के लिए बैंक नई शर्तें (Loan Restructuring Scheme) लगा रहे थे जिसमें और ज्यादा ब्याज लगनेवाला था।

बैंक उसे नया कर्ज दे सकते थे लेकिन अगर वह पिछले बकाया कर्ज का भुगतान टालता तो उसका नया कर्ज और महँगा हो जानेवाला था। रोहन तो सस्ते कर्ज की तलाश में था क्योंकि मन्दी में दो साल तक तो कोई मुनाफा होना नहीं था।

रोहन को उस वित्तीय कम्पनी की याद आई जिससे उसने गोविन्द को कार के लिए कर्ज दिलाया था। इस कम्पनी का ऑफिस रोहन के पुराने दफ्तर वाली बिल्डिंग में था और उसका मैनेजर रोहन का पुराना जाननेवाला था। रोहन को इसके दफ्तर में पन्द्रह मिनट गुजारते ही समझ में आ गया कि एनबीएफसी गहरे संकट में है। कर्ज की वसूली रुक चुकी है। उन्हें खुद ताजा पूँजी चाहिए। नये नियमों के तहत बैंक अच्छी साख वाली एनबीएफसी को ही कर्ज दे रहे हैं जबकि इस कम्पनी का बैलेंस बुरी तरह टूटा हुआ है।

बीते छह बरस में बिल्डर, डेवलपर और आम लोगों को इसी तरह की

वित्तीय या हाउसिंग फाइनेंस कम्पनियों ने कर्ज दिये थे। कर्ज के बदले मार्गेज या गिरवी जमीन की कीमत घट चुकी थी। बहुत से डूबे हुए कर्ज ऐसे थे जिनकी जमीनों या मकान ग्राहक तक नहीं थे। रोहन को अचानक हॉलीवुड की मशहूर फिल्म 'बिग शॉर्ट्स' याद आ गई जो उसने अपने अमेरिकी बॉस की सलाह पर दिल्ली से सैनफ्रांसिस्को जाते हुए उड़ान में देखी थी। तब वह कुछ समझ नहीं पाया लेकिन अब उसे समझ में आ रहा था कि 2007-08 में अमेरिका में दरअसल क्या हुआ था।

मारिया ने ठीक ही बताया था कि कोविड के बाद भारत का बैंकिंग और वित्तीय तंत्र पहले से ज्यादा कमजोर हो गया है। यह तिहरी मन्दी है जिसमें पिछले बकाया कर्ज की वसूली टालनी होगी, टूटती बचतों से निबटना होगा और नया कर्ज भी देना पड़ेगा, डूबती अर्थव्यवस्था जिसकी वापसी की कोई गारंटी नहीं है। रोहन समझ गया था कि अगर काम करना है तो कर्ज लेकर मुनाफे की चिन्ता छोड़नी होगी।

मुकेश चाहिए, अनिल मिले

रोहन ने बैंक कर्ज के लिए कागज तैयार करने शुरू कर दिये थे। कुछ पैतृक सम्पत्ति को गिरवी रखने के लिए पिता को मना रहा था। बैंक शर्तों पर शर्तें थोप रहे थे। परेशान रोहन ने मारिया को मैसेज भेजा तो मुस्कराता हुआ जवाब आया कि हम बैंक वाले कर्ज देना चाहते हैं मुकेश अंबानी को और कर्ज लेने आ जाते हैं अनिल अंबानी।

कोविड से पहले ही बाजार में माँग सीमित थी यानी निवेश की गुंजाइश कम थी इसलिए अच्छी साख वाली कम्पनियों ने महँगे कर्ज से तौबा कर ली। लॉकडाउन से पहले कई कम्पनियों ने अपने कर्ज घटाने शुरू कर दिये थे। प्रमुख कम्पनियों ने 2019-20 की पहली छमाही में करीब 60000 करोड़ के कर्ज चुकाए। जो कम्पनियाँ इक्विटी बेचने (आईपीओ, एफपीओ, प्राइवेट प्लेसमेंट) या गैर भारतीय बैंक कर्ज (ईसीबी) आदि अन्य रास्तों (जैसे रिलायंस जियो) से पूँजी ला सकती हैं, वे अब उनका इस्तेमाल कर रही हैं।

अलबत्ता जिनकी साख कमजोर थी या परियोजनाएँ मुश्किल में थीं वे

तो बैंकों से अपने कर्ज का भुगतान स्थगित करा रही थीं या फिर नये कर्ज की कोशिश में थीं। भारत के बैंकिंग बाजार का 70 फीसदी हिस्सा सरकारी बैंकों के पास है जो इस तरह की कम्पनियों के लिए अन्तिम सहारा होते हैं। तमाम कम्पनियाँ अपनी खराब साख और कमजोर परियोजनाओं के बावजूद राजनीतिक रसूख के जरिये कर्ज जुटा लेती हैं, यह बात अब किसी से छिपी नहीं है।

रोहन ने हाल में ही नेटफ्लिक्स पर 'बैड ब्वाय बिलनायर्स' सीरीज देखी थी जो यह बताती थी कि किस तरह विजय माल्या या नीरव मोदी को नियम तोड़कर कर्ज दिये गए। उसे यह समझ में आ गया था कि जानबूझकर बैंकों को चूना लगानेवालों (विलफुल डिफाल्टर) वाले कैसे काम करते हैं।

सरकार जो बैंकों की मालिक है उसने इस हाल पर सवाल नहीं उठाए। नौकरशाही की जकड़ के कारण बैंक ढहते चले गए। करीब 85 फीसदी फ्रॉड सरकारी बैंकों में होते हैं। 2019 में सरकारी बैंकों का बाजार में हिस्सा 70 फीसदी था लेकिन उनके कुल घाटे 66000 करोड़ रुपये पर थे। बैंकों में सरकारी इक्विटी के तौर पर टैक्स देनेवालों के 4,30,000 करोड़ रुपये लगे हैं जिसमें हर एक रुपये पर 26 पैसे का नुकसान है जबकि 1991 के बाद आए निजी बैंकों में निवेशकों को हर एक रुपये पर 9.6 पैसे का फायदा है।

बैंकों के लिए दुआ का वक्त

नवम्बर 2019 में जब मुम्बई का पीएमसी बैंक डूबा था तब रोहन बांद्रा पर एक होटल का ऑडिट कर रहा था और उसने उन कर्मचारियों की बदहवासी देखी थी जिनके खाते उस बैंक में थे। अलबत्ता मार्च 2020 के दूसरे पखवाड़े में पहली बार उसे खुद इस बात का अहसास हुआ कि बैंकों में संकट क्या होता है। भारतीय रिजर्व बैंक ने चौथे बड़े निजी बैंक यस बैंक के सामान्य संचालन रोक दिये थे। यस बैंक रोहन की कम्पनी का बैंकर था। भुगतान और वेतन फँस गए।

उसे याद आया वह यूरोपीय निवेशक जो पीएमसी बैंक के डूबने की

उस बदकिस्मत सुबह को बांद्रा के होटल में नाश्ते पर मिला था। उसने बड़े रहस्यमय अन्दाज में कहा था कि आपको अपने बैंकों के लिए हवन पूजन करना चाहिए।

रोहन समझ नहीं पा रहा था कि जब सरकारी बैंक बकाया कर्ज के जाल में फँसे हैं तो फिर स्टेट बैंक का पैसा लगाकर यस बैंक और जीवन बीमा निगम के जरिये आईडीबीआई बैंक क्यों उबारा गया? फँसे हुए कर्ज में किसका पैसा डूब रहा है? जो बैंक से कर्ज नहीं लेते वही सबसे ज्यादा पीड़ित क्यों होते हैं? उसके पापा आए दिन बचत पर रिटर्न घटने को लेकर क्यों बड़बड़ाते हैं?

भारतीय बैंकिंग रहस्य

रोहन के सवालों पर मारिया ने कम्प्यूटर पर की बोर्ड पीटते हुए कहा कि भारतीय सार्वजनिक बैंक, सरकार और वित्तीय क्षेत्र के बीच एक नायाब लेन-देन पर चलते हैं। यह दुनिया के अन्य देशों से पूरी तरह फर्क है। यह लेन-देन अब पूरी तरह बिखर रहा है।

बैंक और सरकार—विनिमय नंबर एक

समझौता कुछ ऐसा है कि जिसमें सरकार की गारंटी पर लोग अपनी गाढ़ी बचत को सस्ते दर पर लम्बी अवधि के लिए बैंकों के हवाले (डिपॉजिट) कर देते हैं। बैंक बचत की सुरक्षा (बीमा) पर भी कुछ खास खर्च नहीं करते। (पीएमसी घोटाले के बाद पाँच लाख रुपये की वैल्यू जमा बीमा के तहत पहले एक लाख रुपये थी) इसके बदले बैंक अपने कुल डिपॉजिट का 40 फीसदी हिस्सा सरकार को कर्ज (एसएलआर) देने में लगा देते हैं।

विनिमय नंबर दो

रिजर्व बैंक, बैंकों (खासतौर पर सरकारी) का बैंकर है। वह उनकी बचत सँभालता है, उस पर ब्याज (रिवर्स रेपो) देता है और जरूरत पड़ने पर कर्ज (रेपो) दे देता है। सरकार का मर्चेंट बैंकर बैंकों की जमा राशि को सरकार तक ले जाता है। इसमें पूरे काम में कमाई से वह रिजर्व बनाता है जो संकट

में काम आ सके और मुनाफे में सरकार को हिस्सा देता है। याद है 2019 में कैसे सरकार ने रिजर्व बैंक के रिजर्व से पैसा लिया था?

इसके बदले रिजर्व बैंक भारतीय बैंकिंग बाजार में प्रतिस्पर्धा को सीमित रखता है। गहरी पड़ताल के बाद नये निजी बैंक आने दिये जाते हैं ताकि बाजार में सरकारी बैंकों का हिस्सा कम न हो। गैर बैंकिंग वित्तीय कम्पनियों (एनबीएफसी) को भी सरकारी बैंकों से कर्ज मिलता है। बाजार में सरकारी बैंक बड़े दिखते हैं तो जमाकर्ताओं का भरोसा बना रहता है।

और अब तीसरा

सरकारी बैंक, सरकार के इशारे पर कर्ज बाँटते हैं। कुछ प्राथमिकता वाले क्षेत्र होते हैं जैसे खेती को सस्ते लोन। बैंक, सरकार की विशाल और अक्षमता भरी खाद्य अर्थव्यवस्था को चलाते हैं। फूड कॉरपोरेशन ऑफ इंडिया बैंकों से कर्ज (फूड क्रेडिट) लेकर किसानों से अनाज खरीदता है और सरकार के लिए बफर स्टॉक बनाता है।

यह अनाज खरीद से कम मूल्य पर (सब्सिडी के साथ) राशन प्रणाली के जरिये गरीबों को बाँटा जाता है जिसमें तमाम छेद और बर्बादियाँ हैं। बाद में यह सब्सिडी फूड कॉरपोरेशन को वापस की जाती है।

बैंकों के जरिये सरकार उद्योगों के लिए कर्ज पैकेज लाती है, लोन मेले लगाती है और खराब कम्पनियों को भी कर्ज देने के लिए कहती है। सरकारें कर्ज माफ (खेती) करती हैं। इस नुकसान के बदले सरकार बैंकों में अपनी हिस्सेदारी रखती है जो बैंकों की पूँजी है। सरकारी बैंक ही सरकारी विभागों के बैंकर भी हैं। जब कर्ज डूबता है और बैंकों की पूँजी कम हो जाती है तो सरकार बजट से बैंक में पैसा डालती है जो वस्तुत: टैक्स का पैसा है।

सवाल यह है कि ऐसी व्यवस्था आखिर चलेगी कब तक? कोविड के बाद यह सवाल मारिया को भी सोने नहीं दे रहा था और रोहन भी इसमें उलझ चुका था।

फिर आई 2021 की फरवरी और आया सरकार का बजट। मारिया अपने दफ्तर में और रोहन नोएडा में अपने एक रिश्तेदार के यहाँ बैठकर बजट भाषण सुन रहा था। बजट में जब वित्त मंत्री ने ऐलान किया कि बैंकों

का निजीकरण किया जाएगा तो रोहन और मारिया ने एक दूसरे को स्माइली भेजकर याद दिलाया कि वे इसी पर तो बात कर रहे थे।

2021 के बजट से पहले रिजर्व बैंक एक रिपोर्ट जारी कर यह बता चुका था कि स्टेट बैंक, एचडीएफसी और आईसीआईसीआई बैंक वित्तीय तंत्र के लिए जरूरी हैं जिन्हें सिस्टेमेटिकली इंपार्टेंट बैंक कहा गया। इसका मतलब यह था कि अन्य बैंकों का निजीकरण हो सकता था। अप्रैल और मई 2021 में कोविड की लहर से उबरने के बाद ये खबरें सुर्खियों में आ गईं कि सरकार दो सरकारी बैंकों (सेंट्रल बैंक और इंडियन ओवरसीज) का तत्काल निजीकरण कर सकती है।

भविष्य पर विदेशी नियंत्रण

रोहन के लिए कर्ज का आवेदन जंजाल बन गया था। वह दोहरी लड़ाई लड़ रहा था। एक कर्ज का भुगतान टालने की और दूसरा नया कर्ज लेने की। एक दिन गुस्से में उसने मारिया से पूछा कि अगर बायजूस या पेटीएम जैसे स्टार्ट-अप बैंक में कर्ज लेने आएँ तो उनके साथ भी ऐसा ही होता है जैसा कि मेरे साथ हो रहा है?

मारिया के ठहाके से केबिन गूँज उठा। मारिया ने पूछा कि 2002 में जब दुनिया-भर की कम्पनियों और निवेशक रिलायंस जियो में पैसा डाला तो क्या इस कतार में कोई भारतीय बैंक नजर आया? भारत की ऑनलाइन रिटेल, फिनटेक, एडुटेक, मोबाइल बैंकिंग आदि स्टार्ट-अप सफलताओं में सरकारी बैंकों का योगदान नगण्य है। ज्यादातर स्टार्ट-अप को लम्बे समय के लिए एकमुश्त निवेश चाहिए। शुरुआत में काफी घाटे होते हैं (जैसे पेटीएम और फ्लिपकार्ट प्रत्येक को 2019 में 3500 करोड़ रुपये का घाटा)। स्टार्ट-अप के लिए सस्ती पूँजी चाहिए जिस पर लम्बे समय तक रिटर्न नहीं मिलता।

भारत के भविष्य पर जो कम्पनियाँ राज करेंगी उनमें भारतीय बैंकों का और भारत के निवेशकों का दखल नहीं है। वे जो सम्पत्ति बनाती हैं वे विदेश जाती हैं ताकि उसके निवेशकों को फायदा मिल सके। इन कम्पनियों के शेयर भी विदेशी बाजार में सूचीबद्ध होंगे।

भारत के 30 यूनीकॉर्न स्टार्ट-अप (एक अरब डॉलर से अधिक के

वैल्यूएशन) में से 18 में चीन का निवेश है।

चीन की लगभग दो दर्जन बड़ी टेक कम्पनियों ने मार्च 2020 तक भारत के 92 स्टार्ट-अप में 4 अरब डॉलर का निवेश किया है। अलीबाबा, टेनसेंट, शुनवेई कैपिटल (शियोमी) और बाइटडांस सबसे बड़े निवेशक हैं।

— पेटीएम, बिग बास्केट, जोमैटो, डेलीहंट, रैपिडो में निवेश के साथ अलीबाबा भारत का सबसे फिनटेक व ई-कॉमर्स निवेशक है।

— बायजूस, ओला, गाना, स्विगी, ड्रीम11, हाइक में निवेश के साथ टेनसेंट भारत के गेमिंग, एडुटेक, फिनटेक, सोशल मीडिया स्टार्ट-अप में बड़ा हिस्सा रखती है।

— शुनवेई ने रैपिडो, शेयरचैट, हंगामा, जेस्टमनी, सिटीमॉल में निवेश किया है।

जिन्हें चीन से पैसा नहीं मिला उनके पास जापान के सॉफ्टबैंक (विजन फंड), के के आर और सिक्योयिआ (अमेरिका), नैस्पर्स (दक्षिण अफ्रीका) या सॉवरिन वेल्थ फंड का निवेश है।

इस तरह के कारोबारों को पैसा देने के लिए सस्ती पूँजी चाहिए और वित्तीय तंत्र में भारी बचत जो कि भारत के पास नहीं है।

बचानेवालों के बुरे दिन

मारिया से बात करते हुए रोहन ने रिजर्व बैंक की घोषणाओं को समझना शुरू किया था। बीते एक बरस में वह कर्ज सस्ता होने की बात लगातार सुन रहा था हालाँकि उसे इस सस्ते कर्ज का कोई फायदा नहीं मिला। अलबत्ता एक दिन जब उसने फिक्स्ड डिपॉजिट पर ब्याज दर कम होने की खबर को कायदे से पढ़ा तो उसका दिमाग चकरा गया।

रोहन के पिता की बचत बैंक एफडी में थी जिन पर रिटर्न यानी ब्याज लगातार गिर रहा है। एक साल का एफडी जो 2010 में 9 फीसदी ब्याज देता था उस पर अब 3 से 5 फीसदी ब्याज मिल रहा है जबकि जिन्दगी की लागत यानी महँगाई लगातार बढ़ी है। जुलाई 2020 में स्टेट बैंक (सबसे ज्यादा डिपॉजिट सँभालनेवाले) की एक साल की जमा दर निगेटिव हो गई यानी कि महँगाई की दर से कम हो गई।

बैंक डिपॉजिट ग्रोथ (YoY)

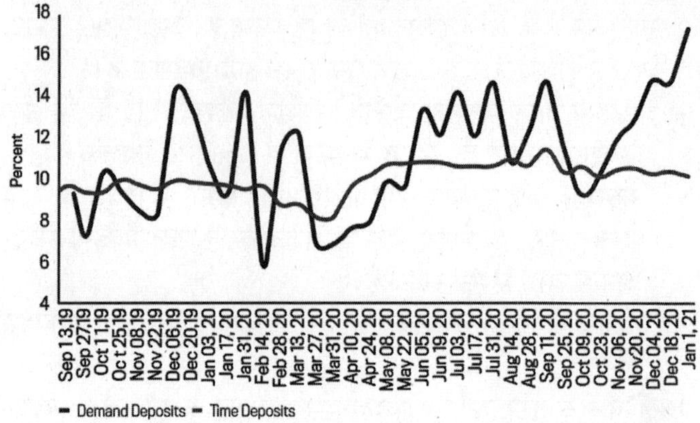

Source: Economic Survey 22020-21

जीडीपी और बैंक डिपॉजिट

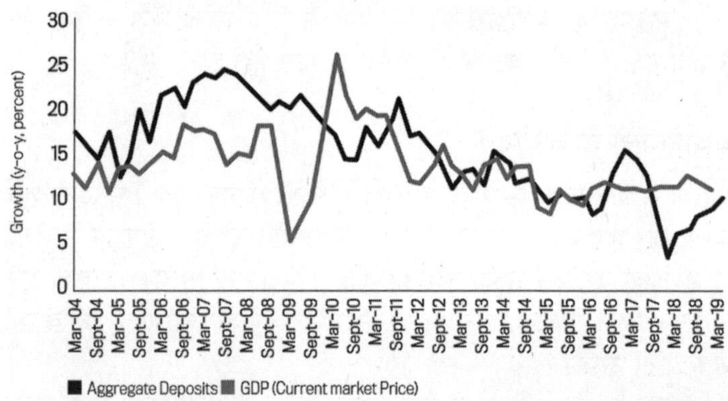

Source: Ministry of Statistics and Programme Implementation, Government of India; RBI

भारतीय बैंकों में सबसे बड़े हिस्सेदार सरकार नहीं बल्कि बचत करनेवाले हैं। भारत का अधिकांश मध्यवर्ग बैंकों का इस्तेमाल करता है लेकिन कर्ज लेनेवाले केवल 13 फीसदी हैं। बकाया फँसे कर्ज और बैंकों के घाटे बढ़ने का सबसे बुरा असर जमाकर्ताओं पर होता है। हालाँकि अधिकांश बचतकर्ता इसे समझ नहीं पाते।

बचत में नुकसान

(Percent per annum)

Year(as at end March)	Deposit Rates			Lending Rates
	Term Deposits			
	1-3 Years	3-5 Years	Above 5 Years	
1	4	5	6	7
2004-05	5.25-5.75	5.75-6.25	6.25	10.25-11.00
2005-06	6.00-6.75	6.25-7.00	6.50-7.00	10.25-12.75
2006-07	6.75-8.50	7.75-9.50	7.75-8.50	12.25-14.75
2007-08	8.00-8.75	8.00-8.75	8.50-9.00	12.25-15.75
2008-09	8.00-8.75	8.00-8.50	7.75-8.50	11.50-16.75
2009-10	6.00-7.00	6.50-7.50	7.00-7.75	11.00-15.75
2010-11	8.25-9.00	8.25-8.75	8.50-8.75	8.25-9.50
2011-12	9.00-9.25	9.00-9.25	8.50-9.25	10.00-10.75
2012-13	8.75-9.00	8.75-9.00	8.50-9.00	9.70-10.25
2013-14	8.75-9.25	8.75-9.10	8.50-9.10	10.00-10.25
2014-15	8.50-8.75	8.50-8.75	8.25-8.50	10.00-10.25
2015-16	7.25-7.50	7.00-7.50	7.00-7.30	9.30-9.70
2016-17	6.75-7.00	6.50-6.90	6.50-6.75	7.75-8.20
2017-18	6.40-6.75	6.25-6.70	6.25-6.75	7.80-7.95
2018-19	6.25-7.25	6.25-7.25	6.25-7.25	8.05-8.55
2019-20	5.00-6.20	5.70-6.40	5.70-6.40	7.45-7.90
2020-21 (Feb21)	4.90-5.10	5.25-5.30	5.25-5.40	6.65-7.15

* : Data on deposit and lending rates relate to five major Public Sector Banks up to 2003-04. While for the subsequent years, theyrelate to five major banks।

Notes :

1. Data on lending rates relate to either Prime Lending Rate (PLR) or Benchmark Prime Lending Rate (BPLR), Base Rate or Marginal Cost of Funds Based Lending Rate (MCLR) (overnight and 1-Year) as the case may be for the relevant year
2. BPLR system effective November 2003 was replaced by the Base Rate System effective from July 1, 2010

Source: Reserve Bank of India Structure of Interest Rates 2020

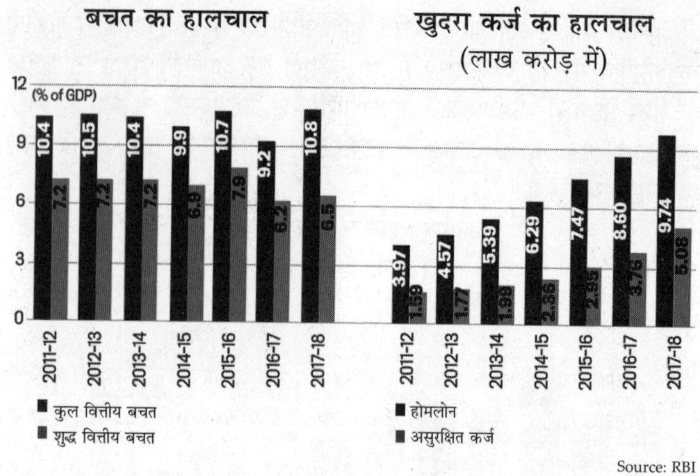

बचाया तो बचे

देश की बचत दर का सीधा रिश्ता उसके निवेश से होता है। ओईसीडी यानी विकसित देशों से बाहर दुनिया के 62 देशों का अध्ययन बताता है कि 1960 से 2011 के बीच जहाँ बचत दर ऊँची है वहाँ निवेश की दर ज्यादा होती है क्योंकि निवेश के संसाधनों की कमी नहीं होती। कुछ नये अध्ययनों ने यह भी पाया कि किसी देश में विकास दर और बचत का रिश्ता, निवेश और बचत के रिश्ते से भी करीबी होता है।

सनद रहे, अच्छी घरेलू बचत विदेशी निवेशकों का भरोसा बढ़ाती है। जिन अर्थव्यवस्थाओं में यह बचत दर ऊँची है वहाँ विदेशी निवेश भी ज्यादा है क्योंकि पूँजी की सुरक्षा पर खतरे कम-से-कम हैं।

हाल के वर्षों में आए नये सिद्धान्त यह बताते हैं कि अर्थव्यवस्था की सुरक्षा के लिए देश की बचत दर निवेश की दर से ज्यादा होनी चाहिए। इसकी वजह यह है कि कारोबारी गलत फैसले लेते हैं, कम्पनियाँ डूबती हैं, मन्दी के कारण कारोबार ठप्प होते हैं जिससे पूँजी डूब जाती है। इसलिए अर्थव्यवस्थाओं को सामान्य बचत से ज्यादा हिफाजती बचत (Precautionary Savings) चाहिए।

भारतीय कम्पनियों के डूबने और बैंकों के ढहने में जो पूँजी व सम्पत्ति नष्ट हो रही है वह आम लोगों की बचत या टैक्स से बनी है।

भारत की सकल घरेलू बचत जो 2007-08 में 36 फीसदी (जीडीपी के अनुपात में) थी वह 2019 में 30 फीसदी पर आ गई। 2003 से 2008 के बीच भारत में जीडीपी के अनुपात में निवेश 30 फीसदी से बढ़कर 34.7 फीसदी हो गया था वह 2019 में घटकर 28.1 फीसदी रह गया जो 17 साल का न्यूनतम स्तर है।

भारत : सकल घरेलू बचत

(जीडीपी का %)

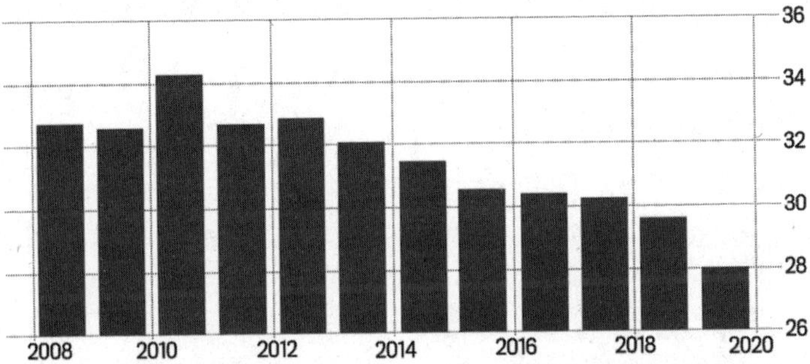

Worldbank | Tradingeconomics.com

जबकि चीन और पूर्वी एशिया के अन्य देशों की बचत, उनके जीडीपी के साथ लगातार बढ़ती रही है। 2017 में चीन की बचत दर जीडीपी की 47 फीसदी और दक्षिण कोरिया की 36 फीसदी है। कमजोर बचत दर के साथ भारत के लिए चीन को पछाड़ पाना अगले कई दशकों तक असम्भव रहनेवाला है।

जीडीपी के अनुपात में बचत गिरना एक मोटा पैमाना है। वास्तविक गणना तो यह है कि शुद्ध बचत पर आधारित है अर्थव्यवस्था। इसमें काम की बचत वही है जो कर्ज का भुगतान निकालकर शेष रहती है। इस पैमाने पर भारत में शुद्ध बचत जीडीपी की 6.6 फीसदी है।

बचत करनेवाला वर्ग बहुत छोटा है। औसत 45000 रुपये मासिक की पारिवारिक आय वाले लोग ही कुछ बचत कर पाते हैं। बीते छह सालों में आय न बढ़ने के कारण खपत और बेहतर जिन्दगी के लिए लोगों ने अपनी बचतें कुर्बान कीं और कर्ज का बोझ बढ़ा लिया। रोहन ऐसे लोगों का नुमाइंदा है जिसके ऊपर लदा कर्ज उम्मीदों से ज्यादा बड़ा हो गया है।

भारत को इस मन्दी से उबरने (2020-21 की निगेटिव ग्रोथ से निकलने के बाद) के लिए अगले एक दशक तक हर साल करीब नौ फीसदी की विकास दर चाहिए। मैकिंजी के एक ताजा अनुमान के अनुसार इसे हासिल करने के लिए 2030 तक 2.4 ट्रिलियन डॉलर निवेश की जरूरत होगी यानी कि जीडीपी के अनुपात में 37 फीसदी (2020 में केवल 33 फीसदी) की निवेश दर।

कहाँ से आएगा इतना पैसा? इसके लिए आम लोगों को हर साल 19 फीसदी (जीडीपी) की दर से बचाना होगा यानी अभी से दो फीसदी ज्यादा। इस भारी निवेश के लिए 11 फीसदी की शुद्ध वित्तीय बचत (कर्ज रहित) चाहिए जो इस साल 7 फीसदी के आसपास है।

सस्ती बचत या सस्ता कर्ज

रोहन की सबसे बड़ी चिन्ता सस्ता कर्ज थी और उसके पिता की सबसे बड़ी मुसीबत सस्ती होती बचत। मारिया जैसे बैंकर इन्हीं सवालों के बीच उलझे हैं जबकि सरकार अभी भी 2009 वाली नीतियों से बाहर नहीं निकली है।

पिछले डेढ़ दशक में बैंकों के कर्ज का इस्तेमाल रोजगार बढ़ाने के लिए अपनाया हुआ फार्मूला था कि रोजगार बढ़े तो आय, बचत बढ़ेगी और माँग बढ़ेगी जिससे वेल्थ यानी सम्पत्ति बनेगी। अलबत्ता ऐसा हुआ नहीं। रोजगारों की संख्या तो बढ़ी लेकिन इंडिया रेटिंग्स का अध्ययन बताता है कि 2012-17 के बीच अर्थव्यवस्था में प्रत्येक 100 रुपये की अतिरिक्त कमाई में कर्मचारियों के वेतन में 30 रुपये गए।

सनद रहे कि 2001 के बाद तेज ग्रोथ के बीच जब आय और बचत नहीं बढ़ी तो अब इस मन्दी में कहाँ बढ़नेवाली है। कोविड के बाद बेकारी बढ़ने के कारण कमाई व बचत टूटने का खतरा है। वैसे भी बचत के लिए कोई सीधा प्रोत्साहन नहीं है।

कोविड बाद घोषित रियायती कर्ज पैकेजों और ब्याज दर में कमी के बावजूद कर्ज की माँग बुरी तरह टूट गई। रिजर्व बैंक के आँकड़ों मुताबिक, साल 2020-21 में कर्ज की माँग घटकर केवल 5 फीसदी रह गई जो 2019 में 6.8 फीसदी थी यानी कि सस्ते ब्याज पर भी कर्ज लेनेवाले नहीं आए। इसी बीच महँगाई लौट आई और अन्ततः रिजर्व बैंक ने ब्याज दर में कटौती रोक दी।

कोविड से पहले (27 मार्च, 2020 को) तक भारत में कुल बैंक डिपॉजिट 135 लाख करोड़ रुपये था जबकि बैंकों की कुल लोन बुक 103 लाख करोड़

रुपये पर थी। बैंकिंग तंत्र में जमा और कर्ज के बीच घटता अन्तर रिजर्व बैंक की चिन्ता का सबब रहा है।

भारत के बैंक 2017-18 का वह दौर नहीं भूले हैं जब नवम्बर 2017 में वित्तीय बचत दर घटकर 53 साल के न्यूनतम स्तर (3 फीसदी) पर आ गई थी। अब यह दस फीसदी के करीब है लेकिन 2009 से इसमें लगातार गिरावट आ रही है।

सरकार और रिजर्व बैंक चाहते हैं कि कर्ज सस्ता हो इसलिए बैंकों को लगातार जमा पर ब्याज दर कम करनी पड़ रही है। जिससे बैंकों के पास बचत घटने लगी है। सरकार सबसे ज्यादा कर्ज लेती है इसलिए वह ब्याज दर में कमी चाहती है ताकि उस पर ब्याज का बोझ कम हो सके। बीमा या छोटी बचत स्कीमों के जरिये आम लोगों की बचत तो सरकार को मिल ही जाती है लेकिन बैंक जमा रिटर्न के मामले में बुरी तरह पिट रहे हैं।

वित्तीय बचत की बदहाली बैंकिंग तंत्र ही नहीं पूरी अर्थव्यवस्था के खतरे का सबसे बड़ा अलार्म है। आम लोगों की शुद्ध बचत (कर्ज निकालकर) जीडीपी की केवल 6.6 फीसदी है जबकि विदेशी बचत या निवेश जीडीपी का 2.4 प्रतिशत। यानी वित्तीय संसाधन जीडीपी के कुल नौ फीसदी हैं। सरकार का कर्ज (राजकोषीय घाटे) जीडीपी का 6 प्रतिशत है। इसकी भरपाई के बाद निजी निवेश के लिए जीडीपी के तीन फीसदी के बराबर संसाधन बचते हैं।

परिवारों आर उद्योगों की बचत में गिरावट

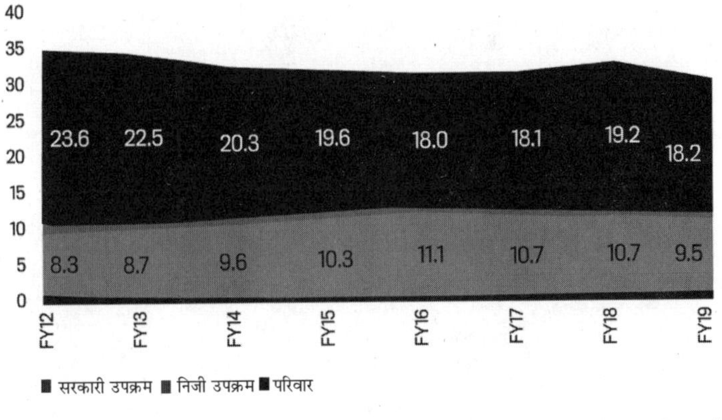

Source: CMIE, Government, ASKWA Research

2020-21 में भारत का समग्र राजकोषीय घाटा 12-15 फीसदी (जीडीपी के अनुपात में) के बीच रहने के आकलन हैं। अगर बचतें और विदेशी निवेश बीते साल के स्तर पर भी रहे तो इसे पूरा करने के लिए विदेशी कर्ज लेना होगा या फिर नोट छापने होंगे। इनसे महँगाई बढ़ेगी और रुपया कमजोर होगा।

कोविड के बाद कर्ज और बचत

भारत के क्रेडिट बूम की श्रद्धांजलि लिखी जा चुकी है। नये कर्ज का बाजार सिकुड़नेवाला है। 2020-21 में बैंक कर्ज बढ़ोतरी की गति घटकर 53 साल (1962 के बाद) के न्यूनतम स्तर (5 फीसदी) पर आ गई थी क्योंकि कोविड से पहले ही कम्पनियों के मुनाफे टूट चुके थे और 2020-21 में तो हाल और भी बुरा है। मन्दी को देखते हुए नये कॉरपोरेट कर्ज बढ़ने की दर अगले तीन-चार साल में दहाई (औसत 6 फीसदी का आकलन) से ऊपर नहीं जानेवाली। बेकारी, वेतन में कटौती के कारण रिटेल लोन की माँग भी कम रहनेवाली है।

विभिन्न क्षेत्रों को दिए गए कर्ज में वृद्धि की दर (YoY%)

Sector	Mar-17	Mar-18	Mar-19	Mar-20	Nov-20*
Industry	-1.9	0.7	6.9	0.7	-0.7
Micro & Small	-0.5	0.9	0.7	1.7	0.5
Medium	-8.7	-1.1	2.6	-0.7	20.9
Large	-1.7	0.8	8.2	0.6	-1.8
Services	16.9	13.8	17.8	7.4	8.8
Trade	12.3	9.1	13.1	4.6	14.7
Commercial Real Estate	4.5	0.1	8.9	13.6	5.6
NBFCs	10.9	26.9	29.2	25.9	7.8
Personal Loans	16.4	17.8	16.4	15.0	10
Housing	15.2	13.3	19.0	15.4	8.5
Vehicle Loans	11.5	11.3	6.5	9.1	10

Note: *Data are provisional. Data relate to select banks which cover about 90 per cent of total non-food credit extended by all scheduled commercial banks;

Source: Economic Survey 2020-21

गैर बैंकिंग वित्तीय कम्पनियों (एनबीएफसी) का बाजार पूरी तरह सर के बल खड़ा हो गया है। शैडो बैंकिंग सिमट रही है। कोविड से पहले काम कर रहीं कई एनबीएफसी बन्द हो जाएँगी। इसके साथ ही उनके जरिये बाँटा जानेवाला कर्ज भी खत्म हो जाएगा। केवल मजबूत वित्तीय आधार वाली एनबीएफसी बचेंगी जो अब असुरक्षित (अनसिक्योर्ड) कर्ज देने से पहले कई बार सोचेंगी।

एनबीएफसी को पूँजी बैंकों से मिलती है। यह कारोबार भी सिमटता लग रहा है। कर्ज ही बैंकों के लिए मुनाफे वाली प्रमुख गतिविधि है। कर्ज की माँग बढ़ाने के लिए बैंक ब्याज दर और कम करने पर बाध्य होंगे जो सस्ता कर्ज या सस्ती बचत वाले दुश्चक्र को मजबूत करेगा।

पुराने कर्ज की वसूली बहुत मुश्किल है। कोविड के पहले के ही एनपीए फँसे हैं। बैंकों के 15.52 लाख करोड़ रुपये के कॉरपोरेट कर्ज को कोविड संक्रमण हो गया है। जबकि 22.20 लाख करोड़ का अन्य कर्ज (रिटेल, एनबीएफसी) आदि कोविड वाली मन्दी की चपेट में है। (कामथ कमेटी, सितम्बर 2020)

बैंकों की जमा और कर्ज की दर पर
रेपो रेट का असर

Period	Repo Rate	Term Deposit Rates		Lending Rates		
		Median Term Deposit Rate	WADTDR	1 Year Median MCLR	WALR - Outstanding Rupee Loans	WALR - Fresh Rupee Loans
Mar 20 - Dec 20*	-115	-146	-81	-95	-67	-94
Feb 19 - Dec 20*	-250	-210	-127	-145	-83	-165

Note: WALR: Weighted Average Lending Rate. WADTDR: Weighted Average Domestic Term Deposit Rate; MCLR: Marginal Cost of Funds based Lending Rate.

* Latest data on WALR and WADTR pertain to November 2020.

Source: Economic Survey 2020-21

फँसे हुए कर्ज की बीमारी पहले स्टील, सड़क, टेलीकॉम, पॉवर, रियल इस्टेट में थी लेकिन अब खुदरा व थोक कारोबार, टेक्सटाइल, ट्रांसपोर्ट इसकी चपेट में हैं। बैंक फिलहाल इसके पुनर्गठन यानी भुगतान टालने की

स्कीम ला रहे हैं। यह तय करना अभी मुश्किल है कि इसमें कितना कर्ज वापस आएगा लेकिन रिजर्व बैंक मान रहा है कि बैंकों के बकाया कर्ज यानी एनपीए 2021 में बीस साल का सर्वोच्च स्तर (कुल एडवांस का 13.5 फीसदी) पर पहुँच सकते हैं ।

कोविड महामन्दी के बाद—नई इबारत, नई जरूरत

कोविड की दूसरी लहर के दौरान मुदित की मौत ने रोहन को बुरी तरह तोड़ दिया था। मुदित कुछ बचत लाकर इस कम्पनी में लगानेवाला था क्योंकि तमाम कवायद के बावजूद रोहन को सस्ता कर्ज नहीं मिल रहा था। मन्दी की नई लहर के बाद उसका कारोबारी प्लान भी लड़खड़ा गया था। वह नये सिरे से नौकरी तलाशने या किसी दूसरे स्टार्ट-अप की कोशिश शुरू करनेवाला था।

इधर मारिया का बैंक एनपीए की छानबीन में लगा था। साल 2021 बजट में सरकार ने बैड बैंक का ऐलान किया था। यह एक ऐसा बैंक था जिसे बैंकों के बकाया कर्ज सँभालने थे और उनकी वसूली करनी थी ताकि सरकारी बैंकों की बैलेंस शीट से बोझ हट सके। मारिया के बैंक को कई डिफाल्टर कम्पनियाँ बैंकरप्टसी (दिवालिया) आरबिट्रेशन में ले गई थीं जहाँ बकाया खत्म में बैंक को तगड़ा नुकसान (हेयर कट) हुआ था। मारिया अपने बैंक को निजीकरण की तरफ बढ़ता देख रही थी।

रोहन के पिता बमुश्किल कोविड से बचे थे लेकिन घटते रिटर्न यानी जमा पर कम ब्याज से बचने का कोई रास्ता नहीं था।

कोविड के बाद बैंक और कर्ज बाजार का ककहरा नये सिरे से लिखा जाएगा। इसका असर भारत के विराट 'बैंकिंग लेन-देन' के सभी भागीदारों पर पड़नेवाला है।

यह तो होगा ही...

अगले दो साल में बैंकों के पास इतने एनपीए जुटने की आशंका है कि बैंकों का पूरा ढाँचा बदलना पड़ जाएगा। बैंकरप्टसी या कर्जदारों के साथ समझौते के बाद भी बहुत ज्यादा वसूली की सम्भावना नहीं लगती। यानी कि बैंकों की पूँजी डूबेगी।

सरकारी और निजी बैंकों के हिसाब-किताब की बारीकियाँ

(Amount in `Rs. crore; Rates and Ratios in Per cent)

Reporting Date	Public Sector Banks				Private Sector Banks			
	Gross NPAs	Capital Ratio (CRAR)	Return on Equity	Return on Total Assets	Gross NPAs	Capital Ratio (CRAR)	Return on Equity	Return on Total Assets
Mar-17	6,84,732	12.14	-1.92	-0.12	91,915	15.53	11.79	1.27
Mar-18	8,95,601	11.66	-14.01	-0.87	1,25,863	16.43	9.98	1.09
Mar-18	7,39,541	12.20	-10.97	-0.66	1,80,872	16.07	5.49	0.60
Mar-20	6,78,317	12.85	-3.92	-0.25	2,05,848	16.55	3.20	0.35
Sep-20	6,09,129	13.51	4.33	0.26	1,88,191	18.21	10.04	1.10

Source: Economic survey 2020-21

मौजूदा एनपीए की रोशनी में सरकारी बैंकों को 13 अरब डॉलर यानी 10 लाख करोड़ रुपये और प्राइवेट बैंकों को 7 अरब डॉलर यानी करीब 5 लाख करोड़ रुपये (क्रेडिट सुइस का आकलन) की नई पूँजी चाहिए।

बैंकों के एनपीए-मुसीबत का बोझ

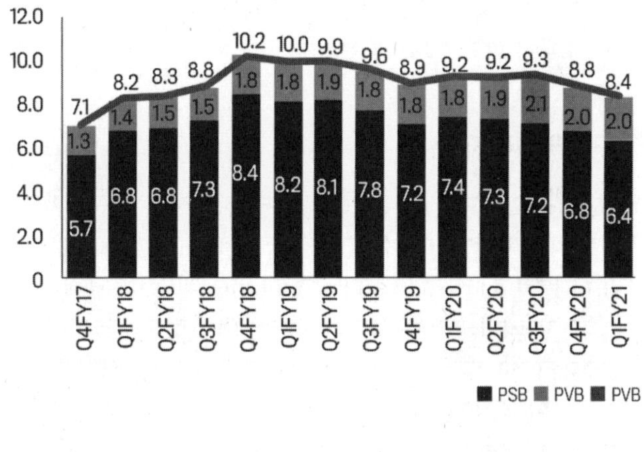

Source: Analysis of NPA movement-Care rating October 2020

बजट से इतनी पूँजी नहीं मिल सकती। इसलिए निजीकरण का ऐलान हुआ है। सरकार को बैंकों से अपनी हिस्सेदारी घटानी होगी। नीति आयोग ने कुछ छोटे सरकारी बैंकों (पंजाब एंड सिंध, बैंक ऑफ महाराष्ट्र और यूको बैंक) का तत्काल निजीकरण करने को कहा है।

इन रास्तों के जरिये बैंकों में कुछ पूँजी आ सकती है लेकिन यह तभी कारगर होगा जब भारतीय बैंकों को सरकार की छाया से बाहर निकाला जाए और वह लेन-देन या समझौता जो सरकार व बैंकों के बीच है उसे बदला जाए। इसके बाद ही भारतीय बैंकिंग प्रतिस्पर्धात्मक हो पाएगी।

प्रतिस्पर्धात्मक होने के लिए बैंकों को कर्ज में लचीलापन और नये तरह के कर्ज उत्पाद और सेवाएँ शुरू करना जरूरी है जो बाजार की हकीकतों से तालमेल रखते हों। खास तौर पर छोटे उद्योगों के लिए सस्ते कर्ज के विकल्प और जोखिम आकलन के नये तरीके विकसित करने होंगे।

स्टार्ट-अप फंडिंग के लिए बैंकों को अपने पूँजी स्रोतों को बदलना होगा ताकि बचतकर्ताओं के पैसे कम जोखिम में लिये जा सकें। सामाजिक उपयोगिता वाली परियोजनाओं में सस्ते बैंक कर्ज पर सरकार बजट में अलग से सब्सिडी का प्रावधान कर सकती है जिसका भुगतान बैंकों को किया जाए। हाल के वर्षों में कृषि कर्ज माफी यानी लोन गारंटी में इस प्रक्रिया का इस्तेमाल किया जा रहा है।

जोखिम का मूल्यांकन

भारत के पास एक मजबूत कॉरपोरेट बॉन्ड बाजार विकसित किए बिना आगे बढ़ने का विकल्प नहीं है। कर्ज की लागत हमेशा उससे जुड़े जोखिम से निर्धारित होती है। क्रेडिट डिफाल्ट स्वैप जैसे जोखिम प्रबन्धन विकल्प बाजारों को मजबूती देते हैं और अलग-अलग तरह के निवेशकों को व कर्ज लेनेवालों को बाजार में आने का मौका उपलब्ध कराते हैं।

अच्छी साख वाली कम्पनियों को बैंक के बजाय बॉन्ड बाजार में आने पर प्रेरित किया जाना चाहिए, इससे वित्तीय तंत्र की बचतों को निवेश करने का विकल्प मिलेगा।

सरकारी और निजी बैंकों में डूबे कर्ज का अनुपात

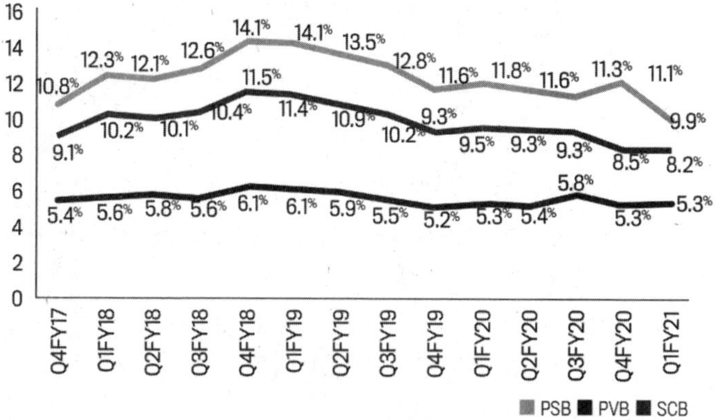

Source: Analysis of NPA movement-Care rating October 2020

इस बाजार को सक्रिय करने के लिए सबसे पहले सरकार का कर्ज कार्यक्रम बदलना जरूरी है। सरकार के कर्ज बाजार में ब्याज का बेंचमार्क है। अगर सरकार कम कर्ज ले तो ब्याज दरें कम हो सकती हैं।

सरकारी कर्ज का बाजार इसलिए भी पूरे कर्ज तंत्र को बिगाड़ता है क्योंकि घाटे में दबी राज्य सरकारें तो केन्द्र से कहीं ज्यादा दर पर कर्ज लेती हैं। बैंकों को अगर सरकारी गारंटी और बेहतर ब्याज मिले तो फिर वे निजी कम्पनियों को कर्ज देने या ब्याज दरों को प्रतिस्पर्धात्मक बनाने की फिक्र नहीं करते।

इसके लिए रिजर्व बैंक को बैंकिंग बचत के इस्तेमाल और सरकारी कर्ज में निवेश के नियम बदलने होंगे। बाजार अगर प्रतिस्पर्धात्मक हुआ तो जोखिम के हिसाब से कर्ज की लागत तय की जाएगी। यहाँ से बैंक भी सस्ती पूँजी उठा सकेंगे। खराब साख वाली कम्पनियाँ सरकारी बैंकों के कर्ज पर ही निर्भर होंगी इसलिए यह और भी जरूरी है कि बैंकों को सस्ती पूँजी जुटाने का मौका मिले।

अन्ततः इस सबके लिए भारत को भरपूर बचत चाहिए क्योंकि बॉन्ड बाजार उन्हीं देशों में सफलता से सक्रिय हैं जहाँ या तो बचतों की दर ऊँची है और बचत के कई विकल्प मौजूद हैं या फिर सरकारों के कर्ज कार्यक्रम बाजार आधारित हैं, बैंकों की पीठ पर सवार नहीं।

बचत की नियति

बचत करनेवाले पूरे वित्तीय तंत्र की धुरी हैं। उनके लिए बचत पर ऊँचे ब्याज के दिन अब खत्म हो चुके हैं।

- मौजूदा आकलन बताते हैं, अगले दो साल में भारत में ब्याज दरें (रेपो रेट) 3-3.50 फीसदी तक गिर सकती हैं जिससे बैंक बचत पर रिटर्न भी कम होगा।
- बैंक अब केवल बचत की सुरक्षा दे सकेंगे। टैक्स और महँगाई को मिलाने के बाद बैंक बचत नुकसान का सौदा रहनेवाली हैं।
- आनेवाले बैंकिंग सुधारों को इस तरह की व्यवस्था करनी होगी जिसमें बैंक बचत की पूरी सुरक्षा (अभी केवल पाँच लाख रुपये तक की बचत का बीमा) दें और लोग बैंकों का इस्तेमाल केवल पैसा सुरक्षित रखने के लिए करें।

जैसे कर्ज लेनेवालों को विभिन्न विकल्प चाहिए, उसी तरह बचतकर्ता भी अब कई विकल्प चाहते हैं। कोविड के बाद जब नौकरियाँ जा रही हैं और वेतन कम हो रहे हैं तो सरकार को बचत को प्रोत्साहित करने की जरूरत है। खास तौर पर मध्यवर्ग को जो टैक्स रियायतें देखकर बचत करते हैं।

> *[भारत के मध्यवर्ग बचतों के विकल्प चुनने में टैक्स नियमों से प्रभावित होते हैं। एनआईपीएफपी (राधिका पांडे, इला पटनायक, रेणुका साने-2017) का अध्ययन और घरेलू बचत पर रिजर्व बैंक की रामोदराई समिति (2017) की रिपोर्ट बताती है कि भारत का मध्यवर्ग बचत के विकल्प यानी बचत बैंक, बीमा, भविष्य निधि आदि के चयन में टैक्स प्रोत्साहनों से निर्देशित होता है।]*

- कोविड के बाद वित्तीय बचतों को बढ़ावा देने के लिए पूरी तरह से नई कर नीति चाहिए। रोहन के पिता जैसे पेंशन लेनेवाले लोग स्टॉक मार्केट या म्यूचुअल फंड को समझ नहीं सकते। उनके लिए बैंक जमा सब कुछ है जहाँ टैक्स लगाने का कोई तुक नहीं है। बैंकों की बचत पर रिटर्न घट रहा है तो कम-से-कम टैक्स से छूट देनी होगी।

म्यूचुअल फंड बाजार का हिसाब-किताब

(Amount in Rs. Lakh Crore)

Period	No. of Folios (crore)	Gross Mobilization	Redemption	Net Inflows	Net AUM at the end of the period
2019-20#	8.71	154.67	152.85	1.82	26.54
2020-21#	9.43	65.47	62.71	2.76	31.02

Note: #Upto December 31 of respective years

Source: Economic Survey 2020-21

2019 में बीमा की पहुँच (%)

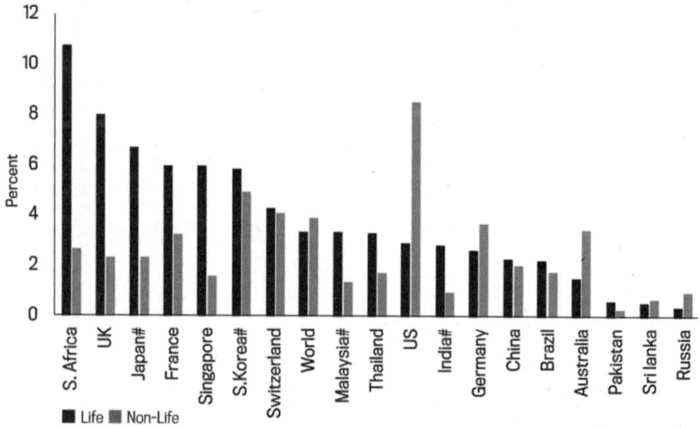

Note: # Data Relates to Financial year

Source: Economic Survey 2020-21

- सरकारों ने बीते बरसों में हर उभरते हुए बचत विकल्प पर टैक्स थोप दिया है। वित्तीय बचतों का एक बड़ा हिस्सा शेयर, बांड व म्यूचुअल फंड बाजार के जरिये अर्थव्यवस्था में आने को बेताब है लेकिन वहाँ अभूतपूर्व और बहुआयामी टैक्सेशन है। जिसे बदलकर निवेशकों को बेहतर रिटर्न दिया जा सकता है। यदि पूँजी बाजार में निवेश बढ़ा तो कम्पनियों के लिए बैंक कर्ज पर निर्भरता कम की जा सकती है।

- जैसे कि साल 2021 के बजट में बजट बचतों को प्रोत्साहन के बजाय सरकार ने पीएफ यानी भविष्य निधि और पेंशन में 2.5 लाख रुपये से अधिक के योगदान पर इनकम टैक्स लगा दिया।

भारत का वित्तीय तंत्र (बैंकिंग, शेयर, बांड, बचत) तभी सुधरेगा जब सरकारें अपना तरीका बदलेंगी। कोविड वाली मन्दी के बीच जब स्विट्जरलैंड, नीदरलैंड, आइसलैंड जैसे देशों ने पेंशन योगदान पर सब्सिडी दी यानी सरकारों ने बोझ उठाया तब भारत ने इसका बिलकुल उलटा किया।

अन्तरराष्ट्रीय आँकड़े बताते हैं यूरोप व अमेरिका में इनकम सपोर्ट और वेतन संरक्षण कार्यक्रमों से बचत बढ़ाने में सफलता मिली है, नतीजतन अटलांटिक के दोनों किनारों यानी यूरोप और अमेरिका में बचत दर ऐतिहासिक ऊँचाई पर पहुँच गई।

अगले अध्याय में हम जानेंगे कि सरकार ही हमारी सबसे बड़ी समस्या क्यों है और कोविड ने सरकार की साख पर सबसे ज्यादा चोट कैसे पहुँचाई है।

7

सबसे बड़ा तिलिस्म

2020 की पहली लहर में कोविड का शिकार होने के कारण मकरन्द पटेल पूरी तरह ठीक नहीं हो पाए थे। कोविड ने शरीर तोड़ दिया था और मन्दी ने घर की अर्थव्यवस्था। सब कुछ अस्त-व्यस्त हो गया था। मकरन्द ने सपने में भी नहीं सोचा था कि कोविड की दूसरी लहर उन्हें चपेट लेगी।

लॉकडाउन खुलने के बाद वह काम में जुट गए थे, रिया के लिए कुछ करना चाहते थे और उसी भागदौड़ में कोविड की दूसरी लहर ने उन्हें पकड़ लिया। होम आइसोलेशन में रहकर ठीक तो हो गए लेकिन अप्रैल-मई में मुम्बई का हाल देखकर उनका दिल काँप गया।

एक शाम वह अपने छोटे भाई मधुक से फोन पर बात करते हुए रो पड़े। मधुक कनाडा में हैं। उन्होंने न केवल पैसा भेजा था बल्कि उनका बेटा माधव और बेटी गरिमा, हिमेश की पढ़ाई और रिया के लिए ऑनलाइन जॉब में मदद कर रहे थे।

मधुकभाई पटेल टोरंटो (कनाडा) के उपनगरीय इलाके के डोरसेट पार्क में एक ग्रॉसरी स्टोर और रेस्टोरेंट चलाते हैं। उनका बेटा लन्दन में एक मर्चेंट बैंकिंग फर्म में काम करता है और बेटी सिएटल (अमेरिका) में सॉफ्टवेयर इंजीनियर है।

कोविड और उसके साथ आई मन्दी का झटका मधुक को भी लगा लेकिन उनका हाल मकरन्द जितना खराब नहीं हुआ। वह मकरन्द की मदद भी कर रहे थे। मकरन्द ने यह समझने की कोशिश की कि आखिर मधुक ऐसा कैसे कर सके।

मधुक का डोरसेट पार्क वाला ग्रॉसरी स्टोर और रेस्टोरेंट बन्द तो हुआ था लेकिन उन्होंने कनाडा सरकार से स्वरोजगार सहायता ले ली। उनका करीब 70 फीसदी नुकसान सरकार ने भरा। कनाडा में कोविड वैक्सिनेशन की शुरुआत धीमी थी लेकिन जब भारत में कोविड की दूसरी लहर तबाही मचा रही थी तब तक वहाँ वैक्सिनेशन तेज हो गया था और मधुक को न केवल टीका लग चुका था बल्कि कारोबार भी दोबारा आँखें खोल रहा था।

मधुक का बेटा माधव लन्दन में है। उसकी मर्चेंट बैंकिंग कम्पनी को ब्रिटेन सरकार की फर्लो स्कीम का फायदा मिला। नौकरी भी बची और करीब 80 फीसदी पगार भी सुरक्षित रही। गरिमा की कम्पनी ने अमेरिकी सरकार की पे चेक प्रोटेक्शन स्कीम में शामिल होकर कर्मचारियों की नौकरी और वेतन बचा लिये।

माधव यूरोप के उन पाँच करोड़ लोगों में थे जिन्हें सरकारों की रोजगार बचाओ स्कीमों का लाभ मिला था जबकि गरिमा की कम्पनी उन 6.5 लाख कम्पनियों में थी जिन्हें अमेरिका में वेतन संरक्षण (पे चेक प्रोटेक्शन) का लाभ मिला था जिसने न केवल मधुक के परिवार को सहारा दिया बल्कि कुछ मदद मुम्बई में मकरन्द तक आई थी।

मकरन्द को बिस्तर पर लेटे-लेटे कई तरह के सवालों ने घेर लिया। भारत में अस्पतालों का इतना बुरा हाल क्यों हुआ? ऑक्सीजन के लिए भटककर लोग क्यों मरे? बेटी की बेकारी और बेटे की पढ़ाई छूट गई तो सरकार की मदद क्यों नहीं मिली?

उन्होंने पूरा जीवन ईमानदारी से हर तरह का टैक्स भरा था। अकाउंटेंट होने के नाते वह कम्पनी का हिसाब-किताब भी साफ रखते थे। उनकी बचत बैंक में जमा थी या बीमा में। लेकिन इस भयानक संकट के वक्त उन्हें सरकार कहीं मदद करती नजर नहीं आई? क्या मधुक और उसके परिवार के लोग जिस देश में हैं वहाँ की सरकारें ज्यादा संवेदनशील थीं?

यह याद करना जरूरी है—बैंक, बचत और कर्ज पर बहस करते हुए रोहन को यह भी समझ में नहीं आ रहा था कि उसे कर्ज सस्ता क्यों नहीं मिलता? साइकिल पर दिल्ली और हैदराबाद से केन्द्रपाड़ा जाते हुए शीतल और जगत को कहीं सरकार एक बोतल पानी देती भी नजर नहीं

आई थी जिनके नाम पर भारत का कल्याणकारी राज्य चलता है। बेचेलाल का दुर्भाग्य लेकर गोविन्द गाँव पहुँच गया था। गोविन्द की माँ अस्पताल के बाहर सड़क पर दम तोड़ गई थी और जमील, परवेज और नासिर को पता ही नहीं था कि सरकार नाम की कोई व्यवस्था भी है जो उनकी मदद के लिए बनी है।

कोविड से अर्थव्यवस्था और बेकारी से बचाव के सीधे उपायों के मामले में भारत, विकसित देशों की बात तो दूर मध्यम आय वाले देशों में भी कमजोर साबित हुआ। 2020 में आया आत्मनिर्भर पैकेज देखने में तो जीडीपी के अनुपात में 10 फीसदी (21 लाख करोड़) था लेकिन यह कर्ज और गारंटी जैसे परोक्ष उपायों से बना था, बेकारों की सीधी मदद से नहीं जबकि इसकी तुलना में दुनिया के अधिकांश प्रमुख देशों ने 1930 की मन्दी के दौरान मशहूर अर्थविद् जॉन मेनार्ड कीन्स के मंत्र को मानते हुए अपने सारे उपाय रोजगार बचाने पर केन्द्रित कर दिये। इसलिए सरकार के पैकेज आने और लॉकडाउन खत्म होने के बाद भारत की अर्थव्यवस्था में बेहतरी नहीं बल्कि गिरावट के आकलन बढ़ते चले गए।

COVID राहत पैकेज—दुनिया और भारत

	भारत	विकासशील अर्थव्यवस्थाएँ	विकसित अर्थव्यवस्थाएँ
राजकोषीय राहत	2.2%	4.7%	8.5%
मौद्रिक राहत	6%	1.6%	14.2%
कर्ज राहत	7%	1.9%	10.8%

Source: https://www.ndtv.com/india-news/dr-prannoy-roy-investor-ruchir-sharma-on-2021s-top-10-trends-full-transcript-2350350

वेतन संरक्षण या पगार सब्सिडी सरकारों के रोजगार बचाओ अभियानों का सबसे बड़ा हिस्सा है। भारत में जब हर चौथे कर्मचारी की पगार कटी है तब ब्रिटेन की 'फर्लो', जर्मनी की 'कुर्जरबेट' जैसी स्कीमों सहित फ्रांस, इटली, कनाडा, मलेशिया, हांगकांग, नीदरलैंड, ऑस्ट्रेलिया, न्यूजीलैंड, डेनमार्क और सिंगापुर सहित 35 देशों में कम्पनियों को सब्सिडी और फर्लो

बोनस दिये गए। अमेरिका में छोटे उद्योगों को तकरीबन मुफ्त कर्ज मिला ताकि कर्मचारियों की तनख्वाहें न कटें। बीमारी में वेतन न काटे जाने व इलाज आदि की रियायतें अलग से हैं।

इन सभी देशों में कर्मचारियों के 70 से 84 फीसदी तक वेतन संरक्षित किए गए हैं (भारत में जिन लोगों की नौकरियाँ बच भी गईं उनको 20 से 30 फीसदी वेतन में कटौती का सामना करना पड़ा)। इन स्कीमों का लाभ वहाँ के मध्यवर्ग को मिला है, जिसके चलते वैक्सीन लगने के साथ बाजार खुलते हुए अमेरिकी और यूरोपीय अर्थव्यवस्थाओं ने 2021 की पहली तिमाही में मन्दी से उबरना शुरू कर दिया।

- अमेरिका, दक्षिण कोरिया, चीन (प्रवासी श्रमिकों के लिए), कनाडा, आयरलैंड, बेल्जियम, ऑस्ट्रेलिया और जापान जैसे देशों ने बेकार हुए लोगों और परिवारों को बेकारी भत्ते दिये हैं या मौजूदा भत्तों की दर बढ़ाई । इसका लाभ कम आय वालों को मिला है।
- अमेरिका, स्वीडन, डेनमार्क, कनाडा, आयरलैंड, फ्रांस सहित करीब दो दर्जन देशों ने अपने यहाँ स्वरोजगारों के लिए सब्सिडी और नुकसान भरपाई की स्कीमें शुरू कीं जिनमें उनके हर माह हुए नुकसान का 60 से 70 फीसदी हिस्सा वापस हो रहा है। उनके टैक्स माफ किए गए।

ज्यादातर स्कीमें छोटे उद्योगों में रोजगार बचाने पर केन्द्रित हैं जबकि बड़ी कम्पनियों को टैक्स रियायतें देकर नौकरियाँ और वेतन कटौती रोकने के लिए प्रेरित किया गया है। रोजगार बचाने की स्कीमों के कारण लोगों के वेतन संरक्षित हैं इसलिए कोविड का डर बीतते ही कई देशों में माँग लौट आई और मार्च-अप्रैल 2021 के दौरान बेकारी में तेज गिरावट दर्ज की गई।

1930 की महामन्दी के बाद उभरी आर्थिक नीतियों (अमेरिकी राष्ट्रपति फ्रैंकलिन डी. रूजवेल्ट को अर्थशास्त्री जॉन मेनार्ड कीन्स का खुला पत्र) की रोशनी में सरकारों ने यह गाँठ बाँध ली थी कि रोजगार बचाना और बढ़ाना ही मन्दी से उबरने का एकमात्र तरीका है। 2020 में अप्रैल से लेकर अगस्त के दौरान यूरोप में करीब 5 करोड़ रोजगार बचाए (ओईसीडी रिपोर्ट) गए हैं। अमेरिका में सितम्बर 2020 के आखिरी सप्ताह तक करीब 2.6

करोड़ बेरोजगारों को बेकारी सहायता मिली। छोटे उद्योगों में वेतन संरक्षण कार्यक्रम के तहत 520 अरब डॉलर के कर्ज (इन्हें बाद में माफ कर दिया जाता है) बाँटे जा चुके हैं।

दूसरी तरफ, इसी दौरान एक्शन एड के अनुसार असंगठित क्षेत्र में करीब 80 फीसदी रोजगार खत्म हो गए जबकि सीएमआईई के मुताबिक 2020-21 में संगठित क्षेत्र में करीब 1.8 करोड़ नौकरियाँ खत्म हुईं जिनमें 98 लाख नौकरियाँ वेतनवाली हैं यानी ये लोग भारत के मध्यवर्ग का हिस्सा हैं।

मकरन्द जैसे मध्यवर्गीय लोग टैक्स, ब्याज का हिसाब तो फिर भी समझते हैं लेकिन जब उन्होंने इस संकट के दौरान सरकार से मिलनेवाली सुविधाओं पर कुछ जानने की कोशिश की है तो उन्हें सरकार के घाटे और विशाल आबादी के पुराने तर्क सुनने को मिलते हैं। उनको यह पता है कि टैक्स बढ़ रहे हैं, कम्पनियों की कमाई बढ़ रही है, सरकारों के बजट बड़े होते जाते हैं। उन्हें थोड़ा अन्दाजा इस बात का भी है कि उनकी बचत भी सरकार इस्तेमाल करती है।

लेकिन इस संकट में सरकार की मदद उनके पास नहीं आई। उन्हें तो छोड़िए, एक करोड़ प्रवासी मजदूर पैदल अपने घर गए और सरकार का पूरा तंत्र उन्हें एक समय का भोजन तक नहीं दे पाया।

दूसरे लॉकडाउन (2021) के दौरान मकरन्द घर पर थे और कोविड की दूसरी चोट से उबरने के बाद खुद को बटोर रहे थे। अपने अकाउंटिंग अनुभव के सहारे मकरन्द ने यह हिसाब लगाना शुरू किया कि टैक्स का बोझ कितना है। इस हिसाब में हिमेश भी शामिल हो गया जो यह तलाशने लगा कि सरकारों का इतना बड़ा बजट आखिर जाता कहाँ है?

घर और कार : सपने या टैक्स की मार?

मकरन्द की पुरानी कम्पनी शेयर बाजार में डिफाल्टर हो गई थी। नई नौकरी में उनकी तनख्वाह 40 फीसदी कट गई थी। बीमारी संकट के बीच उन्होंने अपना इनकम टैक्स रिटर्न भरा, सो हिसाब ताजा-ताजा था। करीब 50 साल के मकरन्द टैक्सपेयर्स के उस सबसे बड़े समुदाय का हिस्सा हैं, कमाई, खर्च या रिटर्न पर जिनका ज्यादातर टैक्स पहले कट (टीडीएस) जाता है।

मकरन्द ने अपने ताजे इनकम टैक्स रिटर्न को सामने रखकर हिसाब लगाना शुरू किया। डायरी के पन्नों पर सबसे पहले चमका वह मोटा टैक्स जो उनकी कम्पनी हर महीने, तनख्वाह देने से पहले ही काट लेती है। इसके बाद उनकी गिनती में आया वह टैक्स जो उनके बैंक ने बचत (एफडी) पर ब्याज से काटा। उन्हें पुरानी जमीन बेचकर नया मकान खरीदने पर कैपिटल गेन्स टैक्स देना पड़ा था जिसके लिए ऑफिस से लिया गया कर्ज उनकी पुरानी कम्पनी इसी जनवरी तक काट रही थी।

मकरन्द ने जैसे ही मकान के कर्ज पर टैक्स का हिसाब लगाना शुरू किया उनको महसूस हुआ कि जब से उन्होंने मकान खरीदा है उनका टैक्स बोझ बढ़ने लगा है। उन्होंने जमीन, मकान पर टैक्स का हिसाब लगाना शुरू कर दिया।

अपनी छत की कहानी कुछ कम दर्द भरी नहीं है। टैक्स के बोझ से इस सपने की नींव हमेशा दरकती रहती है। भारत के घर लम्बे समय के कर्ज के जरिये खरीदे जाते हैं और कदम-कदम पर टैक्स देना होता है।

- भवन निर्माण सामग्री पर भारी जीएसटी (5 से 28 फीसदी), जो ग्राहक चुकाते हैं।
- निर्माण सेवाओं पर 8 से 18 फीसदी जीएसटी।
- मकानों के निर्माण पर जीएसटी 1 (सस्ते घर) और 5 फीसदी और बगैर इनपुट टैक्स क्रेडिट के 5 से 12 फीसदी।
- घर खरीदने पर राज्यों की ऊँची स्टाम्प ड्यूटी। यानी टैक्स पर टैक्स। शहरों में घर आम तौर पर सोसाइटी हाउसिंग स्कीमों या निजी बिल्डरों से मिलते हैं। घर खरीदनेवाला दोहरा टैक्स देता है। बिल्डर और सोसाइटी सरकार को जमीन की खरीद पर जो टैक्स देती है वह फ्लैट की लागत में शामिल होता है और ग्राहक इसके ऊपर स्टाम्प ड्यूटी चुकाता है।
- अपार्टमेंट के मेंटेनेंस चार्जेज (7,500 रुपये प्रतिमाह से ज्यादा) पर 18 फीसदी जीएसटी।
- हाउस और वाटर टैक्स।
- घर बेचने पर सरकार कैपिटल गेन टैक्स लेती है जो तभी माफ हो सकता है जब बिक्री के दो वर्ष के भीतर दूसरा घर खरीदकर फिर टैक्स दिये जाएँ।

मकान और कार, भारतीय मध्यवर्ग के सबसे बड़े सपने हैं, जिन्हें हासिल करने में पूरी उम्र निकल जाती है। इनके लिए सबसे ज्यादा कर्ज लिया जाता है और इन्हीं सपनों पर भारतीय सबसे ज्यादा टैक्स पर टैक्स चुकाते हैं।

मकरन्द जब तक मकान पर टैक्स का हिसाब पूरा करते उनके बेटे हिमेश ने हिसाब लगा लिया कि भारत में कार रखने पर कितना टैक्स देना होता है।

- ऑटोमोबाइल पर जीएसटी अलग-अलग वाहनों पर 5-12-18 और 28 फीसदी।
- कारों पर जीएसटी कम्पनसेशन सेस 1 से 22 प्रतिशत तक।
- पुरानी कारों की बिक्री पर जीएसटी।
- कार लोन, बैंकिंग, बीमा सेवाओं पर जीएसटी।
- राज्यों के वाहन रजिस्ट्रेशन टैक्स और दूसरी फीस।
- पेट्रोल पर लगनेवाली कस्टम, एक्साइज ड्यूटी और राज्यों का वैट।
- पेट्रोल-डीजल पर सड़क विकास सेस।
- टोल टैक्स।
- कार की सर्विस पर सर्विस टैक्स।
- हर साल बीमा पर सर्विस टैक्स।

वाहनों की कीमत उनके उम्र के साथ घटती जाती है लेकिन आम लोग उन पर टैक्स चुकाते हैं जबकि कम्पनियों को डिप्रिशिएशन का लाभ मिलता है।

अन्ततः हिमेश ने बताया कि 'अगर आप 15 लाख रुपये की एक कार रखते हैं और उसे एक लाख किलोमीटर चलाते हैं तो आपको 18.78 लाख रुपये का टैक्स देना होता है और उसमें जीएसटी और टोल टैक्स शामिल नहीं है।'

हिमेश को पता है कि यूरोप और अमेरिका में लोग केवल सार्वजनिक परिवहन पर पूरा जीवन गुजार देते हैं, भारत में इतने भारी टैक्स के बाद भी यह सुविधा लगभग नामुमकिन है।

कार रखने पर टैक्स का बोझ

लाख रुपए

A	इस कीमत की कार खरीदने के लिए	15.00
B	कमाई चाहिए	21.42
C	इनकम टैक्स कटौती	6.42
D	कार की कीमत पर कंपनी और डीलर की वापसी	9.80
E	कार के निर्माण और बिक्री पर टैक्स	5.20
F	एक लाख किमी. कार चलाने पर ईंधन खर्च	7.55
G	इसके लिए कमाई चाहिए	10.78
H	इनकम टैक्स कटौती	3.23
I	ईंधन की लागत में टैक्स	3.92
कार रखने के लिए आय (B+G)		32.20
आपके कार रखने पर सरकार वसूलती है 58% टैक्स (C+E+H+I)		18.78

Assumptions: Annual salary between Rs 50 lakh and Rs 1 Cr. Flat effective income tax rate of 30% (explains difference between B & A and G & F). GST road tax and tax on insurance explains E. Petrol Rs 90 a litre and total tax on it more than 61% (Delhi rates as on Feb 20,2020). Example is illustrative, exact tax liability will vary depending on car, mileage and taxable income

(figure rounded off)

India's Most Abused Taxpayers by Rohit Saran
https://timesofindia.indiatimes.com/blogs/toi-edit-page/indias-much-abused-taxpayers-you-dont-get-much-benefit-back-salaried-classes-get-the-short-end-of-the-stick/

टैक्स बहादुरी का हिसाब-किताब

मकरन्द के माता-पिता गुजरात में स्कूल टीचर थे जिनकी पेंशन पर टैक्स का हिसाब भी मकरन्द ही सँभालते थे। कार, मकान सहित सभी टैक्स को जोड़कर यहाँ तक आते उनके परिवार का कुल प्रत्यक्ष कर उनके दो माह के वेतन के बराबर हो गया था, जो एक मध्यवर्गीय के लिए बड़ी टैक्स रकम है।

मकरन्द को अक्सर कहा जाता था कि भारत के लोग टैक्स ही नहीं देते। अपने ताजे हिसाब के बाद वह अब धारणा को चुनौती देना चाहते थे और टैक्स जीडीपी अनुपात कम होने के तर्क पर तस्वीर साफ करना चाहते थे। सो मकरन्द ने 'पॉवरफुल पटेल' व्हाट्सएप ग्रुप में अपने टैक्स का विवरण बता दिया और बहस छेड़ दी।

गुजराती कारोबारियों के परिवार ने इस बहस में बड़ी दिलचस्पी ली और नये-नये खुला आने लगे।

ग्रुप में किसी ने याद दिलाया कि भारत में शिक्षा के लिए सेस (उपकर) लगता है जिसकी शुरुआत प्राथमिक शिक्षा के लिए 2 फीसदी सेस से हुई थी। जब इस पर सवाल उठे तो 2006 में प्रारम्भिक शिक्षा कोश बना दिया गया। यही नहीं, 2007-08 में माध्यमिक और उच्च शिक्षा के लिए 1 फीसदी का नया सेस आ गया। इसके बाद 1 फीसदी नये सेस के साथ इसे 4 फीसदी एजुकेशन और हेल्थ सेस में बदल दिया गया। इस तरह 2004 से 2019-20 के बीच शिक्षा पर 4.25 लाख करोड़ रुपये का सेस वसूला गया। इस बारे में सीएजी पूछता रह गया लेकिन इसका हिसाब सरकार ने नहीं दिया।

ग्रुप के एक सदस्य ने ध्यान दिलाया कि विमान सेवा पर कई तरह के टैक्स हैं जिसमें ईंधन पर लगनेवाला टैक्स शामिल है जो भारत में यात्रा को महँगा करता है। इन सेवाओं में तो अब सरकार निजी कम्पनियों के निवेश पर रिटर्न सुनिश्चित करने के लिए सेवाओं और सुविधाओं की मनमानी दरें तय करने की छूट देती है और उन पर टैक्स वसूलती है।

ग्रुप पर एक झुँझलाती टिप्पणी आई कि इतना टैक्स है फिर भी हवाई अड्डे पर इतनी महँगी कॉफी मिलती है?

पॉवरफुल पटेल ग्रुप के सभी सदस्य इस बात से खास उत्तेजित थे कि हर साल उन पर टैक्स का बोझ बढ़ता जाता है, लेकिन उनके पास इसे नापने का कोई आँकड़ा नहीं था।

मर्चेंट बैंकिंग और शेयर बाजार से जुड़े लोगों के सम्पर्क में रहे मकरन्द ने जब अपनी शंका कुछ बाहर के लोगों के सामने रखी तो उनके पास जो तथ्य आए उन्हें देखकर पॉवरफुल पटेल समूह में तहलका मच गया।

मकरन्द ने इंडिया रेटिंग्स की एक नई रिपोर्ट सबको दिखाई जिसके मुताबिक बीते एक दशक (2010 से 2020) के बीच भारतीय परिवारों पर टैक्स का बोझ 60 से बढ़कर 75 फीसदी हो गया। यह हिसाब व्यक्तिगत आयकर और जीएसटी को मिलाकर किया गया है। यह बोझ जीएसटी के आने के बाद बढ़ता रहा है जिसे लाने के साथ टैक्स कम होने का वादा किया गया था।

इस गणना में राज्यों के टैक्स और सरकारी सेवाओं पर लगनेवाली फीस शामिल नहीं है। वे भी लगातार बढ़ रहे हैं।

मकरन्द ने अखबारों में छपी इस खबर को टैग किया और बताया कि सात साल (2014-2021) में पेट्रोल-डीजल से टैक्स संग्रह 700 फीसदी बढ़ा है।

उनका सवाल था कि फिर भी भारत को कम टैक्स या टैक्स न देनेवालों का देश कहा जाता है, क्यों? टैक्स व जीडीपी के अनुपात (11.22 प्रतिशत—2018-19) का तर्क जायज नहीं है। यह अनुपात जीएसटी से पहले औसतन 17-18 फीसदी था। यह तो आर्थिक उत्पादन के बदले सरकार के राजस्व का हिसाब-किताब है। टैक्स जीडीपी अनुपात की गणना सरकार के राजस्व की रोशनी में की जाती है और भारत की तुलना होती है विकसित देशों यानी अमेरिका और यूरोप (ओईसीडी) से जहाँ टैक्स जीडीपी अनुपात 24 से 46 फीसदी के बीच है।

लेकिन टैक्स जीडीपी अनुपात मूलत: आयकर या इनकम टैक्स, वेल्थ टैक्स या विरासत कर पर आधारित है। इसलिए हमें इस अनुपात को औसत प्रति व्यक्ति आय के आधार पर देखना चाहिए।

अमेरिका में प्रति व्यक्ति आय 68000 डॉलर है जिस पर टैक्स जीडीपी अनुपात 24 फीसदी है। रूस में 11000 डॉलर प्रति व्यक्ति की आय पर टैक्स जीडीपी अनुपात 16.5 फीसदी, दक्षिण कोरिया में 31000 डॉलर की आय पर 27 फीसदी और मलेशिया में 11400 डॉलर पर टैक्स जीडीपी अनुपात 16.5 फीसदी है। इंडोनेशिया में 3893 डॉलर की आय पर जीडीपी अनुपात 13 फीसदी का है। चीन में 9770 डॉलर प्रति व्यक्ति की आय पर टैक्स जीडीपी अनुपात 27 फीसदी है।

भारत प्रति व्यक्ति आय में 122वें नंबर वाला देश है उसमें भी 80 फीसदी आबादी की कमाई 20000 रुपये मासिक (आईसीई 360 सर्वे) से कम है तो इनकम टैक्स देनेवाले अरबों की संख्या में नहीं होंगे।

गिरीश भाई की खोज

'पॉवरफुल पटेल' ग्रुप में जोरदार तर्क-वितर्क जारी था। मकरन्द के मामा गिरीश भाई राजकोट में चार्टर्ड अकाउंटेंट हैं और स्थानीय उद्योग संगठन के सचिव

भी हैं। टैक्स पर बहस में वह भी कूद पड़े। उनके पास कुछ और दिलचस्प तथ्य थे जिन्हें जानकर पूरा पटेल ग्रुप चौंक पड़ा।

गिरीश भाई ने ग्रुप पर लिखा कि कॉरपोरेट टैक्स में (2019) कटौती से छोटी कम्पनियों को कुछ नहीं मिला है। उन्होंने वित्त मंत्रालय के आँकड़े पढ़ रखे थे जो बताते हैं, जिनके मुनाफे कम हैं (एक करोड़ से कम) उन पर टैक्स ज्यादा है जबकि 500 करोड़ से ज्यादा मुनाफे वाली कम्पनियाँ कम टैक्स भरती हैं।

टैक्स कानून की पेचीदगी कुछ ऐसी है जिसमें भारत का पूरा कॉरपोरेट टैक्स सिस्टम दरअसल रोजगार विरोधी हो जाता है। ज्यादा मुनाफे वाली कम्पनियों पर कम टैक्स का फायदा पेट्रोलियम, बिजली जैसे उद्योगों को मिलता है जहाँ एकाधिकार है और रोजगार कम हैं। जबकि ज्यादा रोजगार देनेवाले उद्योग जैसे ऑटोमोबाइल या भवन निर्माण, वित्तीय सेवाओं पर प्रभावी टैक्स दर ज्यादा है।

टैक्स कानूनों के भीतर झाँकने पर पता चलता है कि सरकार कम्पनियों को निवेश के लिए जो रियायतें देती (आयकर की धारा 80 सी) है वह दरअसल मशीनी निवेश पर है जिनसे श्रमिकों की जरूरत कम होती है। जबकि श्रम गहन उद्योग जैसे कपड़ा या भवन निर्माण पर टैक्स का बोझ ज्यादा है।

गिरीश भाई ने कहा कि कारोबार की लागत बढ़ रही है। इम्पोर्ट ड्यूटी जो 1991 के बाद से लगातार घट रही थी 2017 के बाद से बढ़ने लगी है, इससे कच्चा माल महँगा हो गया है।

ग्रुप में किसी ने जीएसटी के बारे में पूछ लिया तो गिरीश भाई बहुत निराश हो गए। उन्होंने कहा कि जीएसटी से एक बड़े सुधार की उम्मीद ध्वस्त हो गई। मन्दी के बीच टैक्स सुधार कामयाब नहीं होते। जल्दबाजी और बिना सही अध्ययन के लागू हुआ जीएसटी न माँग बढ़ाने में कामयाब हुआ न सुविधाएँ, उलटे यह उद्योग व व्यापार की मुसीबत बन गया। रियायतों और बदलावों ने इसे दुनिया का सबसे अनिश्चित टैक्स सिस्टम बना दिया है। कोविड के बाद आई महामन्दी से जीएसटी को लेकर राजनीतिक सहमति भी ध्वस्त हो गई है। केन्द्र सरकार राज्यों के नुकसान की भरपाई नहीं कर पा रही है जो जीएसटी के विघटन की तरफ ले जाएगी।

जीएसटी अब तक

1. 2016-17 में यह बताकर जीएसटी बेचा गया था इससे कई टैक्स दरें खत्म होंगी। टैक्स का बोझ घटेगा। उत्पाद सस्ते होंगे। लेकिन चार दरों और सेस वाले जीएसटी के आने के बाद 2019-20 में भारत में निजी खपत की दर पाँच साल के न्यूनतम स्तर 5.3 फीसदी पर आ गई। यानी माँग नहीं बढ़ी। कोविड के बाद तो हाल और बुरा हो गया।
2. माँग बढ़ने की मार्केटिंग इस दावे के साथ की गई थी, नियम सरल होंगे, सब टैक्स देंगे, खूब खपत होगी तो खूब राजस्व आएगा। जीडीपी दो फीसदी उछल जाएगा। लेकिन अपने जन्म से आज तक जीएसटी 1.5 लाख करोड़ के मासिक टैक्स संग्रह का न्यूनतम मंजिल नहीं छू सका। राजस्व की उम्मीद तो लागू होते ही टूट गई थी इसलिए जीएसटी पर सेस थोप दिया गया था।
3. जीएसटी को लेकर ये सब वादे उछालनेवालों को खुद भी नहीं पता था कि आगे क्या होनेवाला है। जीसटी की जान एक कृत्रिम राजनीतिक सहमति में बसी थी जिसके जरिये एक घटिया टैक्स सिस्टम को महान सुधार बताकर जल्दबाजी में लागू किया गया। 2016 के मध्य में जब पहली बार देश को जीएसटी के कानून का मसौदा पढ़ने को मिला, चार टैक्स दरों, असंख्य शर्तों और नये इंस्पेक्टर राज से डरे लोग जब जीएसटी के ढाँचे और क्रियान्वयन की पर्याप्त तैयारी पर सरकार से सवाल पूछना चाहते थे, ठीक उसी समय केन्द्र सरकार ने राज्यों को नुकसान की गारंटी (राजस्व में 14 प्रतिशत सालाना की बढ़त दर पर) देकर जीएसटी थोप दिया।

टैक्स का क्रियान्वयन तो पहले से ही घिसट रहा था। राज्यों के नुकसान भरपाई की गारंटी पर केन्द्र के इनकार के बाद जीएसटी की राजनीतिक बुनियाद ध्वस्त हो गई है, जीएसटी काउंसिल राजनीतिक तौर पर बँट चुकी है।

पेट्रोल-डीजल या रियल इस्टेट को जीएसटी के दायरे में लाने का एजेंडा फिलहाल खत्म हो गया है।

अब एक ही रास्ता है और वह आपदा में अवसर जैसा है।

1. मन्दी से मरती अर्थव्यवस्था को माँग की मदद चाहिए। यही मौका है जब जीएसटी का पुनर्गठन करते हुए दो नई दरें (7-20) तय करनी चाहिए। आम खपत के सामानों को कर मुक्त किया जाए और कुछ उत्पादों को निचली 7 फीसदी की दर में डाला जाना चाहिए। जीएसटी की पीक रेट घटी तो माँग बढ़ेगी जिसका फायदा टैक्स संग्रह बढ़ने के तौर पर सामने आएगा।
2. कानून बदला जाए ताकि राज्यों को टैक्स रियायतें देने की छूट मिल सके। कोविड के बाद नया निवेश राज्यों की नीतियों और प्रोत्साहनों पर ही निर्भर होगा। राज्यों को टैक्स सम्बन्धी आजादी देकर जीएसटी से पहले वाली निवेश की प्रतिस्पर्धा को पुन: शुरू करने के अलावा कोई रास्ता नहीं है।

छिपी हुई चोट

जीएसटी का जिक्र आते ही मकरन्द ने फिर मोर्चा सँभाल लिया। उन्होंने एक चतुर अकाउंटेंट की तरह परोक्ष करों (इनडाइरेक्ट टैक्स) का हिसाब भी लगाया था। हाउस टैक्स और वाटर टैक्स, टोल टैक्स, सामान, दवा, कपड़ों, फोन-ब्रॉडबैंड के बिल और दूसरी सेवाओं पर जीएसटी के मोटे हिसाब के आधार पर बीते वर्षों से मकरन्द के परिवार की आय का करीब 35 से 45 फीसदी हिस्सा टैक्स में जा रहा था।

मकरन्द के बाद गिरीश भाई ने इस ग्रुप को जो बताया उसके बाद यह बहस खत्म हो गई कि भारत में मध्यवर्ग पर टैक्स का बोझ कम है। गिरीश भाई ने कहा कि अन्य देशों में परोक्ष कर कम हैं और आय पर टैक्स ज्यादा। टैक्स और जीडीपी का अनुपात के आधार पर भारत में कम टैक्स का तर्क इसलिए अर्धसत्य है क्योंकि सबसे बड़ी तादाद या सबसे भारी बोझ परोक्ष करों का है जो सभी आय वर्गों की खपत पर लगते हैं। जो अमीर से लेकर गरीब सभी को प्रभावित करते हैं, अप्रत्यक्ष टैक्स महँगाई बढ़ाते हैं और खपत सीमित करते हैं। भारत, जहाँ कि खपत आधारित अर्थव्यवस्था है वहाँ सबसे ज्यादा टैक्स खपत से ही निचोड़े जाते हैं।

भारत में जीएसटी सुधार से प्रभावी टैक्स दर कम हुई है। जीएसटी की

मीडियम दर 18 फीसदी है जो अन्तरराष्ट्रीय औसत दर 14 फीसदी से अधिक है लेकिन यह हिसाब भी इतना सीधा नहीं है। भारत में पेट्रोल-डीजल पर टैक्स की दर राज्यों में 15 से 35 फीसदी तक है और यह एक्साइज और कस्टम ड्यूटी के अलावा है। इसी तरह पाँच दरों वाले जीएसटी में उपभोक्ता की खपत के कई उत्पाद, इलेक्ट्रॉनिक्स, ऑटोमोबाइल आदि पर 28 फीसदी की दर से टैक्स लगता है। अचल सम्पत्ति पर टैक्स और बिजली दरें जीएसटी से बाहर हैं। इसलिए भारत में खपत पर औसत टैक्स दर दुनिया के सबसे ऊँची दरों 25 से 27 फीसदी के आसपास है।

कमाई पर कम और खपत पर ज्यादा टैक्स लगानेवाली अर्थव्यवस्थाएँ निम्न और मध्यम आय वर्ग के साथ पक्षपात करती हैं। सरकारें राजस्व की फिक्र का तर्क देकर आम लोगों की खपत पर टैक्स कम नहीं करतीं लेकिन समृद्ध और सुपर रिच पर टैक्स का बोझ लगातार घट रहा है। 2019 में केन्द्र और राज्यों के कुल राजस्व का 65 फीसदी हिस्सा खपत पर लगनेवाले टैक्स से आया। जबकि इनकम टैक्स सरकार की कमाई में 17 फीसदी का हिस्सा रखते हैं।

भारत में 2016 में वेल्थ टैक्स हटा दिया गया, 2019 में 10 करोड़ रुपये से ऊपर पर लगा सरचार्ज समाप्त हो गया और 2019 में कॉरपोरेट टैक्स की दर 30 फीसदी से घटाकर 22 फीसदी कर दी गई। इसके बदले 2014 से 2019 के बीच कई तरह के सेस लगाए गए हैं।

उन्होंने मकरन्द की इंडिया रेटिंग्स वाली रिपोर्ट का दूसरा हिस्सा निकाल लिया था जो हतप्रभ करनेवाला था। गिरीश भाई ने कहा कि उत्पादन या बिक्री पर लगनेवाला टैक्स (जीएसटी) आम लोग चुकाते हैं, कम्पनियाँ इसे कीमत में जोड़कर हमसे वसूल लेती हैं। इसलिए कम्पनियों पर टैक्स की गणना उनकी कमाई पर लगनेवाले कर (कॉरपोरेशन टैक्स) से होती है।

इंड-रा का अध्ययन बताता है कि 2010 में केन्द्र सरकार के प्रति सौ रुपये के राजस्व में कम्पनियों से 40 रुपये और आम लोगों से 60 रुपये आते थे। 2020 में कम्पनियाँ केवल 25 रुपये दे रही हैं और आम लोग दे रहे हैं 75 रुपये। 2019 में कॉरपोरेट टैक्स में 1.45 लाख करोड़ रुपये की रियायत दी गई है।

जीडीपी में खपत और निवेश का हिस्सा बीते दो दशक में (% of GDP)

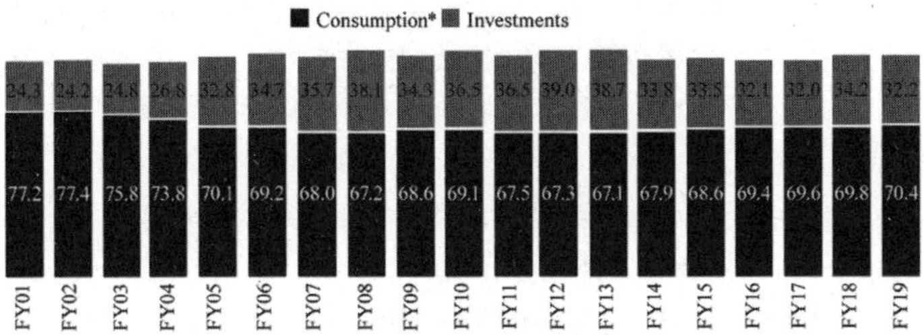

*Personal + Government: It doesn't add to 100% because net exports are not included

Source: CSO, CEIC, MoFSL

मकरन्द मुतमइन थे कि भारत को कम टैक्स देनेवाला देश कहना गलत है लेकिन उनको आश्चर्य हो रहा था कि अर्थव्यवस्था को बेहतर माँग के लिए ज्यादा से ज्यादा खपत चाहिए। खपत बढ़ेगी तो निवेश आएगा जिससे रोजगार बढ़ेंगे और जिससे बढ़ेगी आय लेकिन वही खपत इतनी बुरी तरह टैक्सों की जकड़ में है।

टैक्स बनाम सुविधा

भारत के कुल मतदाताओं में व्यक्तिगत करदाताओं का हिस्सा केवल 7 फीसदी है जबकि अमेरिका में यह 70 फीसदी और नार्वे में शत-प्रतिशत है। इनमें भारत के वेतनभोगी करदाता सबसे गए-गुजरे हैं।

वे गैर-वेतनभोगी करदाताओं की तुलना में करीब तीन गुना ज्यादा इनकम टैक्स देते हैं (2018-19 के बजट भाषण के अनुसार वेतनभोगी 76,306 रुपये का टैक्स देते हैं जबकि गैर-वेतनभोगी 25,753 रुपये का) इसमें अधिकांश टैक्स वेतन मिलने से पहले कट जाता है।

मकरन्द पूछ रहे थे, अमेरिका और यूरोप की छोड़िए एशिया के देशों में अधिकांश बच्चे पब्लिक स्कूल में पढ़ते हैं। ज्यादातर जगह स्वास्थ्य सुविधाएँ सरकारी हैं। और भारत में क्या हाल है? (2020 में आई नीति आयोग की एक रिपोर्ट बताती है कि भारत में 50 फीसदी बच्चे निजी स्कूल में पढ़ते हैं।) शिक्षा पर खर्च में 50 फीसदी हिस्सा फीस और 20 फीसदी

किताबों, ड्रेस (एनएसएसओ सर्वे 2017-18) आदि का है। यह पूरा खर्च निजी क्षेत्र को जाता है।

भारत के स्वास्थ्य नेटवर्क में दो-तिहाई क्षमता निजी क्षेत्र के पास है। इलाज पर 70 फीसदी खर्च लोग अपनी जेब से करते हैं जिसमें 52 फीसदी दवाओं पर, 22 फीसदी निजी अस्पतालों पर और 10 फीसदी पैथोलॉजी पर जाता है। निजी अस्पतालों, पैथोलॉजी और दवाओं पर भारी टैक्स भी है।

मकरन्द ने कहा, भारत में हम जिन सुविधाओं के लिए सरकार को टैक्स देते हैं उन्हीं को निजी क्षेत्र से महँगी दर पर खरीदते हैं। गिरीश भाई ने कहा कि हैरत है कि हमने इसे सामान्य बात मान लिया है जैसे कि टैक्स देकर सुविधाएँ लेना हमारे अधिकार का हिस्सा ही नहीं है।

केवल इनकम टैक्स या खपत पर टैक्स ही नहीं, लगभग प्रत्येक शहर में जमीन, मकान खरीदने पर टैक्स, हाउस टैक्स, वाटर टैक्स लगते हैं लेकिन सुविधाओं के लिए हाउसिंग सोसाइटी को अलग से पैसा देना होता है, जिसमें पानी, बिजली का बैक-अप और सफाई आदि शामिल हैं।

मकरन्द जिन्होंने लॉकडाउन के दौरान खासी मुसीबत झेली थी यह याद दिलाया कि इतने टैक्स के बाद भी भारत में न तो कोई सामाजिक सुरक्षा है न सार्वजनिक पेंशन! तो फिर यह टैक्स कहाँ जाता है, कौन खा जाता है?

पटेल परिवार के व्हाट्सएप ग्रुप के बहुमत से यह फैसला हो चुका था कि भारत की सरकार जिन 15 करोड़ मध्यवर्गीय लोगों की खपत, टैक्स और बचत (पूरी वित्तीय बचतों का 51 फीसदी हिस्सा सरकार के इस्तेमाल में आता है—मैकिंजी रिपोर्ट 2020) पर चलती है उन्हें सरकार से कोई सीधी मदद नहीं मिलती। खास तौर पर इस वक्त जब अधिकांश मध्यवर्गीय या स्वरोजगारी परिवार संकट में हैं तब सरकार का मदद वाला हाथ कहीं नहीं दिखा। कनाडा में मधुक भाई दुनिया के अन्य देशों की जॉब रिटेंशन स्कीमों या बेकारी भत्ते की खबरों के साथ अपनी चुटीली टिप्पणियों से जले पर नमक छिड़क रहे थे।

गोकुल भाई के दरिद्र नारायण

अमरेली के गोकुल भाई इस समूह के सबसे उम्रदराज सदस्य हैं जो कारोबार

बच्चों को सौंपकर सामुदायिक सेवा में लगे हैं। 2020 के लॉकडाउन के दौरान गोकुल भाई ने गरीबों को हफ्तों खाना व दवाएँ बाँटी थीं।

गोकुल भाई ने कहा कि लॉकडाउन के दौरान अगर बड़े पैमाने पर भुखमरी नहीं आई तो इसकी वजह वे हजारों कल्याणकारी संस्थाएँ व लोग थे जो हफ्तों तक खाना बाँटते रहे। उनका मतलब था कि 1.16 लाख करोड़ रुपये की खाद्य सब्सिडी के बावजूद जीविकाविहीन परिवारों को सरकार दो जून की रोटी या भटकते मजदूरों को एक बोतल पानी तक नहीं दे सकी।

गोकुल भाई का क्षोभ जायज था। कोविड और लॉकडाउन वाली मन्दी ने भारत के बहुचर्चित वेलफेयर स्टेट की दरारें उघाड़ दी थीं। आर्थिक समीक्षा (2016-17) बताती है कि करीब 40 फीसदी लक्षित लोगों को राशन प्रणाली और 65 फीसदी जरूरतमन्दों को मनरेगा का लाभ नहीं मिलता।

सरकार को इन मदों से मिलते हैं संसाधन

(Budget 2021-22)

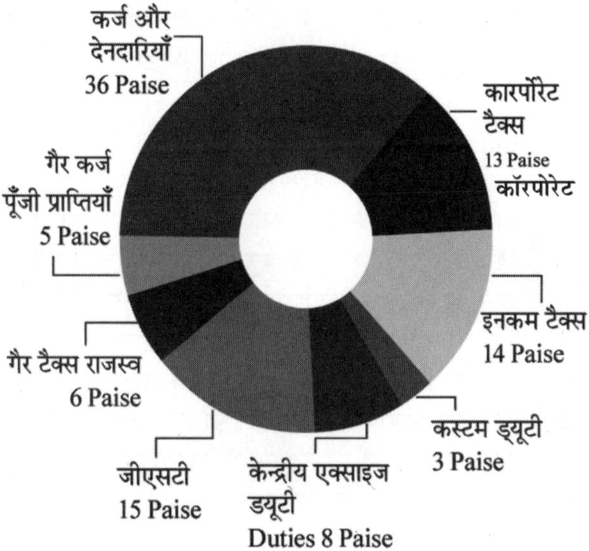

सरकार यहाँ करती है खर्च

(Budget 2021-22)

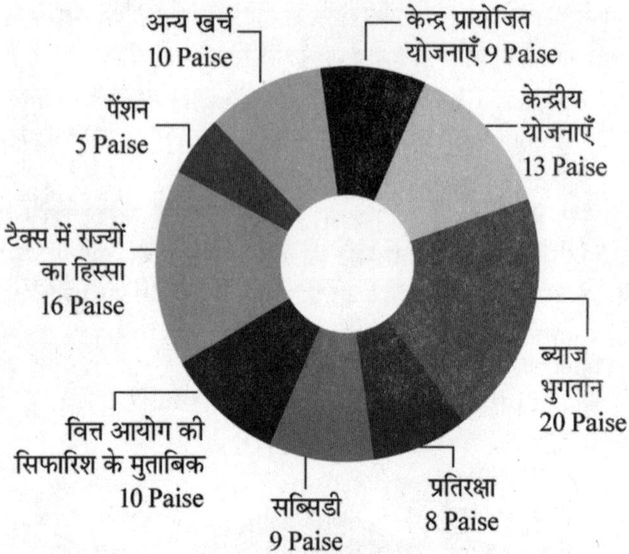

सब्सिडी और अनाज रोजगार स्कीमें भारत की गरीबी उन्मूलन रणनीति का आधार हैं। आखिरी गिनती तक करीब 950 केन्द्रीय स्कीमें केन्द्रीय बजट का हिस्सा थीं (राज्यों की स्कीमों को जोड़ने के बाद संख्या 2000 तक पहुँच जाती है)। इन पर जीडीपी (वर्तमान मूल्य) के अनुपात में 5 फीसदी (करीब 7 लाख करोड़ रुपये) का बजट आवंटन होता है। इनमें 11 बड़ी स्कीमें (मनरेगा, अनाज सब्सिडी, मिड डे मील, ग्राम सड़क, प्रधानमंत्री आवास, फसल बीमा, स्वच्छ भारत, सर्वशिक्षा आदि) सबसे ज्यादा आवंटन हासिल करती हैं। पेट्रो और अनाज सब्सिडी पर ही जीडीपी का मोटे तौर पर 1.5 प्रतिशत खर्च होता है।

भारत की पूरी नौकरशाही इन स्कीमों के लाभार्थियों की पहचान और क्रियान्वयन में लगती है। ठेकेदारों और राजनीतिक कार्यकर्ताओं का एक तंत्र इन स्कीमों से पोषण प्राप्त करता है।

सरकार का अपना हिसाब बताता है कि छह प्रमुख स्कीमों (आवास योजना, सर्व शिक्षा, मिड डे मील, ग्राम सड़क, मनरेगा, स्वच्छ भारत) का

सबसे कम फायदा उन जिलों को मिला जहाँ सबसे ज्यादा गरीब बसते हैं, जबकि जहाँ गरीब कम थे वहाँ ज्यादा संसाधन पहुँचा। केन्द्र सरकार की स्कीमों में कुछ तो 15 साल और कुछ 25 साल पुरानी हैं। हर नया वित्त मंत्री कुछ नई स्कीमें जोड़ देता है।

गरीबों के नाम पर

गोकुल भाई ने लॉकडाउन के दौरान सरकारी उपायों की विफलता और बदहाल मजदूरों की बेबसी करीब से देखी थी। उन्होंने मकरन्द से पूछा कि हर छोटी-बड़ी खरीद पर भारत में लोगों ने हेल्थ सेस चुकाया लेकिन इसके बावजूद दूसरी लहर में वे कई लोग उनके सामने तड़पकर मर गए। वे ऑक्सीजन, दवा और अस्पताल नहीं दिला पाए।

गोकुल भाई ने सरकारी व्यवस्था का बीभत्स चेहरा करीब से देखा है। आमतौर पर शान्त रहनेवाले गोकुल भाई ने वायस मैसेज में क्षोभ के साथ कहा कि टैक्स का फायदा मध्यवर्ग को न मिले तो भी बर्दाश्त है लेकिन सरकार ने उन गरीबों की कोई मदद नहीं की जो इस लॉकडाउन से बुरी तरह तबाह हुए हैं।

भारत में स्वास्थ्य सेवाएँ

बीमारियों का बोझ	
भारत में सर्वाधिक मौतों की वजह वाली दस मुख्य बीमारियाँ (सालाना संख्या लाख में)	Ischemic Heart Diseases (15.4), COPD (9.6), Cancer (7,8), Stroke (7.3), Diarrhoeal Diseases (7.2), Lower Respiratory Infections (5.2), TB (4.5), Neonatal Disorders (4.3), Asthma (2.5), Diabetes (2.5)
दुर्घटनाएँ	Nearly 3 lakhs every year, including 500 per day in road accidents
चिकित्सा सेवाएँ	
मेडिकल कॉलेज की संख्या (सालाना छात्रों की भर्ती)	529 (58,756)
प्राथमिक और सामुदायिक चिकित्सा केन्द्र	1,89,784
कुल सरकारी अस्पताल	45,778 (Urban – 4375, Rural – 21,403)
सरकारी अस्पतालों में बिस्तरों की संख्या	7,13,986 (Urban – 4,48,7111, Rural – 2,65,275)
प्रति 10,000 लोगों पर बिस्तरों की संख्या	5 (Developed Country Average 31-52)

गोकुल भाई ने पूरे ग्रुप को बिहार के विमला और कमलेश की दास्तान सुनाई, जो 2020 में गोकुल भाई की मदद से गाँव पहुँचे थे। विमला और कमलेश के सफर का बड़ा हिस्सा पैदल था लेकिन गोकुल भाई ने खाने और मोबाइल रिचार्ज का इन्तजाम करा दिया।

2020 के लॉकडाउन ने सूरत में विमला और कमलेश की गृहस्थी उजाड़ दी थी। गाँव लौटने के बाद पूरा साल बचत खाकर और कर्ज लेकर कटा। करीबी कस्बों में काम तलाशते हुए परिवार को अप्रैल में कोरोना ने पकड़ लिया, पिता हांफते हुए गुजर गए, मई में पहले कमलेश को कोविड हुआ फिर विमला को।

गोकुल भाई ने कहा कि उनके पास खाने और इलाज के पैसे तक नहीं बचे। अगर यहाँ कुछ मदद न जाती तो शायद कमलेश के साथ भी हादसा हो जाता।

कोविड की पहली लहर (2020) तक आत्ममुग्ध सरकारें मुतमइन थीं कि बीमारी शहरों-कस्बों तक रह जाएगी लेकिन दूसरी लहर को गाँवों में पहुँचते देर नहीं लगी और मौतों की तादाद ने भारत को क्या दुनिया को भी चौंका दिया।

गोकुल भाई ने कहा कि भारत में करीब 10 करोड़ लोग (मिस्र की आबादी के बराबर) हर पखवाड़े बीमार होते हैं। 1,000 में 29 अस्पताल में भर्ती होते हैं। बीमारियों की सबसे बड़ी वजह संक्रमण हैं। गाँवों में 35 फीसदी लोग संक्रमण और उनमें भी 11 फीसदी लोग साँस से जुड़ी बीमरियों का शिकार होते हैं। (एनएसएसओ 75वाँ दौर 2018)

गाँवों के सरकारी अस्पतालों में प्रति 10,000 लोगों पर केवल 3.2 बिस्तर हैं। उत्तर प्रदेश, बिहार (0.6), झारखंड, राजस्थान, महाराष्ट्र में तो इससे भी कम। सामुदायिक स्वास्थ्य केन्द्रों पर 82 फीसदी स्वास्थ्यकर्मियों के पास कोई विशेषज्ञता नहीं है। (नेशनल हेल्थ प्रोफाइल सेंसस 2011)

करीब 74 फीसदी ओपीडी और 65 फीसदी अस्पताल सुविधाएँ निजी क्षेत्र से आती हैं जो नगरों में हैं। गाँवों में भी सरकारी अस्पतालों के जरिये इलाज में औसत 5,000 रुपये खर्च आता है। अस्पताल में भर्ती का न्यूनतम खर्च करीब 30,000 रुपये दैनिक है। आर्थिक समीक्षा 2021 ने बताया था कि सरकारी स्वास्थ्य सेवाएँ सुधरें तो इलाज पर गरीबों का 60 फीसदी खर्च बच सकता है।

मकरन्द ने पूछा कि हेल्थ सेस लगता है। सरकार आयुष्मान भारत योजना लाई थी उसका क्या हुआ? वह तो दुनिया का सबसे बड़ा हेल्थ बीमा कार्यक्रम था।

हिमेश ने एक दस्तावेज ग्रुप पर डाला जिसमें कोविड (लॉकडाउन पहले और बीच में) के दौरान आयुष्मान के संचालन का आकलन किया गया था। 2020 की यह रिपोर्ट नेशनल हेल्थ अथॉरिटी (आयुष्मान की रेगुलेटर) की डेटा एनालिटिक्स टीम ने बनाई है।

इसके मुताबिक कोविड से पहले तक करीब 21,573 अस्पताल (56 फीसदी सरकारी, 44 फीसदी निजी) आयुष्मान से जुड़े थे, जिनमें करीब 51 फीसदी अस्पताल कार्ड धारकों को सेवा दे रहे थे। लॉकडाउन के बाद अस्पतालों की सक्रियता 50 फीसदी तक घट गई। निजी (50 बेड से कम) और सरकारी (100 बेड से कम) अस्पतालों ने सबसे पहले खिड़की बन्द की, जिसका असर कस्बों पर पड़ा जहाँ ग्रामीणों को इलाज मिलता है। आयुष्मान के तहत अस्पतालों की सेवाओं का उपयोग लॉकडाउन के बाद 61 फीसदी तक कम हो गया। बिहार, उत्तर प्रदेश, महाराष्ट्र, मध्य प्रदेश, कर्नाटक सहित करीब 13 राज्यों में आयुष्मान पूरी तरह चरमरा गई।

गोकुल भाई गरीबों को लेकर अस्पतालों का चक्कर लगाते रहे हैं। उनका अपना तजुर्बा बता रहा था कि सरकार की सबसे बड़ी स्वास्थ्य योजना महामारी की वास्तविकताओं के हिसाब से बदल नहीं सकी, अलबत्ता इसके चलते कई प्रमुख राज्यों में सस्ते इलाज की स्कीमें निष्क्रिय हो गईं। मकरन्द ने बताया कि भारत में स्वास्थ्य पर सरकारी खर्च जो 1995 में जीडीपी का 4 फीसदी था वह 2017 में केवल 1.15 फीसदी रह गया।

भारत का बदहाल चिकित्सा ढाँचा इस बात का प्रमाण है कि सरकारें टैक्स लेकर उसका इस्तेमाल कैसे करती हैं। सरकारी अस्पतालों में प्रति एक हजार आबादी पर केवल 0.6 बेड (बिस्तर) हैं। सीएजी की एक ताजा रिपोर्ट ने बताया कि ज्यादातर सरकारी अस्पतालों में आईसीयू की सुविधा नहीं है। जून 2019 में बिहार में इंसेफलाइटिस से 150 बच्चों की मौत के बाद राज्य सरकार ने सुप्रीम कोर्ट को बताया था कि राज्य में डॉक्टरों की

उपलब्धता 47 फीसदी और नर्सों की 70 फीसदी कम है। क्या आश्चर्य कि केरल-तमिलनाडु जैसे कुछ राज्यों को छोड़कर शेष भारत स्वास्थ्य सुविधाओं के मामले में दुनिया में सबसे नीचे गिना जाता है।

मानव संसाधन	
प्रति 10000 आबादी पर डॉक्टर	8.6 (Developed Country Average 17- 31.2)
कुल पंजीकृत डॉक्टर	11.54 lakhs (one doctor for every 1400 persons against a WHO norm of 1000 but this is a distorted picture as most doctors are concentrated in a few cities)
कुल सरकारी एलोपैथी डॉक्टर	1,16,757 (thus, just 1 govt doctor for every 10,926 persons)
कुल पंजीकृत नर्स	8,60, 927 ANM and 20,48,979 Registered Nurses and Registered Midwives (RN & RM) and 56,469 Lady Health Visitors (data as of 31/12/2017)
कुल पंजीकृत फार्मेसी	11,25,222
स्वास्थ्य व्यवस्था का वित्त पोषण	
स्वास्थ्य पर सरकारी खर्च (% of GDP)*	1.29% (or Rs 2.6 lakh crores in FY20)
प्रति व्यक्ति स्वास्थ्य खर्च (केंद्र+राज्य) 2020**	Rs 1944
अस्पताल में भर्ती का औसत खर्च (नगरीय)	Rs 26,455
अस्पताल में भर्ती का औसत खर्च (ग्रामीण)	Rs 16,956

* India's total healthcare expenditurein 2016 (3.6% ofGDP)withtheOECD 2018 average of 8.8%. Most developed countries like USA (16.9%),Germany and France (both 11.2%) andJapan (10.9%) spend more than 10% of their GDP on health.Even India's BRICS peers spend much more on health—Brazil (9.2%), South Africa (8.1%), Russia (5.3%) and China (5%).

** OECD average (2018) of $3,994. Three-fourthof public health expenditure is actually spent by the state governments. 90% of public health expenditure is used to pay salaries.

Source: Disease burden details from https://timesofindia.indiatimes.com/india/these-diseases-kill-many-more-than-coronavirus/articleshow/74670863.cms#:~:text=Ischemic%20heart%20diseases%20alone%20kill,Covid%2D19%20 globally%20thus%20far.

Availability of doctors and hospital beds,

https://timesofindia.indiatimes.com/india/5-hospital-beds/10k-population-india-ranks-155th-in-167/articleshow/79769527.cms

Data from National Health Profile

https://www.cbhidghs.nic.in/showfile.php?lid=1147

Low Government Spending on Healthcare in India by Care Ratings April 2020 (public health expenditure)

SBI Research report on Union Budget 2021-22 https://www.sbi.co.in/documents/13958/3312806/030121-SBI+BUDGET+2021-22.pdf/e3e8c848-c4e5-89e4-8fa0-d1dec5643228?t=1612333584201

भारत में हर साल 5.5 करोड़ (आबादी का 4.6 फीसदी) लोग बीमारी की वजह से गरीब हो जाते हैं, इनमें 72 फीसदी केवल प्राथमिक चिकित्सा पर खर्च के कारण हैं। विमला और कमलेश का परिवार इन्हीं लोगों में शामिल है। इलाज

से गरीबी की 70 फीसदी वजह दवाओं की कीमत है। एनएसएसओ का हेल्थ सर्वे (2019) बताता है कि इलाज का करीब 70-80 फीसदी खर्च उठाने के लिए लोगों को या तो अपनी कीमती बचत गँवानी होती है या फिर कर्ज लेना पड़ता है।

भारत के ज्यादातर निजी अस्पताल बड़े शहरों तक सीमित हैं। राज्यों की राजधानियों में इलाज का पूरा दारोमदार गिनती के बड़े सरकारी अस्पतालों पर है। जिलों का चिकित्सा ढाँचा आपातकालीन सुविधाएँ भी देने की हालत में नहीं है। कोविड से मिली नसीहतों के आधार पर स्टेट बैंक का एक ताजा अध्ययन बताता है कि भारत में 718 जिलों में केवल 200 जिलों में काम के लायक चिकित्सा सुविधाएँ हैं। शेष 500 जिलों में आधे में भी एम्बुलेंस सहित 1.25 लाख बेड बनाने हों तो 20,000 करोड़ रुपये प्रति वर्ष चाहिए।

गोकुल भाई गुजरात में विद्यालय चलाते हैं और गरीबों के बीच पढ़ाई की सुविधाओं पर परेशान होते रहते हैं। उनको पता है कि भारत में एक लाख स्कूलों में केवल एक अध्यापक है, अन्य चार लाख स्कूलों में दो टीचर हैं और 50 छात्रों पर एक शिक्षक का औसत बैठता है। भारत में स्कूल टीचर के दस लाख पद खाली हैं। इनमें भी बुरा हाल उत्तर भारत का है। कुछ राज्यों में ठेके पर तदर्थ शिक्षकों की भर्ती की गई है लेकिन वेतन कम है और कानूनी अड़चनें ढेर सारी।

नई शिक्षा नीति 2020 कहती है कि पढ़ाई पर खर्च को, जल्द से जल्द, जीडीपी के अनुपात में (आज तीन फीसदी) 6 फीसदी और सरकारी खर्च के अनुपात में (आज 10 फीसदी) 20 फीसदी किया जाएगा लेकिन 2014 से 2019-20 के बीच सरकार के कुल खर्च में शिक्षा का हिस्सा 4.14 फीसदी से घटकर 3.40 फीसदी रह गया। महँगाई के पैमाने पर तो स्कूली शिक्षा पर वास्तविक खर्च बढ़ने की बजाय घट गया है।

आकाश के आँकड़े

आकाश भी इस ग्रुप के सदस्य हैं। वे मुम्बई में स्टॉक ब्रोकिंग करते हैं। पॉवरफुल पटेल ग्रुप की इस चर्चा में दिलचस्पी के बावजूद जवाब स्माइली या मीम्स से ही दे रहे थे। मकरन्द के बाद वह इस समूह के दूसरे सदस्य थे जिनकी पहुँच आँकड़ों तक थी। गुजराती कारोबारियों का यह समूह घाटा, मुनाफा, निवेश, टैक्स, बचत को समझता था लेकिन सरकार की बैलेंस शीट उनकी समझ से परे थी।

एक शनिवार को आकाश ने मोर्चा सँभाल ही लिया। पटेल ग्रुप के लिए यह जानकारी चौंकानेवाली थी कि 2021 में सरकार 12.5 लाख करोड़ रुपये का कर्ज लेनेवाली है जो 2020 से 2.5 लाख करोड़ रुपये ज्यादा है।

आकाश ने यह भी बताया कि राज्य सरकारों ने 2020 में भारी कर्ज लिया है क्योंकि लॉकडाउन के कारण उनके राजस्व बुरी तरह टूट गए थे। सबसे पहले पेट्रोल-डीजल पर टैक्स बढ़ाए हैं लेकिन उसके बाद भी खर्चे बेहाथ हैं।

आकाश ने कहा कि सरकार का यह कर्ज हमें कहीं का नहीं छोड़ेगा। सरकारों के कर्ज बुरे नहीं हैं अगर उनका इस्तेमाल निवेश, रोजगार, और उन लोगों की मदद के लिए हो, जिनका जिक्र गोकुल भाई कर रहे थे। लेकिन सरकार का 75 से 80 फीसदी खर्च कर्ज पर ब्याज, पेंशन, वेतन और रक्षा पर जाता है।

लॉकडाउन ने सरकार का यह हाल कर दिया कि वह राज्यों के जीएसटी में उनके हिस्से और नुकसान की भरपाई नहीं कर पा रही है। कर्मचारियों के भत्ते काटे गए हैं। कई राज्यों ने तनख्वाहें काटी हैं। इसके बाद भी 2021-22 में केन्द्र सरकार का घाटा रिकॉर्ड 18 लाख करोड़ (जीडीपी का 9.5 प्रतिशत तक) बनाएगा।

बजट प्रबन्धन की मरीचिका

2003 में राजकोषीय दायित्व और बजट प्रबन्धन कानून (एफआरबीएम) लागू होने के साथ भारत में सरकारें (केन्द्र व राज्य) अपने घाटे नियंत्रित करने के कानूनी उपाय से बँध गईं। मकसद यह था सरकारों का कर्ज सीमित रहे ताकि निजी निवेश के लिए बैंकों व अन्य बचत का इस्तेमाल कर्ज के जरिये फालतू के खर्च में न हो। सरकार अगर कर्ज से माँग या विकास नहीं करती तो इससे जोखिम बढ़ते हैं।

ब्रितानी अर्थविद् जॉन मेनार्ड कीन्स ने पब्लिक फाइनेंस या सरकारी बजटों के नियम तय किए थे। कीन्स की सूझ का असर 1930 की मन्दी के बाद पूरी दुनिया की आर्थिक नीतियों पर पड़ा था। कीन्स की सलाह पर सरकारों के कर्ज लेने को उचित माना गया। इससे पहले तक सरकारें युद्ध या आपदा स्थिति में कर्ज लेती थीं बाकी खर्च कमाई के भीतर सीमित रखा जाता था।

कीन्स ने बताया कि कर्ज लेकर सरकार अगर माँग पैदा करती है, राजस्व जुटाती है, वक्त पर कर्ज चुका देती है तो इसमें कोई दिक्कत नहीं। यह अर्थव्यवस्था की बचत का सार्थक उपयोग है।

भारत जैसे देशों में सरकारें फालतू के विभाग, स्कीमें और तरह-तरह के खर्च बढ़ाकर उन्हें कर्ज से चलाती चली गईं और अन्तत: उन्हें कानूनन रोकने का उपाय करना पड़ा। एफआरबीएम एक्ट ने तय किया कि भारत में 2017 के कुल राष्ट्रीय कर्ज (राज्य व केन्द्र) जीडीपी के 70 फीसदी और 2023 तक 60 फीसदी पर आएगा। केन्द्र का कर्ज 2023 तक जीडीपी के 39 फीसदी तक लाया जाना था। 2008 तक यह काम ठीक से चला। लक्ष्य हासिल किए गए। 2008 की मन्दी के बाद इन शर्तों में ढील की बात शुरू हुई। राजनीतिक उतार-चढ़ाव के बीच सरकार के भीतर इस कर्ज और घाटे के लक्ष्यों में ढील की बहस शुरू हो गई।

नई सरकार आने के बाद 2016 में पूर्व राजस्व सचिव और वर्तमान चेयरमैन वित्त आयोग, एन. के. सिंह की अध्यक्षता में एक समीक्षा समिति बनाई गई जिसकी 2017 की रिपोर्ट में कर्ज के लक्ष्य को बढ़ाने के लिए (आर्थिक मुसीबत की स्थिति में घाटे के दीर्घकालीन लक्ष्य यानी 2022-23 तक जीडीपी के अनुपात में 2.5 फीसदी से 0.5 फीसदी बढ़ाने की छूट) सरकारों के हाथ खोल दिये गए थे। समिति के सदस्य तत्कालीन आर्थिक सलाहकार अरविन्द सुब्रह्मण्यम की इस रिपोर्ट से असहमत थे, उनका असहमति पत्र रिपोर्ट का हिस्सा था।

रिपोर्ट से पहले ही सरकार राज्यों की बिजली वितरण कम्पनियों के कर्ज को बजट का हिस्सा बनाने के लिए इस कानून की शर्तों से छूट दे चुकी थी। इसलिए कर्ज को सीमित रखने की बाध्यता समाप्त हो चुकी थी।

एन.के. सिंह समिति से मिली बड़ी रियायत का इस्तेमाल करते हुए सरकार ने 2019-20 में जीडीपी के घाटे का लक्ष्य 3.3 फीसदी तय किया था, वह वास्तविकता में 3.8 फीसदी रहा है। कोविड की मन्दी से पहले आए बजट में सरकार ने घाटे का 2020-21 के लिए लक्ष्य बढ़ाकर 3.5 फीसदी किया था।

लॉकडाउन के बाद सब ध्वस्त हो गया है। राज्यों को अपने जीडीपी के अनुपात में 5 फीसदी (सीमा 3 फीसदी) तक कर्ज उठाने की छूट मिली है। इसलिए इस साल पाँच माह में केन्द्र का घाटा साल भर के लक्ष्य को पार कर गया है।

राष्ट्रीय कर्ज जीडीपी अनुपात को 2023 तक 60 फीसदी पर लाया जाना था लेकिन अब 2020-21 में भारत का राष्ट्रीय कर्ज जीडीपी अनुपात 90 फीसदी के खतरनाक स्तर पर पहुँच सकता है। एफआरबीएम कानून का लक्ष्य अब 2030 से पहले नहीं मिलेगा।

2021-22 का बजट पेश करते हुए वित्त मंत्री निर्मला सीतारमन ने कोविड वाले वर्ष यानी 2020-21 में जीडीपी के अनुपात में रिकॉर्ड 9.5 प्रतिशत का राजकोषीय घाटा सूचित किया। उन्होंने कहा कि घाटे को 2025-26 तक ही 4.5 प्रतिशत पर लाना सम्भव होगा जबकि एआरबीएम कानून के तहत, कोविड से पहले, जो लक्ष्य तय किए गए थे उनके मुताबिक घाटे को 2022-23 तक घटाकर 4.5 प्रतिशत पर लाया जाना था। अब बदले हालात में इस कानून में संशोधन होगा। फिलहाल राजकोषीय घाटे को लेकर कोई राहत मिलने की उम्मीद नहीं है। कोविड के साल में केन्द्र और राज्यों का साझा घाटा जीडीपी के 12.7 फीसदी तक पहुँचने के अनुमान किए गए हैं।

आकाश ने कहा कि हम सबको खर्च करने के लिए कमाना जरूरी है या बचत करना अनिवार्य है। अकेले सरकारें ही ऐसी हैं जो पैसा छाप सकती हैं, बैंकों से हमारी जमा रकम निकाल मनमाने ढंग से खर्च कर सकती हैं। जिसका नतीजा महँगाई, मुद्रा की कमजोरी, बैंकों के डूबने और व्यवस्था पर लोगों का विश्वास कम होने के तौर पर सामने आता है।

भारत के सबसे अच्छे पाँच साल 21वीं सदी के पहले दशक में दर्ज हुए

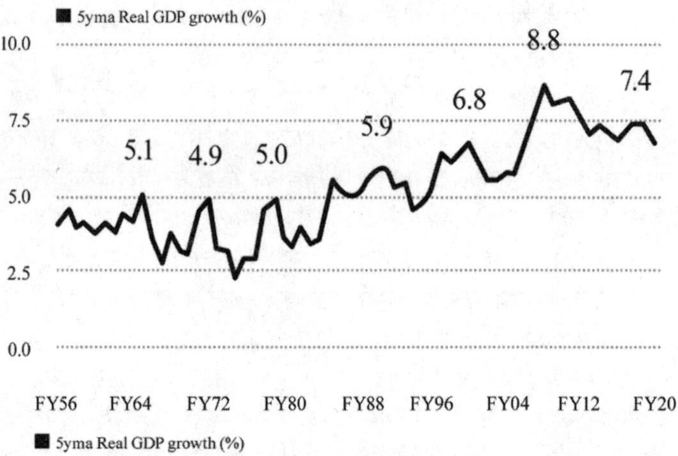

5-year moving average (5yma) 2004-05 base until FY12; 2011-12 base since then
All data based on financial years (FY) ending March of that year

...लेकिन 2010 में ग्रोथ का पैटर्न 2000 के दशक जैसा ही था यानी लड़खड़ाती ग्रोथ (Sleeping S-Shaped)

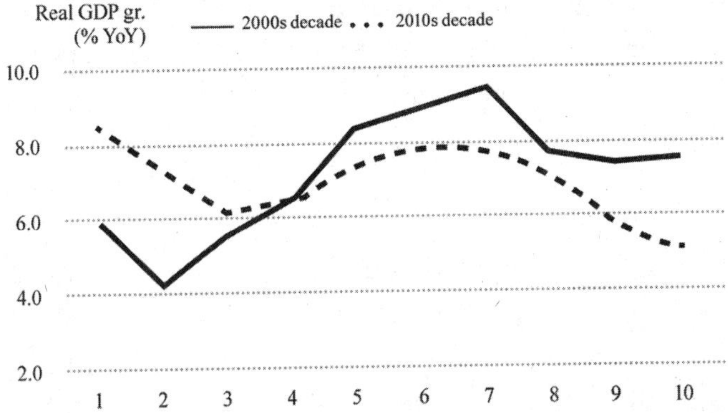

Based on 3-year centered moving average

Source: Central Statistics Office (CSO), Reserve Bank of India (RBI), CEIC, MOFSL

मन्दी और घाटे के कारण अगर रुपया और कमजोर हुआ तो महँगाई और बढ़ेगी क्योंकि भारत की अर्थव्यवस्था बड़े पैमाने पर आयात पर निर्भर है।

पॉवरफुल पटेल ग्रुप में बचत पर ब्याज कम होने से परेशान सदस्यों को टैग करते हुए उसने लिखा कि बचतों पर नुकसान बढ़ेगा। यानी जीने की लागत महँगी होगी और बचत सस्ती।

आकाश ने कहा कि चलते-चलते यह भी जान लीजिए कि सरकारी कम्पनियाँ बजट का बहुत सा पैसा खा जाती हैं। 2018 में इनमें एक रुपये के निवेश पर सरकार को केवल 14 पैसे (लाभांश) मिले। बीते दस साल में सरकार ने 44 नई कम्पनियाँ बना दीं लेकिन सरकारी कम्पनियों में लगी हमारी बचत व टैक्स पर रिटर्न 25.43 प्रतिशत से घटकर 14.21 प्रतिशत रह गया।

2019-20 के साल में जब भारत का शेयर बाजार रिकॉर्ड ऊँचाई पर था तब सरकारी कम्पनियों के शेयरों की कीमत 50 प्रतिशत टूट गई। इन कम्पनियों में बीमा निगम, बैंकों, पीएफ आदि का निवेश है यानी कि हमारे टैक्स से खड़ी कम्पनियों में भी हमें नुकसान हो रहा है और फिर इनमें जो बचत लग रही है उस पर भी हम ही गँवा रहे हैं।

गोकुल भाई को टैग करते हुए आकाश ने लिखा कि सरकारों को पढ़ाई, सेहत, गरीबी उन्मूलन पर ज्यादा खर्च करना चाहिए लेकिन टैक्स बचत और खर्च को करीब से देखकर किसी को भी यह समझ में आ जाएगा कि सरकार समाधान नहीं बल्कि समस्या है। आकाश की इस बात से पॉवरफुल पटेल ग्रुप पर उदास चेहरों, थम्स अप, तालियों और सोचनेवाले इमोटिकॉन की बाढ़ आ गई।

एक मौका और

मकरन्द, आकाश, गोविन्द, शीतल, जमील, परवेज, नासिर, रोहन, खंडूजा स्मिता सबकी उम्मीद भी सरकार है और शायद सबसे बड़ी मुसीबत भी। इन सबने अपनी क्षमता प्रतिभा और सामर्थ्य के हिसाब से देश की अर्थव्यवस्था में या जीडीपी में योगदान किया है इसलिए इस संकट में उनकी उम्मीदें गलत नहीं हैं।

सूचना और संवाद के युग में अगर वह दुनिया की सरकारों की तरफ से उठाए गए कदमों को देखते हैं तो खुद को ठगा महसूस करना उनके लिए स्वाभाविक है।

कोविड की दोहरी मार और भयानक मन्दी के भारत का भविष्य क्या है? क्या विकल्प हैं सरकार के पास और क्या किया जा सकता है।

अब बात कुछ दो टूक बदलावों की, अगले अध्याय में।

खण्ड : तीन

उलटी गिनती

8
तरक्की की चतुष्पदी

महामारी से पहले

दुनिया लगभग प्रत्येक दशक में उथल-पुथल से गुजरती है। इस करवट के बाद किसकी क्या गत बनेगी यह दो बातों से तय होता है; एक—कौन इस करवट के वक्त किस हाल में था। और दूसरी—वह कितनी तेजी से यह समझ पाता है कि क्या बदलना और क्या बने रहना है।

कोविड न आता तो भी भारत में 1991 से शुरू हुए सुधारों की उपलब्धियों का अवसान हो चुका था। सुधार घिस गए थे, विकल्प चुक रहे थे और 25 साल में बढ़ी ताकत छीजने लगी थी।

2019 तक भारतीय अर्थव्यवस्था में ढाँचागत मन्दी आ चुकी थी। जिस तरह कोविड पुराने बीमार शरीरों के लिए जानलेवा साबित हुआ ठीक उसी तरह कोविड की मन्दी ने अर्थव्यवस्था का कमजोर शरीर तोड़ दिया और भारत ऐतिहासिक मन्दी में धँस गया।

1991 के बाद भारत ने एशिया के मुद्रा संकट (1997-98) और 2008 के अमेरिकी यूरोपीय बैंकिंग संकटों का सामना जरूर किया था अलबत्ता ये मुसीबतें विदेशी थीं, देश का आर्थिक ढाँचा महफूज था। यह पहला मौका था जब 2019 में सबसे लम्बे वक्त के लिए (लगातार छह माह) विकास दर में गिरावट दर्ज की गई। यह गिरावट पूरी तरह घरेलू वजहों से थी जो इस बात का संकेत थी कि ग्रोथ की 25 साल पुरानी मशीन थमने लगी थी। यह पहला मौका था जब भारतीय अर्थव्यवस्था के चारों अंग—निवेश, खपत, बचत और निर्यात की विकास दर कई साल की सबसे खराब हालत में पहुँच गई।

2012 तक भ्रष्टाचार के मामलों के विस्फोट के बीच भारत में आर्थिक विकास दर धीमी पड़ने लगी थी। दूरसंचार लाइसेंस रद्द होने और कई बुनियादी ढाँचा उद्योगों में माँग घटने के कारण कई परियोजनाएँ बीच में रुक गईं। कम्पनियों के निवेश थमने लगे जिसे उस वक्त ट्विन बैलेंस शीट संकट कहा गया था यानी कि कम्पनियों और बैंकों के खाते दोनों में बकाया कर्जों का अंबार। यह 1995 के बाद आए सुधारों के असर खत्म होने का पहला ढाँचागत संकेत था।

2014 में सत्ता में आई एनडीए सरकार ने इस सुस्ती को दूर करने के लिए बड़े सुधारों से परहेज किया। ज्यादातर कोशिशें औपचारिक थीं जबकि जरूरत ढाँचागत सुधारों की थी। इस बीच नोटबन्दी (नवम्बर 2016) और घटिया जीएसटी (जुलाई 2017) ने अर्थव्यवस्था में जबरदस्त गतिरोध व अनिश्चितता रोप दी।

2019 में जब भारत चुनाव की तैयारी में लगा था तब तक भारतीय अर्थव्यवस्था की ग्रोथ मशीन थम चुकी थी। आईएमएफ ने अपनी एक रिपोर्ट में इंगित किया था कि उभरती अर्थव्यवस्थाओं (खास तौर पर भारत) में ढाँचागत सुधार पिछड़ रहे हैं। जो हाल इस समय है और जिस गति से विकास दर बढ़ रही है उसमें इन उभरते बाजारों के लोगों को विकसित देशों के जीवन स्तर के आधे हिस्से तक पहुँचने में 50 साल लगेंगे।

2020 की दूसरी तिमाही तक भारत सबसे गहरी मन्दी में था। तब बैंक बकाया कर्ज में दबे थे और सरकारें रिकॉर्ड घाटे में। कोविड लॉकडाउन के बाद अन्य देशों की तुलना में भारतीय सरकार से मिली राहत सबसे कमजोर थी क्योंकि सरकार का वित्तीय ढाँचा पूरी तरह ध्वस्त था।

कोविड की मन्दी के बाद दुनिया के देशों ने अपनी आबादी को किस तरह की बहुआयामी मदद दी, इस पर हम पहले चर्चा कर चुके हैं। निजी क्षेत्र ने भी इसमें भागीदारी की इसलिए उन देशों में लोगों की आर्थिक हालत पर उतना बुरा असर नहीं हुआ जितनी बुरी गत देश की अर्थव्यवस्थाओं की बनी।

2020-21 की पहली दो तिमाही में यूरोप में जीडीपी करीब 14 फीसदी सिकुड़ गया। लोगों की खर्च योग्य आय (डिस्पोजेबल इनकम) में केवल 5 फीसदी की कमी आई। इसी तरह अमेरिकी जीडीपी भी 10 फीसदी

टूटा लेकिन रोजगार गिरने के बावजूद खर्च योग्य आय 8 फीसदी बढ़ गई। इसकी वजह डायरेक्ट कैश ट्रांसफर, बेकारी सहायता और वेतन संरक्षण आदि थे।

भारत : जीडीपी के घटक

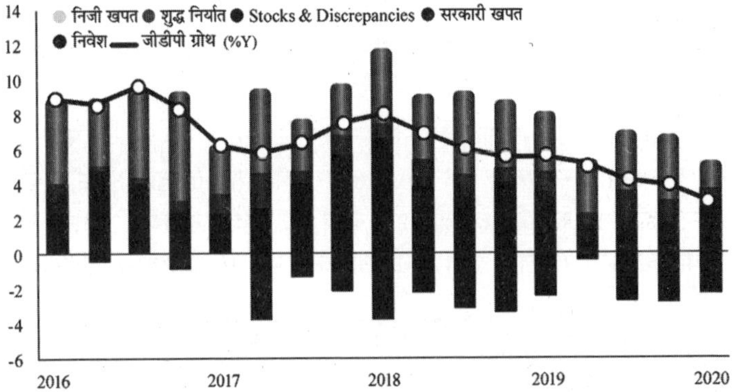

Source: Oxford Economics/CEIC

- भारतीय अर्थव्यवस्था में 55-60 प्रतिशत हिस्सा उपभोग खपत का 2011-12 से 2017-2018 के बीच उपभोग खर्च में सालाना 4 प्रतिशत की गिरावट।
- नये रोजगार न आने से खपत टूटी, नौकरियाँ खत्म होने से (कोविड से पहले) बेकारी दर 45 साल के सबसे ऊँचे स्तर पर (NSSO)।
- 2019 में घरेलू बचत 20 साल की न्यूनतम, निवेश 6 साल के और खपत 3 साल के न्यूनतम स्तर पर, इसी दौरान बैंकों के डूबे हुए कर्जों में रिकॉर्ड बढ़त।
- दिसम्बर 2019 तक निर्यात—जो पहले ही कम था—लगातार पाँचवें महीने तक गिरा।

भारत में जीडीपी का आँकड़ा आम लोगों की कमाई में कमी को नहीं बताता और न अनौपचारिक और असंगठित क्षेत्र की मन्दी को सही ढंग से नाप पाता है। लेकिन माँग व खपत के आँकड़े संकेत देते हैं कि भारत में खर्च योग्य आय में गिरावट जीडीपी की तुलना में कहीं ज्यादा तेज रही है। यूबीएस सिक्योरिटीज का एक अध्ययन (मार्च 2021) बताता है कि कोविड लॉकडाउन के दौरान भारत में खर्च योग्य आय में 13 लाख करोड़ रुपये की कमी आई।

अर्थव्यवस्था और रोजगार का बदलता परिदृश्य

Sl No.	Year	Percentage Share in GDP				Percentage Share in Total Workers		
		Agriculture & Allied	Agriculture	Industry	Services	Agriculture & Allied	Industry	Services
1	1950-51	51.9	41.8	16.2	29.5	72.1	10.7	17.2
2	1960-61	47.6	39.4	20.1	30.2	71.8	12.2	16.0
3	1970-71	41.7	34.2	23.6	33.3	72.1	11.2	16.7
4	1980-81	35.3	29.6	26.2	37.5	68.5	13.5	17.7
5	1990-91	29.5	24.9	27.6	42.5	66.9	11.9	19.2
6	2000-01	22.3	18.8	27.3	50.4	56.9	16.9	25.8
7	2010-11	14.6	12.4	27.9	57.5	54.6	45.4	
8	2016-17	11.6	9.9	25.8	62.7	-	-	-

Source: Economy Survey of the respective years

श्रम भागीदारी में तेज गिरावट

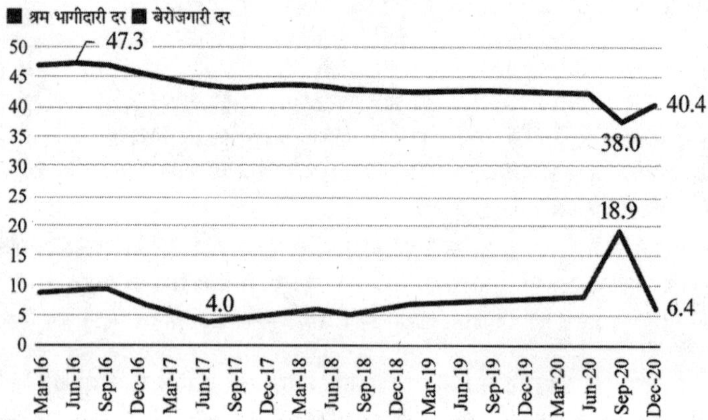

Source: CMIE, Government, ASKWA Researcl

भारत का प्रति व्यक्ति सालाना जीडीपी 2020 में 2000 डॉलर से नीचे आने का आकलन है। बेस इफेक्ट (यानी 2020 में मन्दी) के कारण 2021 में तेज रिकवरी उम्मीद थी लेकिन इस बीच कोविड की दूसरी लहर ने बुरी तरह तबाही मचाई और अर्थव्यवस्था, रोजगार, माँग व सरकारी बजट दोहरी दुर्घटना का शिकार हो गए।

तेज विकास दर के करीब 15 वर्ष के बाद 2008 का बैंकिंग संकट विश्व की अर्थव्यवस्था के लिए सबसे बड़ा उलटफेर था। इसके बाद भारतीय अर्थव्यवस्था का सफर छह बड़ी नेमतों या ग्लोबल संयोगों से प्रभावित हुआ :

पहला : कच्चे तेल की कीमतें 2008 के बाद रिकॉर्ड ऊँचाई (108 डॉलर प्रति बैरल) से फिसलने लगी थीं। 2014 के बाद इनमें रिकॉर्ड गिरावट रही जिसने भारत को न केवल ईंधन की महँगाई से बचाया बल्कि 2014 के बाद सरकारों ने सस्ते कच्चे तेल पर भरपूर टैक्स लगाकर राजस्व बढ़ाया और घाटे कमोबेश सीमा में रहे।

दूसरा : सस्ते तेल के कारण अर्थव्यवस्था में लोगों की कमाई में ज्यादा बढ़त नहीं हुई बल्कि 2012 के बाद गिरावट ही आई लेकिन 2010 के बाद (2013 को छोड़कर) महँगाई की दर में गिरावट आई। 2014 के बाद 2019 तक औसत सालाना महँगाई दर 5 फीसदी के आसपास रही।

तीसरा : 2008 के बैंकिंग संकट के बाद अमेरिका न्यूनतम स्तर पर पहुँच गई। दुनिया भी अमेरिका की राह चली और सस्ती पूँजी भारतीय शेयर बाजारों पर छा गई। सेंसेक्स और निफ्टी में रिकॉर्ड तेजी का सफर इसका प्रमाण है। विश्व की तर्ज पर भारत में भी कर्ज सस्ता हुआ। नोटबन्दी, खराब जीएसटी, बैंकों के कर्ज संकट यहाँ तक कि कोविड की मन्दी के बावजूद शेयर बाजार ने भारतीय अर्थव्यवस्था को लेकर उम्मीदों का परचम बुलंद रखा। इस निवेश का ही असर था कि 2008 के बाद भारत में विदेशी मुद्रा भंडार बढ़ता गया और रिजर्व बैंक को जरूरत के मुताबिक रुपया डॉलर विनिमय दर बनाए रखने में आसानी हुई।

चौथा : ब्याज दरें घटने से बचत के पुराने उपकरणों जैसे बैंक जमा आदि का आकर्षण कम हुआ। पूँजी बाजार दौड़ रहा था इसलिए छोटे निवेशक भी गाड़ी में सवार हो गए। वित्तीय बचतें म्यूचुअल फंड के जरिये शेयर बाजार में पहुँचीं। बाजार में विदेशी और देशी दोनों तरह की भरपूर पूँजी पहुँची इसलिए कम्पनियों के सामान्य वित्तीय प्रदर्शन और अर्थव्यवस्था में उतार-चढ़ाव के बावजूद बाजार में ऊँची कीमतों (पीई अनुपात) पर भी खरीद जारी रही।

पाँचवाँ : शेयर बाजार उफान पर थे लेकिन अर्थव्यवस्था की बुनियादी मशीन (निजी निवेश, खपत, वेतन व मजदूरी) धीमी पड़ गई थी। भारत में छोटी कम्पनियाँ सिमटीं तो फायदा बाजार की बड़ी कम्पनियों के पास पहुँचा यानी शेयर बाजार में इन कम्पनियों के कद्रदान बढ़ गए। नतीजतन भारतीय शेयर बाजार में दिग्गज कम्पनियों में निवेश और उनका दबदबा बढ़ता गया है।

छठा : 2010 के बाद भारतीय अर्थव्यवस्था तीन अलग-अलग गतियों वाली मशीन में बदल गई थी। निचले स्तर पर कमाई कम थी, तेज ग्रोथ की कई पुरानी कहानियाँ (सूचना तकनीक, रियल इस्टेट) सिमट रही थीं लेकिन कोविड आने से पहले तक स्टार्ट-अप, रिटेल, ई-कॉमर्स, नगरीय टैक्सी के साथ धीमी ही गति से सही मगर मध्यवर्ग का आकार बढ़ रहा था जो उम्मीदों की डोर थामे था।

2021 का जून इन छह स्तम्भों में पाँच के दरकने की सूचना लेकर आया। अमेरिका में महँगाई आने का ऐलान हो गया। 2023 से ब्याज दर बढ़ेगी यानी भारतीय बाजार में सस्ती पूँजी के दिन पूरे हो रहे हैं। कच्चे तेल की कीमतों ने जून 2021 में कीमतों में दस साल का औसत तोड़ कर 75 डॉलर की तरफ कदम बढ़ा दिया। देश में भी महँगाई तेजी के साथ लौट आई। ऐसी हालत में ब्याज दरें कब तक कम रह पाएँगी? शेयर बाजार भविष्य की उम्मीदों पर दाँव लगाते हैं अब उनके पास सस्ती पूँजी का विटामिन खत्म हो सकता है। केवल कम्पनियों के बढ़ते एकाधिकार ही हैं जो उपरोक्त छह स्तम्भों में मजबूती के साथ खड़े हैं। इस मजबूती का असर क्या है इस पर हम पीछे चर्चा कर चुके हैं।

शेयर बाजारों के पास अर्थव्यवस्था की बुनियादी मजबूती या बाजार में तेजी से माँग बढ़ने का सहारा नहीं है। एक लड़खड़ाहट लाखों निवेशकों पर बहुत भारी पड़ सकती है।

जून 2021 आने तक दुनिया की सभी बड़ी एजेंसियों ने 2021-22 के दौरान दोहरे अंकों की विकास दर में उबरने के आकलन घटा दिये। अनिश्चितता का सूचकांक पहले से ज्यादा बढ़ गया और उपभोक्ताओं का भरोसा नये रसातल में पहुँच गया। अब भारत का प्रतिव्यक्ति जीडीपी 2024

से पहले वाला स्तर (तब बीते चार सालों की न्यूनतम विकास दर थी) भी हासिल नहीं कर पाएगा।

कच्चा तेल (ब्रेंट क्रूड फ्यूचर्स)

अप्रैल-मई-जून 2021 में महँगाई ने नये तेवर दिखाए और भारत में 96 फीसदी लोगों की आय में कमी (सीएमआईई का आकलन—महँगाई के अनुपात में) आई। कम्पनियों को यह समझ में आ गया था कि लोगों की क्रय शक्ति, खपत माँग और बचत को लौटने में और लम्बा वक्त लगेगा।

सच तो यह है कि...

सब कुछ ठीक मानते रहना, सब कुछ ठीक बनाए रखने में सबसे बड़ी बाधा है क्योंकि ऐसा करते हुए हम यह भूल जाते हैं कि दुनिया हमारे इशारे पर नहीं चल रही है। भारतीय अर्थव्यवस्था की बुनियाद मजबूत होने के तर्क कुछ ज्यादा ही लम्बे खिंच जाते हैं। अब इनके सहारे कोविड की मन्दी जैसी बड़ी घटनाओं के परिणामों को नकारे जाने का खतरा बढ़ रहा है जो गफलत ही बढ़ाएगा, समाधान नहीं। इसलिए मुगालतों को तोड़ना या वास्तविकता को समझना सबसे पहले जरूरी है।

खेती पर और भावुकता नहीं

भारतीय खेती न अब सफलता की कहानी है न ही भारत माता गाँवों में रहती है। असंख्य नीतिगत कोशिशों के बावजूद भारत की खेती मूलत: जीविका की कृषि बनी हुई है। 90 फीसदी किसान छोटे और सीमांत हैं। भारत की खेती स्थायी गरीबी का चिरन्तन आयोजन है। शहरों में इतना काम नहीं है कि बड़ी आबादी को खेती से दूर किया जा सके।

अमेरिकी फेडरल रिजर्व की नीतिगत दर

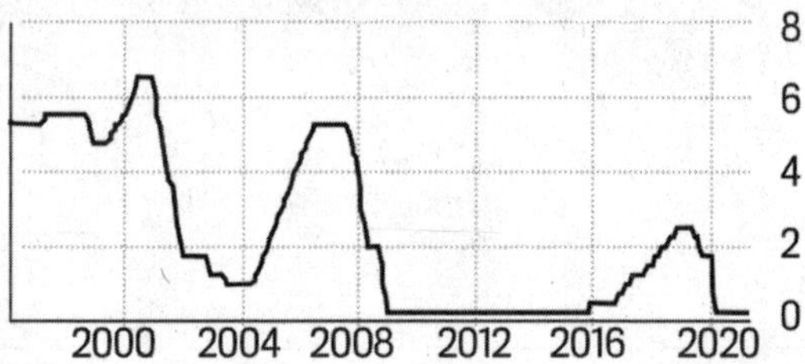

Source: Tradingeconomics.com | Federal Reserve

भारत जीडीपी वार्षिक दर

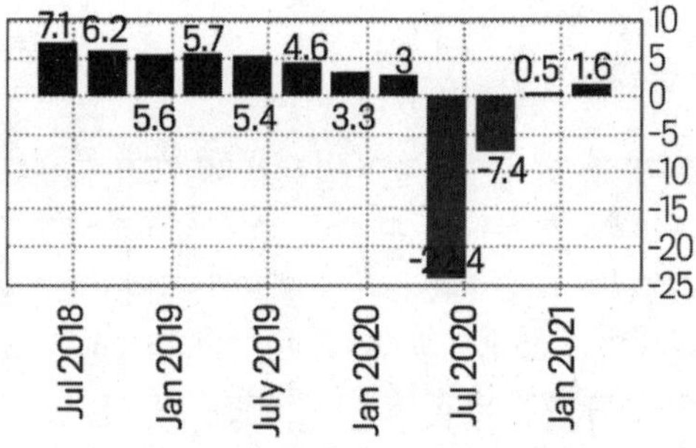

डॉलर के मुकाबले रुपया

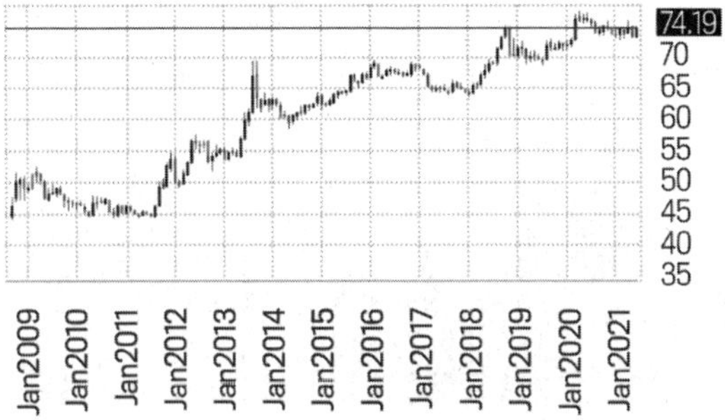

उपभोक्ता महँगाई दर

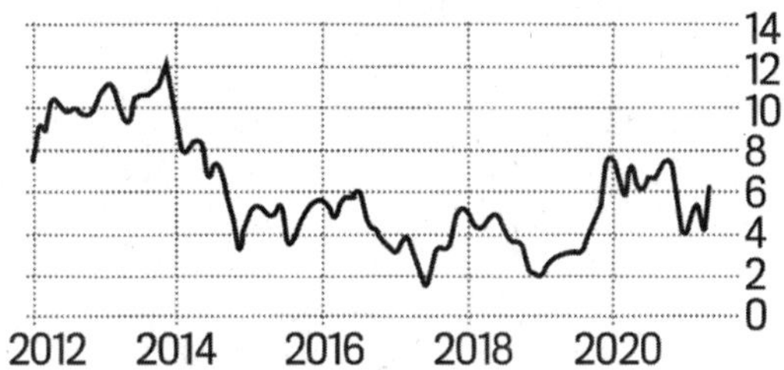

शेयर बाजार का प्रमुख सूचकांक बीएसई सेंसेक्स 30

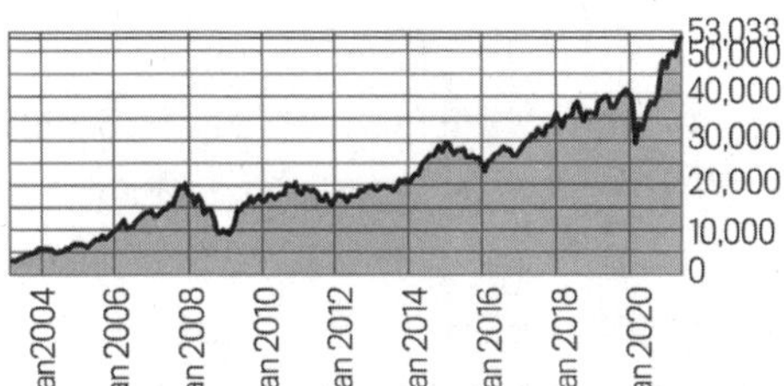

आर्थिक विकास की सालाना दर

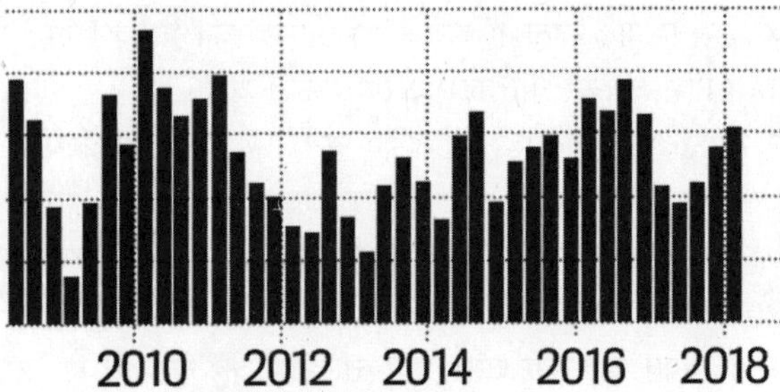

भारत का विदेशी मुद्रा भंडार

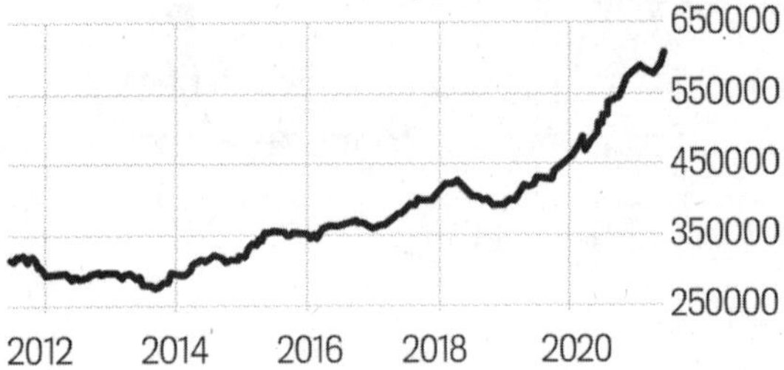

Source: Tradingeconomics.com | RBI

तीस के दशक में अमेरिका में सरकार को यह कहना पड़ा था कि किसान उत्पादन सीमित करें तभी मन्दी रुक सकती है। भारत में किसान जरूरत से ज्यादा उगाने की सजा भुगत रहे हैं। अनाज और फल-सब्जी दोनों की पैदावार माँग से बहुत ज्यादा है। प्रसंस्करण की एक सीमा है क्योंकि अधिकांश आबादी खपत के निचले स्तर पर है जहाँ वह कच्चे खाद्य उत्पाद इस्तेमाल करती है, पैक्ड फूड की कीमत चुका पाना उसके लिए मुश्किल है।

भारतीय खेती के लिए निर्यात ही एक रास्ता है जो आसान नहीं है। डब्लूटीओ में जाने के बाद 2005 के बाद भारत से कृषि निर्यात बढ़ा था खास तौर पर 2009 से 2014 के बीच इसमें सालाना करीब 27 फीसदी की वृद्धि रही लेकिन इसके बाद सालाना करीब 10 फीसदी की गिरावट आई जिसकी बड़ी वजह विदेश व्यापार का उदारीकरण रुकना था।

कर्ज माफी और सब्सिडी के जरिए कृषि पर खर्च बजटों में बड़ा छेद करता है लेकिन बड़े किसान खाद सब्सिडी का 70 फीसदी, सस्ते कर्ज व कर्ज माफी का 75 फीसदी और सस्ती बिजली का 37 फीसदी हिस्सा (आर्थिक समीक्षा 2015-16) खा जाते हैं और कमाई पर कोई टैक्स नहीं देते।

गाँव में खपत का स्तर और गुणवत्ता नहीं बढ़ पा रही है। उपज का मूल्य अक्सर मन्दी की चपेट में रहता है जबकि खपत महँगाई के साथ महँगी होती जाती है।

छोटे उद्योग यानी छद्‌म बेरोजगारी

4.2 करोड़ यानी कि करीब 72 प्रतिशत प्रतिष्ठान स्वरोजगार हैं यानी वे एक भी कर्मचारी को नियमित आधार पर रोजगार नहीं दे सकते। इन कारोबार में सबसे अच्छे मौके पर भी इतनी कमाई नहीं होती जो पाँच लोगों के परिवार को एक सन्तुलित जिन्दगी दे सके। ये कारोबार इसलिए किए जाते हैं क्योंकि इनके पास कोई काम नहीं होता।

मोहभंग के मध्य

भारत में मध्यवर्ग बहुत बड़ा नहीं है और न ही यहाँ खपत और माँग का कोई समुद्र लहराता है। बाजार आबादी में बड़ा है लेकिन खपत में छोटा। वस्तुत: भारतीय बाजार केवल 15 करोड़ उपभोक्ताओं का बाजार है जिन पर अधिकांश खपत भी निर्भर है और वित्तीय तंत्र को मिलनेवाली बचत भी।

इस मध्यवर्ग से ठीक नीचे एक और वर्ग है जिसमें करीब 60 करोड़ लोग आते हैं जिन्हें भरपूर सम्भावनाओं वाला वर्ग बताया जाता है। यह वर्ग जो 500 रुपये की दिहाड़ी के लिए सुबह-शाम खटता है, खपत के बेहद बुनियादी पायदान पर है और बहुत-सी सुविधाओं के लिए सरकार का मोहताज है। इस

वर्ग के ठीक नीचे आनेवाली आबादी बमुश्किल दो जून की रोटी जुटाती है यानी गरीब के पैमानों में आती है।

भारी टैक्स, ऊँची लागत, महँगी जिन्दगी

यह मुगालता भी खत्म होना चाहिए कि भारत के लोग टैक्स नहीं देते बल्कि सच यह है कि बहुत कम लोग बहुत ज्यादा टैक्स देते हैं। जो न केवल भारत की छोटी-सी खपत के लिहाज से बहुत ज्यादा है बल्कि कमाई के हिसाब से भी असन्तुलित है। बीते वर्षों में टैक्स ढाँचा पर्तदार और जटिल होता गया है। जिन्दगी जीने की लागत ज्यादा है और बचत पर रिटर्न कम। टैक्स की नीतियाँ खपत के साथ बचत को भी हतोत्साहित करती हैं।

बीते 25 वर्षों में भारत में कारोबार की लागत कम नहीं हो सकी लेकिन खपत की लागत बढ़ती गई है। दुनिया में सबसे महँगी बिजली, सबसे महँगा कर्ज, महँगी जमीन–ये सब पूरे उत्पादन को महँगा करते हैं और खपत को सिकोड़ते हैं। कम्पनियाँ टैक्स में रियायत पाकर मुनाफे बढ़ा लेती हैं और उपभोक्ता महँगाई का टैक्स चुकाते हैं।

विशाल अर्थव्यवस्था की बौनी बैंकिंग

2019 में जब भारत दुनिया की पाँचवीं सबसे बड़ी अर्थव्यवस्था थी उस पर भारत का एकमात्र बैंक—स्टेट बैंक ऑफ इंडिया विश्व के 100 शीर्ष बैंकों की सूची में शामिल था और वह 55वें नम्बर पर था। (इस सूची में चीन के 18 बैंक हैं) भारतीय बैंकिंग का सम्पत्ति आकार (Asset Size) जीडीपी के अनुपात में केवल 70 फीसदी है जबकि अन्य प्रमुख देशों में यह जीडीपी के बराबर या दोगुना है। भारत के सार्वजनिक बैंकों के पास बाजार का करीब 60 फीसदी हिस्सा है। 2019-20 की आर्थिक समीक्षा ने बताया कि कुल बैंक एनपीए (रुपये 7.4 लाख करोड़) में इनका हिस्सा 80 फीसदी है और देश के 90 फीसदी बैंक फ्रॉड इनमें होते हैं।

भारतीय बैंकों के शेयर की प्राइस बुक वैल्यू आकर्षक (एक से ज्यादा) है यानी इनमें निवेश पर मुनाफा मिलता है। इनकी तुलना में सरकारी बैंक शेयर बाजार में बुरी तरह पिटे हुए हैं। इसके कारण सरकारी बैंकों में निवेश और वेल्थ का विनाश काफी ऊँचा है। इन बैंकों में करदताओं का पैसा

यानी बजट की पूँजी लगी है इसलिए यह नुकसान सीधे तौर पर टैक्स पेयर यानी करदाता का है।

सामाजिक सेवाओं पर सब्सिडी के मुकाबले सरकारी बैंकों में निवेश पर नुकसान

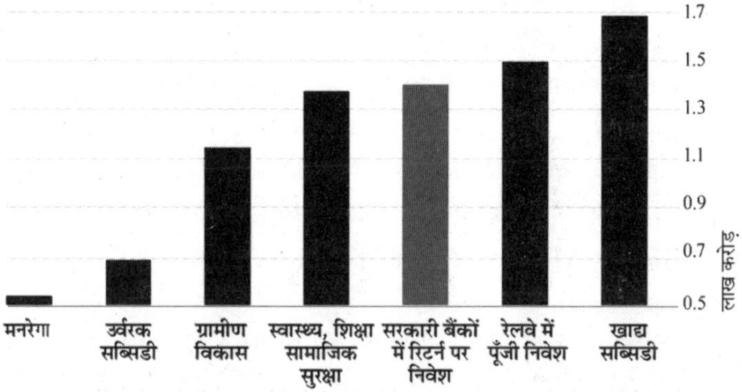

Source : *Budget Documents, RBI Data and Survey Calculations*

प्रतिस्पर्धा का पतन

भारत की शीर्ष 20 कम्पनियाँ कुल कॉरपोरेट आय में 70 फीसदी हिस्सा रखती हैं। इनमें 20-25 कम्पनियाँ अपने उत्पाद या सेवा वर्गों में कुल मुनाफे का 80 फीसदी हिस्सा कब्जाती हैं। भारत की इंटरनेट क्रान्ति के साथ नया डेटा एकाधिकार भी शुरू हो रहा है। 1991 में उदारीकरण से पहले बाजार पर सरकारी एकाधिकार था। प्रतिस्पर्धा से कई क्षेत्रों में कम्पनियाँ बढ़ीं, रोजगार आए, उत्पाद व सेवाएँ बेहतर और सस्ती हुईं। अब दो दशक बाद निजी एकाधिकार उभर रहे हैं और सुधारों का सबसे बड़ा लाभ यानी प्रतिस्पर्धा सिमट रही है। (देखें, अध्याय तीन)

मुक्त बाजार से बेजार

कुछ भीतरी खामियों के बावजूद मुक्त बाजार ने भारत को प्रतिस्पर्धा, उत्पाद, तकनीक, रोजगार, सुविधाएँ, गरीबी में कमी जैसी कई नेमतें बख्शी हैं। लेकिन अब मन्दी, बेरोजगारी और आय की असमानताओं के बढ़ने से भारतीय मुक्त

बाजार जन विरोध का निशाना बन रहा है। 2020 अगस्त-सितम्बर में लागू हुए कृषि कानूनों के जरिये सरकार ने फसलों की खरीद में निजी क्षेत्र को प्रवेश और कांट्रैक्ट फार्मिंग की इजाजत दी है। इसके खिलाफ पंजाब और हरियाणा में उग्र किसान आन्दोलन हुआ। पंजाब और राजस्थान ने केन्द्र के कानून के खिलाफ अपने कानून पारित कर दिये। पिछले कुछ वर्षों से, माँग से ज्यादा पैदावार के कारण बाजार में फसल की सही कीमत नहीं मिल रही है तो महत्त्वपूर्ण सुधारों से भी विश्वास उठ रहा है। मन्दी के बीच अलग-अलग क्षेत्रों में निजीकरण लोगों को आशंका से भर रहा है।

सुधारों के प्रबल समर्थक आईएमएफ ने 66 देशों के बीच अपने एक दिलचस्प अध्ययन के बाद निष्कर्ष निकाला कि ढाँचागत सुधार यदि सही समय पर किए जाएँ तो राजनीतिक नुकसान करते हैं और इसलिए शायद सरकारें बड़े सुधारों से डरती हैं।

मुक्त बाजार कोई स्वतंत्र सत्ता नहीं है। बाजार का विकास और उसके लाभों का वितरण उन नीतियों की छाया में होता है, जिन्हें चुनी हुई सरकारें बनाती हैं। अपनी खामियों के बावजूद बाजार सरकारों का सबसे भरोसेमन्द साथी रहा है। इसके कारण सरकारें लोगों को रोजगार, कमाई, नये उत्पाद, बेहतर सुविधाएँ, तकनीक और अच्छा जीवन स्तर दे पाई हैं जो वे भरपूर टैक्स लगाकर भी कभी नहीं दे सकती थीं।

भारत में बाजार और लोगों के बीच विश्वास दरक रहा है जो अगर टूटा तो सब बिखर जाएगा। कोई भी सरकार कितनी भी बड़ी हो वह बाजार का विकल्प नहीं हो सकती।

युवा आबादी के गिने-चुने दिन

युवा आबादी का लाभ तेज़ी से सिमटनेवाला है। आईएमएफ का एक अध्ययन बताता है कि युवा आबादी की वजह से प्रति व्यक्ति आय में अतिरिक्त बढ़ोतरी का सबसे अच्छा दशक 2011-2020 इस साल खत्म हो जाएगा। इस दशक में युवा आबादी की वजह से देश की प्रति व्यक्ति आय 2.62 प्रतिशतांक (Percentage Point) बढ़ी जो पिछले 20 साल में सबसे ज्यादा थी। 2021 से 30 के दशक में तेज गिरावट नजर आएगी।

अचानक हुए कोविड लॉकडाउन के बाद श्रमिकों के प्रवास ने भारत में

जनसंख्या की उलझन उभरकर सामने आई है। भारत का सबसे बड़ा आन्तरिक प्रवास दक्षिण और पश्चिम (गुजरात, महाराष्ट्र, राजस्थान, तेलंगाना, आन्ध्र प्रदेश) से उत्तर-पूर्व के राज्यों की तरफ हुआ। यानी कि काम के अवसर जहाँ हैं वहाँ युवा कामगार नहीं हैं (दक्षिण के राज्यों में बुढ़ापा आने की रफ्तार चीन और कोरिया जैसी है) और जहाँ युवा कामगार हैं वहाँ अवसर नहीं।

बीते कुछ वर्षों में इन सच्चाइयों या दरारों को स्वीकारने के बजाय नकारने या भुलाने की कोशिश की गई है। सार्वजनिक बहसों में इन वास्तविकताओं को जगह नहीं मिली इसलिए ढाँचागत सुधार पिछड़ गए हैं।

आखिरी मौका

तरक्की के लिए हमें अलग तरह की हकीकतों की कल्पना करनी चाहिए—ये हकीकतें पहले से बेहतर होनी चाहिए और हमें उन हकीकतों के मुमकिन होने पर यकीन होना चाहिए।

टैली शेरॉट, *ऑप्टिमिज्म बाएस*

मनोविद् टैली शेरॉट एक मार्के की सूझ देती हैं। उनके मुताबिक प्रगति के लिए यह जरूरी है कि हम वैकल्पिक वास्तविकताओं की कल्पना करें। ऐसी वास्तविकताएँ जो अच्छी हैं और जिन्हें हासिल किया जा सकता है।

आर्थिक सुधार किसी देश की एक केन्द्रीय शक्ति या संसाधन पर आधारित होते हैं। यह संसाधन उस देश की ताकत का चुम्बक होता है (सबसे आसान उदाहरण खनिज आधारित लैटिन अमेरिकी, आस्ट्रेलिया या मध्य पूर्व के देशों का है)। नीति निर्माता विभिन्न नीतियों के जरिये इस संसाधन का बहुआयामी विकास तय करते हैं। यही शक्ति अलग-अलग तरीकों से अन्य संसाधनों (पूँजी, श्रम, तकनीक) को आकर्षित करती है और विकास का नेतृत्व करती है।

भारत के पास तकनीक, पूँजी या पारम्परिक बड़ी औद्योगिक निर्माण क्षमताएँ नहीं थीं। केवल आबादी की ताकत थी जिसके बूते आम लोगों की छोटी-छोटी बचत, क्रमशः बढ़ती खपत और जिन्दगी बेहतर करने के जद्दोजहद के जरिये ने भारत को सबसे कम समय में दुनिया की तीसरी सबसे बड़ी और सबसे तेज दौड़ती अर्थव्यवस्था में बदल दिया।

भारत ही नहीं अमेरिका और चीन के लिए भी उनका चुम्बकीय संसाधन

आबादी है। अभी हाल तक पूरी दुनिया खपत और माँग के लिए चीन और भारत की तरफ देख रही थी जहाँ एक बड़ी आबादी औसत जीवन स्तर भी हासिल नहीं कर सकी है।

भारत के लिए यह लगभग महामन्दी या महायुद्ध वाले अमेरिका जैसी परिस्थिति है जिसमें खोने के लिए कुछ नहीं बचा था। जिन लोगों ने भारत के तेज विकास को ताकत देकर सफलता की मंजिलें बनाईं, बेकारी और कम कमाई के कारण उन लाखों लोगों की खपत और बचत टूट रही है। जबकि दूसरी तरफ एक बहुत बड़ी आबादी गरीबी में वापस खिसक रही है जहाँ से वह बड़ी मुश्किल से बाहर आई थी।

विकास की चतुष्पदी

भारत की बहुत बड़ी आबादी को (महँगाई रहित) कमाई में निरंतर और तेज बढ़ोतरी चाहिए। कोविड के बाद भारत में आय असमानता चरम पर होगी इसलिए सभी नीतियों की नई पड़ताल और लक्ष्यों का पुनर्गठन जरूरी है। भारत की सरकारें बहुत कुछ करते हुए बहुत कुछ हासिल नहीं कर चुकी हैं।

युवा आबादी की मदद से अतिरिक्त सालाना विकास दर (%)

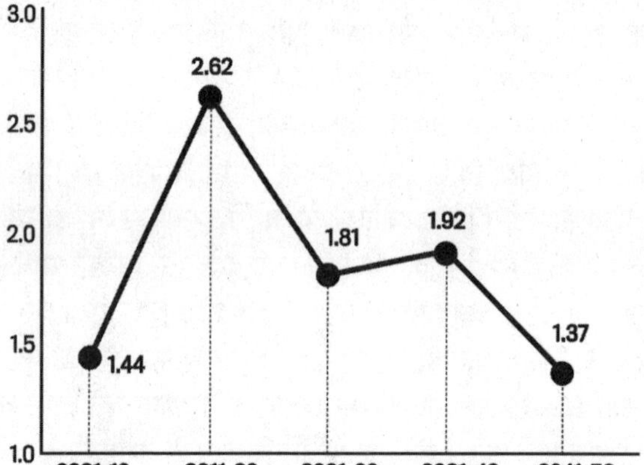

Source: Of-Counsel-Challenges of Modi Jaitly Economy by Arvind Subramaniam

2011 में प्रति व्यक्ति आय और युवा आबादी का लाभ

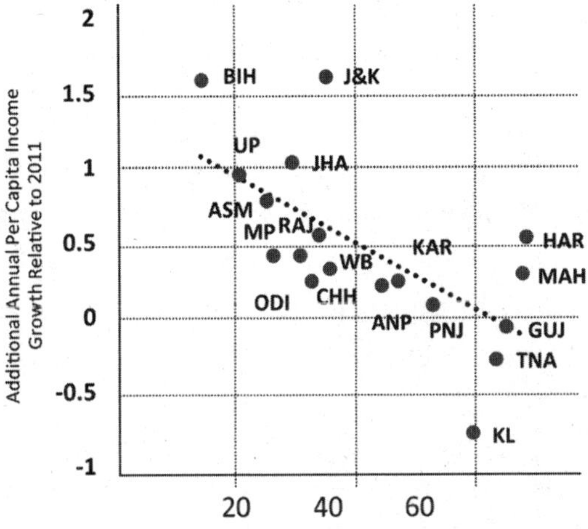

Source: Of Counsel - Challenges of Modi Jaitly Economy by Arvind Subramanian

कार्यशील और वृद्ध आबादी का अनुपात

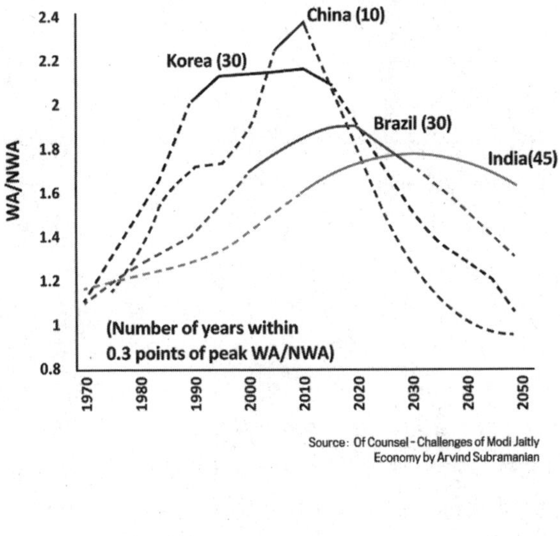

Source: Of Counsel - Challenges of Modi Jaitly Economy by Arvind Subramanian

महामारी और महामन्दी के बाद आर्थिक सुधारों और उनके लक्ष्यों को नया चतुष्कोण में बाँधना जरूरी है।

पहला कोण

आय के नये अवसर (Income Opportunity)

अगला ग्लोबलाइजेशन और उदारीकरण रोजगार के लिए क्योंकि केवल रोजगार, बहुत से, ढेर सारे रोजगार ही बचा सकते हैं हमें। रोजगार विकास और समानता की गारंटी हैं। आय, खपत और जीवन स्तर बेहतर करने का सुचक्र भी रोजगारों की धुरी पर घूम पाएगा। छह करोड़ नये बेरोजगारों और खेती से बाहर निकलनेवाले तीन करोड़ लोगों को काम देने के लिए भारत को 2030 तक करीब नौ करोड़ नये रोजगार बनाने होंगे। (यदि श्रम शक्ति में महिलाओं की भागीदारी का असन्तुलन दूर किया जाना है तो इनमें करीब 5.5 करोड़ अतिरिक्त रोजगार महिलाओं को देने होंगे)।

2030 तक नौ करोड़ रोजगारों का मतलब है 2023 से अगले सात वर्ष में हर साल करीब 1.2 करोड़ रोजगारों का सृजन। यह लक्ष्य कितना बड़ा है इसे तथ्य की रोशनी में समझा जा सकता है कि 2012 से 2018 के बीच भारत में हर साल केवल 40 लाख गैर कृषि रोजगार बन पाए हैं।

इस भयावह बेकारी के बीच कोविड के लॉकडाउन ने लाखों लोगों की जीविका निगल ली। इनमें स्वरोजगारी और दैनिक वेतनभोगियों का एक हिस्सा लॉकडाउन के बाद पुन: काम पर लौट आया लेकिन एक बड़ी आबादी जो हमेशा के लिए बेरोजगार हो गई उसे गाँवों में मनरेगा जैसी स्कीमों में दिहाड़ी मजदूरी की शरण लेनी पड़ी।

लॉकडाउन के बाद रोजगारों का सबसे ज्यादा विनाश प्रोफेशनल और कॉरपोरेट नौकरियों में हुआ जो भारतीय मध्यवर्ग की आय का ठिकाना हैं। सीएमआई के मुताबिक इस वर्ग में करीब 60 लाख लोगों ने रोजगार गँवाया जो इस वर्ग में कार्यरत कर्मचारियों की कुल संख्या का एक-तिहाई है।

लॉकडाउन की भीषण मन्दी के बीच सितम्बर 2020 में अनोखा काम हुआ। शेयर बाजार में सूचीबद्ध कम्पनियों ने गिरती बिक्री के बावजूद रिकॉर्ड मुनाफा कमाया। सीएमआई के अध्ययन ने पाया कि इन कम्पनियों ने कर्मचारियों की संख्या में बड़ी कटौती की और वेतन बिलों में न्यूतनम बढ़ोतरी हुई। यानी

कि मन्दी के बीच कमाई बढ़ाकर कम्पनियों ने इस दौरान रोजगारों को लेकर जो सबक सीखा है उसका असर भविष्य में कर्मचारियों के हित पर पड़ेगा। यानी कि कम्पनियाँ यह जान गई हैं कि कैसे न्यूनतम श्रमिकों के साथ ज्यादा से ज्यादा मुनाफे कमाए जाते हैं।

भारत की प्रगति के स्तम्भ

महामारी के बाद

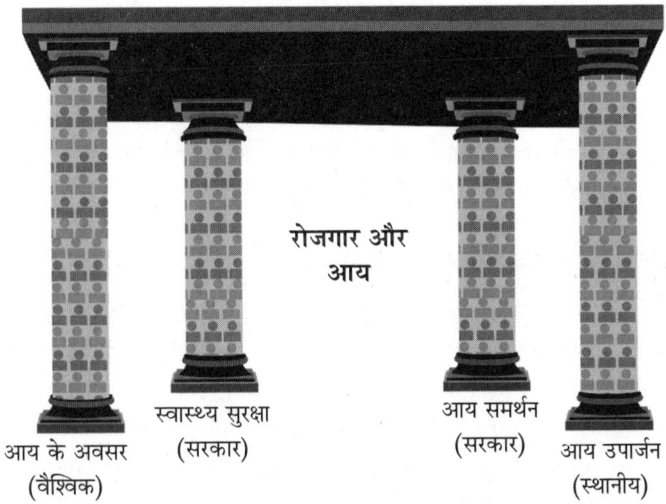

संगठित क्षेत्र से अधिक रोजगार आते हैं जिसे सरकारों की तरफ कर रियायत, प्रोत्साहन पैकेज, सस्ते कर्ज, कर्ज का पुनर्गठन आदि बहुत कुछ मिलता है। ये रियायतें अब नौकरियों के सृजन से जोड़ी जानी चाहिए। तकनीक के सहारे अब यह मापना सम्भव है कि बिजली कम्पनियों को मिले बेल आउट का रोजगार पर असर कितना है अथवा कम्पनियाँ साल में जितना टैक्स (केन्द्र व राज्य) रियायतें हासिल करती हैं उनके बदले कितने रोजगार दिये जाते हैं! अब यह नितान्त आवश्यक हो चुका है कि सरकारों के बजट और नीतियों का इम्प्लॉयमेंट इम्पैक्ट (रोजगार या इनकम प्रभाव) मापा जाए।

इसके लिए नीतियों की धुरी ही बदलनी होगी। सरकारों (केन्द्र, राज्य,

स्थानीय) में नीतियों (किसी भी क्षेत्र) का पूरा आयोजन अब सिर्फ इस पर केन्द्रित होना चाहिए कि उससे अन्ततः रोजगार कितने बनते हैं। मसलन, स्वच्छता मिशन भारत का सबसे बड़ा नया रोजगार कार्यक्रम बन सकता है जिसमें अकुशल से लेकर ग्रीन तकनीक हाई टेक रोजगार हैं।

यह नया आर्थिक प्रबन्धन है जिसके बिना माँग बढ़ाने और व्यवस्था पर भरोसा बनाए रखने का कोई दूसरा रास्ता नहीं है।

मैकिंजी (द टर्निंग प्वाइंट रिपोर्ट) का आकलन है कि कृषि से इतर बड़े पैमाने पर रोजगार (2030 तक नौ करोड़ गैर कृषि रोजगार) पैदा करने के लिए अर्थव्यवस्था को सालाना औसतन 8-8.85 फीसदी की दर से बढ़ना होगा, जो 2019-20 की आर्थिक वृद्धि दर से दोगुनी है। इस रफ्तार को माँग और खपत की ताकत चाहिए यानी लोगों की आय में निरन्तर बढ़ोतरी। अब भारत को एक नई ग्लोबल रणनीति अपनानी होगी।

पहले वियतनाम से जीत लें, चीन की फिर देखी जाएगी

चीन, जापान, कोरिया, आस्ट्रेलिया, न्यूजीलैंड और आसियान (दक्षिण-पूर्व एशिया) देशों के साथ नवम्बर 2020 में जीडीपी के आधार पर दुनिया का सबसे बड़ा व्यापार गुट तैयार कर दिया, जो अगले दस वर्षों में आपसी व्यापार में 90 फीसदी सामान पर इम्पोर्ट ड्यूटी पूरी तरह खत्म कर देगा।

आरसीईपी को अपने हितों के विरुद्ध घोषित करते हुए बीते बरस भारत इस सन्धि की वार्ताओं से बाहर निकल आया था। माना जा रहा है कि इस सन्धि में भारत का सबसे बड़ा डर चीन के दबदबे को लेकर था क्योंकि आसियान, जापान और कोरिया के साथ मुक्त व्यापार समझौते (एफटीए) पहले से हैं।

1991 के बाद से ग्लोबलाइजेशन यानी अन्तरराष्ट्रीय बाजारों से एकीकरण भारत की आर्थिक नीति का मुख्य आधार रहा है, जिसका लाभ जीडीपी की तेज विकास दर और सूचना तकनीक व फार्मास्यूटिकल जैसे क्षेत्रों में प्रभुत्व के तौर पर सामने आया। अरविन्द पानगड़िया अपनी महत्त्वपूर्ण किताब फ्री ट्रेड एंड प्रॉस्पेरिटी में आँकड़ों के साथ बताते हैं कि मुक्त व्यापार और ग्लोबलाइजेशन के चलते बीते दो दशक में भारत की ग्रोथ में 4.6 फीसदी का इजाफा हुआ है। सन् 2000 में अन्तरराष्ट्रीय व्यापार (निर्यात-आयात)

की जीडीपी में हिस्सेदारी केवल 19 फीसदी थी जो 2011 में बढ़कर 55 फीसदी यानी आधे से ज्यादा हो गई।

कोविड के बाद रोजगार का परिदृश्य

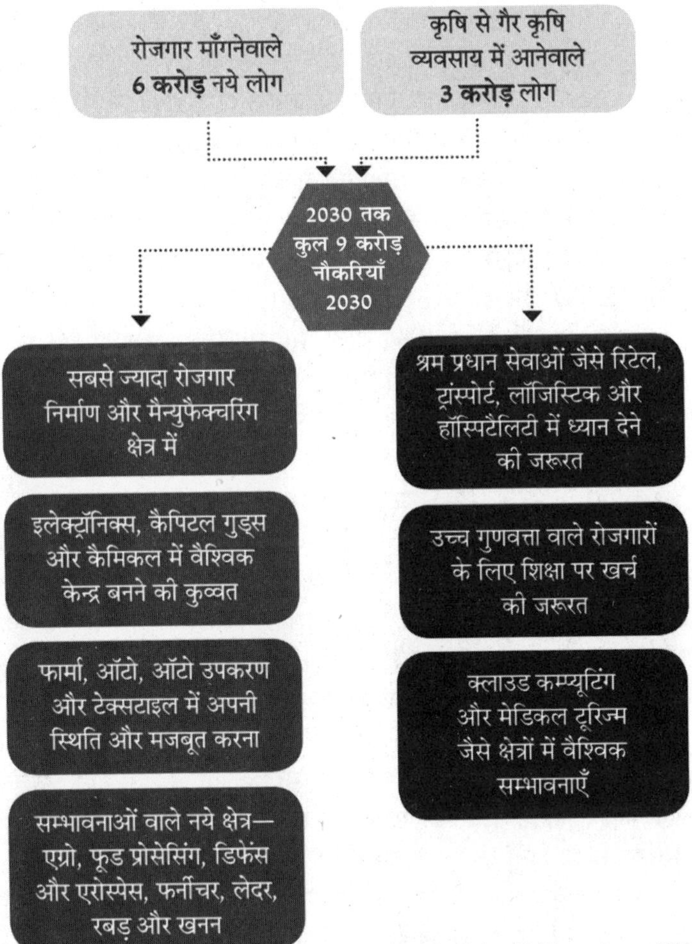

India's Turning Point. McKinsey August 2020

भारत ही क्यों जापान, पूर्वी एशिया देशों, चीन और ताइवान यानी सभी विकासशील अर्थव्यवस्थाओं ने दुनिया के बाजारों के सस्ते उत्पाद बनाकर अपनी अर्थव्यवस्थाओं को रफ्तार दी। निर्यात के जरिये मिले अतिरिक्त संसाधन देश की अर्थव्यवस्था में निवेश हुए जिससे आय, रोजगार व जीवन स्तर बेहतर किए गए।

भारत इस रास्ते पर आगे तो आया लेकिन सफलता को बनाए रखने में चूक गया। 2012 से निर्यात लगातार गिरता चला गया और 2018 में अन्तरराष्ट्रीय व्यापार की जीडीपी में हिस्सेदारी 2011 में 55 फीसदी से घटकर अब 45 फीसदी रह गई है। आरसीईपी पर बनी सुरजीत भल्ला समिति के मुताबिक जीडीपी बढ़ने और मुद्रा विनिमय दर की स्थिरता के बावजूद गैर तेल निर्यातक 60 बड़ी अन्तरराष्ट्रीय अर्थव्यवस्थाओं के साथ तुलना में भारत की निर्यात रैंकिंग टूटती गई है।

पिछले दशकों में निर्यात का ढाँचा पूरी तरह बदल गया है। श्रम गहन (कपड़ा, रत्न जेवरात और चमड़ा) निर्यात पिछड़ रहे हैं। भारत ने रिफाइनरिंग और इलेक्ट्रॉनिक्स में कुछ बढ़त ली है लेकिन वह पर्याप्त नहीं है और प्रतिस्पर्धा गहरी है।

कपड़ा या परिधान उद्योग इसका उदाहरण है जो करीब 4.5 करोड़ लोगों को रोजगार देता है और निर्यात में 15 फीसदी हिस्सा रखता है। 2000 से 2010 के दौरान विश्व कपड़ा निर्यात में चीन ने अपना हिस्सा दोगुना (18 से 36 प्रतिशत) कर लिया जबकि भारत केवल 3 फीसदी से 3.2 फीसदी तक पहुँच सका। 2016 तक बांग्लादेश (6.4 प्रतिशत), वियतनाम (5.5 प्रतिशत), भारत (4 प्रतिशत) को काफी पीछे छोड़ चुके थे।

भारत यह दौड़ क्यों हारा इसके लिए किसी बड़ी सूझ की जरूरत नहीं है। कपड़ों की छोटी इकाइयों वाले भारतीय गारमेंट उद्योग के पास नई तकनीक लाने या बदलती डिजाइनों के तालमेल के संसाधन नहीं थे। जबकि कर्ज और परिवहन सहित अन्य लागतें बढ़ती गईं।

अब यह बात किसी से छिपी नहीं है कि भारत अपनी आर्थिक कमजोरियों के कारण आरसीईपी में शामिल होने से डर गया। चीन के साथ गहरे रणनीतिक मतभेदों के बावजूद जापान और आस्ट्रेलिया इस सन्धि का हिस्सा बने हैं क्योंकि उन्हें मुक्त बाजार के फायदे नजर आ रहे हैं।

भारत की इस कमजोरी की जड़ मैन्युफैक्चरिंग की बदहाली में छिपी है। 2014 के बाद मेक इन इंडिया का शोर खूब हुआ लेकिन एडीबी की रिपोर्ट (नवम्बर 2020) के अनुसार भारत के जीडीपी में मैन्युफैक्चरिंग का हिस्सा 2014 में 30 प्रतिशत से घटकर 2019 में 27.5 प्रतिशत पर यानी दो दशकों के न्यूतनम स्तर पर आ गया। पाकिस्तान और नेपाल के बाद भारत अब एशिया का सबसे कम औद्योगीकृत देश है। यहाँ तक कि बांग्लादेश के जीडीपी में मैन्युफैक्चरिंग का हिस्सा भारत से ज्यादा है।

निर्यात पर बनी भल्ला समिति ने नोट किया है कि भारत में प्रतिस्पर्धा लगातार घट रही है। 2020 के ग्लोबल इकोनॉमिक फ्रीडम इंडेक्स भारत 26 अंक नीचे खिसककर 105वें स्थान पर पहुँच गया है।

उदारीकरण और निर्यात प्रतिस्पर्धा बढ़ाने के बजाय हाल के वर्षों में भारतीय नीतियों ने दरवाजे बन्द कर संरक्षणवाद के खोल में दुबकना शुरू कर दिया। 2017 से पहले लगातार घटता रहा सीमा शुल्क स्वदेशी के असर से बढ़ने लगा है। आयात महँगा होने से आयातित कच्चे माल और सेवा पर आधारित निर्यात को गहरी चोट लगी।

भारत न केवल आरसीईपी से बाहर निकला बल्कि पिछले छह वर्षों में मुक्त व्यापार समझौतों पर प्रगति (अमेरिका, कनाडा, यूरोपीय समुदाय) भी रुक गई। दूसरी तरह वियतनाम ने बीते 10 सालों में 15 मुक्त व्यापार समझौते (एफटीए) किए हैं। भल्ला समिति ने आँकड़ों के साथ बताया है कि सभी मुक्त व्यापार समझौते भारत के लिए बेहद फायदेमन्द रहे हैं। इनके तहत आयात और निर्यात ढाँचा सन्तुलित है यानी कच्चे माल का निर्यात और उपभोक्ता उत्पादों का आयात बेहद सीमित है।

इन तथ्यों के बावजूद चीन के साथ सीमा पर तनाव ने संरक्षणवाद के शोर को ताकत दी। बिजली, मशीनरी, आटो पुर्जे, बिजली संयंत्र, केमिकल, उर्वरक आदि के करीब 67 फीसदी आयात के लिए भारत चीन पर निर्भर है। इम्पोर्ट ड्यूटी बढ़ाने और आयात रोकने से भारत के निर्यात और मैन्युफैक्चरिंग क्षमताओं पर असर पड़ा है।

भारत की मैन्युफैक्चरिंग को प्रतिस्पर्धा के लिए पूँजी, तकनीक और सस्ता कच्चा माल चाहिए। जिसके लिए या तो लागत कम करनी होगी या फिर मुक्त व्यापार समझौतों के जरिये माल मँगाने के लिए दूसरे बाजार तलाशने होंगे।

सामान के निर्यात में 2012 के बाद बढ़त नहीं

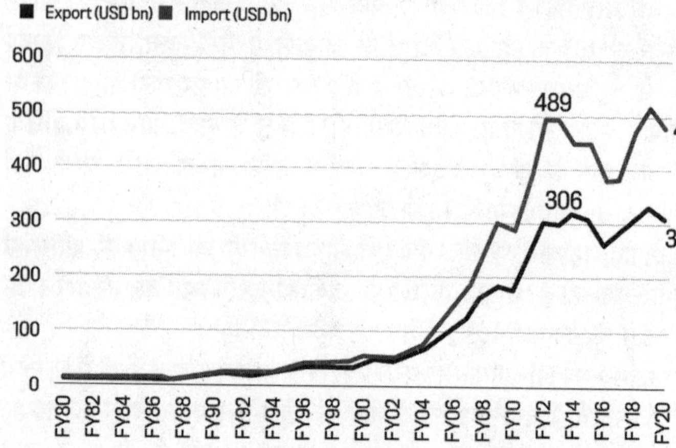

Sources: CMIE, Government, ASKWA Research.

चीन के उत्पाद नहीं चाहिएँ मगर कम्पनियाँ चाहिएँ; कैसे?

महामारी के बाद दुनिया की कम्पनियाँ अपनी सप्लाई चेन को चीन +1 की नीति पर केन्द्रित कर रही हैं यानी वे चीन के साथ किसी अन्य देश में भी उत्पादन का ठिकाना बना सकती हैं। अमेरिका के चुनाव में ट्रम्प के हारने से पहले तक एशिया में यह होड़ मजबूत हो चली थी कि चीन से प्रवास करने के बाद दिग्गज अब नया पड़ाव कहाँ डालेंगे। जापान ने तो इसके लिए 2.2 अरब डॉलर का प्रोत्साहन पैकेज भी घोषित कर दिया था।

कोविड महामारी से पहले रोबो बैंक ने एक अध्ययन में बताया था कि ऑटो, खिलौना, कम्प्यूटर, रोबोटिक्स, इलेक्ट्रॉनिक्स, पैकेजिंग, फुटवियर और परिधान बनानेवाली कई कम्पनियाँ चीन से बाहर जाना चाहती हैं। अमेरिकन चैम्बर ऑफ कॉमर्स और यूबीएस बैंक ने अपने सर्वेक्षणों में पाया कि 25 से 30 फीसदी अमेरिकी कम्पनियाँ चीन से निकलना चाहती हैं।

रोबो बैंक ने अपने अध्ययन में पाया था कि चीन से निकलनेवाली

कम्पनियाँ उन देशों में जा सकती हैं जिनके—

- निर्यातों का गठन चीन जैसा है। इनमें वियतनाम, थाईलैंड, दक्षिण कोरिया, ताइवान और जापान प्रमुख हैं। भारत इस क्रम में आठवें नम्बर पर है।
- या मैन्युफैक्चरिंग क्षेत्र में वेतन या मजदूरी चीन के बराबर या उससे कम है। मंगोलिया, बांग्लादेश, श्रीलंका, कम्बोडिया और लाओस में न्यूनतम मजदूरी है भारत नवें नम्बर पर है।
- बेहतर निवेश माहौल और कारोबारी सहजता में सिंगापुर, दक्षिण कोरिया, ताइवान, मलेशिया और थाईलैंड आगे हैं भारत 11वें नम्बर पर है।
- और लोकतांत्रिक संस्थाओं की मजबूती (विश्वबैंक गवर्नेंस इंडिकेटस) एक और पैमाना होगा जिसमें सिंगापुर, जापान, कोरिया, ताइवान, मलेशिया पाँच देशों के बाद भारत का स्थान है।

अप्रैल 2018 से अगस्त 2019 के बीच करीब 56 कम्पनियों ने चीन छोड़ा लेकिन इनमें से केवल तीन भारत आईं। नोमुरा का अध्ययन कहता है कि इनमें 26 वियतनाम और 11 ताइवान गईं।

चीन से कम्पनियों के हालिया प्रवास और रोबो बैंक का अध्ययन यह संकेत देता है कि एक तो आरसीईपी के बाद अब चीन से प्रवास की सम्भावना सीमित हो गई है। दूसरा, अगर कम्पनियाँ वहाँ से निकलेंगी तो वे आरसीईपी क्षेत्र में नया ठिकाना बनाएँगी।

आत्मनिर्भरता का पुराना ढोल

दुनिया की बड़ी अर्थव्यवस्था में भारत शायद अकेला होगा जहाँ कम्पनियों को उत्पादन करने के लिए बजट प्रोत्साहन (प्रोडक्शन लिंक इंसेंटिव) दिये जाते हैं यानी कि बाजार, टैक्स रियायत और तमाम सहूलियतें पर्याप्त नहीं हैं। टैक्स पेयर किसी शियोमी, ओप्पो या डिक्सन का उत्पाद खरीदते हैं, उस पर टैक्स भी देते हैं और उनके उत्पादन प्रोत्साहन का बोझ भी उठाते हैं।

1991 तक चार दशकों में आयात के बदले उत्पादन की नीति बुरी तरह विफल रही। ये नये प्रोडक्शन लिंक्ड इंसेंटिव उन्हीं प्रागैतिहासिक नीतियों के नये संस्करण बन रहे हैं। पिछले छह साल से भारत में इलेक्ट्रॉनिक्स उद्योग

में इम्पोर्ट सब्सीट्यूशन इनीशिएटिव (आईएसआई) जारी है लेकिन भारत में कोई बड़ा इलेक्ट्रॉनिक्स क्लस्टर नहीं बन सका और न ही कोई भारतीय मोबाइल हैंडसेट ब्रांड सामने आया। अब फेज्ड मैन्युफैक्चरिंग प्रोग्राम के तहत भारत में उत्पादन शुरू कराने के लिए इम्पोर्ट ड्यूटी बढ़ाई गई है। इससे घरेलू उपभोक्ताओं को महँगे उत्पादन मिलेंगे और निर्यात प्रतिस्पर्धा सीमित हो जाएगी। यह लगभग लाइसेंस परमिट राज में स्वदेशीकरण (indigenization) की शर्त जैसा है जब कम्पनियों को किसी भी लागत पर देश के भीतर उत्पादन करना होता था।

दूसरा उदारीकरण

दुनिया के लिए उत्पादन—माँग और मैन्युफैक्चरिंग में रोजगार बढ़ाने के लिए केवल दो ही रास्ते हैं। या तो देश के भीतर खपत बढ़ाई जाए या दुनिया के बाजार के लिए उत्पादन किया जाए। आर्थिक विकास दर में तेज गिरावट और आय में कमी के कारण भारत में माँग बढ़ने की गुंजाइश नहीं है। बड़े पैमाने पर गैर खेती रोजगारों के लिए भारत को दुनिया की तरफ देखना होगा। भारत को खेती में जरूरत से ज्यादा और मैन्युफैक्चरिंग में सीमित उत्पादन का फार्मूला पलटना होगा। खेती में उपज सीमित करनी होगी और चुनिन्दा उद्योगों जहाँ भारत प्रतिस्पर्धा में है उनमें विश्व बाजार के लिए उत्पादन करना होगा।

ग्लोबल प्रतिस्पर्धा के लिए—

- लागत कम करने का मिशन चाहिए। खास तौर से पूँजी, जमीन, ऊर्जा और टैक्स की लागत। भारत को ईज ऑफ डूइंग बिजनेस के दिखावटी प्रचार की जगह कॉस्ट ऑफ डूइंग बिजनेस में प्रतिस्पर्धी देशों से होड़ करनी होगी।
- सेवाओं में सूचना तकनीक उद्योग में फार्मा व ऑटो के बाद (1990 के मध्य और 2010 में) भारत निर्यात में कोई जानदार कहानी नहीं लिख सका। अब सफलता के लिए नये नायक चाहिए जो नये शोध और इनोवेशन पर जीडीपी के अनुपात में केवल 0.5 प्रतिशत निवेश से असम्भव है। उभरती अर्थव्यवस्थाओं में यह खर्च जीडीपी का तीन फीसदी है। इस निवेश में कमजोरी के चलते मोबाइल अप्लीकेशन,

क्लाउड कम्प्यूटिंग, मशीन लर्निंग, नैनो टेक, थ्रीडी प्रिंटिंग जैसी नई तकनीकों के विकास की मुख्यधारा में भारत को जगह नहीं मिल सकी।

आत्मनिर्भरता का नया मतलब दुनिया की जरूरत के हिसाब से दुनिया की शर्त पर भारत में उत्पादन करना है। कोविड के बदली व्यवस्था में बाजारों के लेन-देन और ज्यादा दो टूक होंगे और भारत को इस व्यवस्था में अपनी जगह बनानी होगी, उसकी शर्तों पर व्यवस्था नहीं बदलेगी।

दूसरा कोण

आय में बढ़ोतरी (Income Generation Cluster)

मेक इन इंडिया को मेक इन लुधियाना या कोयम्बटूर चाहिए

भारत में रोजगार के अवसर गिने-चुने इलाकों में केन्द्रित हैं। लगभग 49 क्लस्टर (उद्योग, नगर, बाजार) भारत में जीडीपी में 70 फीसदी का योगदान करते हैं। यही रोजगार का चुम्बक है और यहीं से बचत गाँवों में जाती है।

कानपुर, पुणे, नासिक, लुधियाना, कोयम्बटूर, मंगलूर, उदयपुर, राँची, गुवाहाटी में सर्विसेज और मैन्युफैक्चरिंग के छोटे-छोटे टरबाइन जरूरी हैं जो कि स्थानीय खपत पर केन्द्रित हों। नीतियों में यह शून्य दिल्ली यानी केन्द्र सरकार को नहीं दिखता। राज्यों में इस तरह की पहल सीमित है या फिर पुराने हस्तशिल्प (उत्तर प्रदेश सरकार की वन डिस्ट्रिक वन प्रोडक्ट) उद्योगों पर केन्द्रित हैं जिनसे बड़ी संख्या में रोजगार की उम्मीद नहीं है।

अगले सात साल में भारत की करीब 38 फीसदी आबादी (करीब 55-58 करोड़ लोग) नगरीय होगी। 2012, भारत के 65 नगरीय जिले (जैसे दिल्ली, नोएडा, हुगली, नागपुर, राँची, बरेली, इंदौर, नेल्लोर, उदयपुर, कोलकाता, मुम्बई, सूरत, राजकोट आदि) देश की खपत का नेतृत्व कर रहे थे। देश की करीब 26 फीसदी आबादी, 45 फीसदी उपभोक्ता वर्ग और 37 फीसदी खपत और 40 फीसदी जीडीपी इन्हीं में केन्द्रित थे। अगले पाँच साल में खपत के सूरमा जिलों की संख्या 79 हो जाएगी। खपत बढ़ाने की रणनीति इन जिलों के कंधों पर सवार होगी।

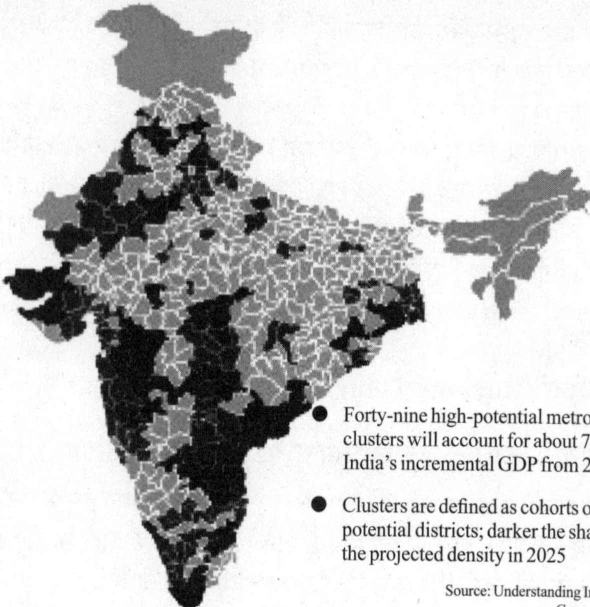

- Forty-nine high-potential metropolitan clusters will account for about 77 percent of India's incremental GDP from 2012 to 2025
- Clusters are defined as cohorts of 183 high-potential districts; darker the shade, higher the projected density in 2025

Source: Understanding India's Economic Geography McKinsey

उद्योगों के परिवार यानी अवसरों के मोहल्ले

2008 के बाद दुनिया में आए संकट को करीब से देखने के बाद, दुनिया के कई देशों ने स्थानीय अर्थव्यवस्थाओं में निवेश को प्रोत्साहन दिया है। यह भारत के बहुप्रचारित वोकल फॉर लोकल से अलग है। इन अभियानों में लोगों को खपत बढ़ाने और स्थानीय अर्थव्यवस्थाओं में खर्च करने के लिए प्रेरित किया जा रहा है। कई अध्ययन यह मानते हैं कि अगर स्थानीय अर्थव्यवस्था में 100 डॉलर लगाए जाएँ तो कम-से-कम 60 फीसदी पूँजी स्थानीय बाजार में रहती है। इसके आधार पर दुनिया में कई जगह लोकल इकोनॉमी (आर्थिक भाषा में लोकल मल्टीप्लायर) ताकत देने के अभियान शुरू हुए।

बैंकिंग संकट और ब्रेग्जिट के बीच उत्तर इंग्लैंड के शहर प्रेस्टन का लोकल ग्रोथ मॉडल चर्चा में रहा है, जहाँ उपभोक्ताओं से जुटाए गए टैक्स और संसाधनों का स्थानीय स्तर पर इस्तेमाल किया गया।

रोजगार और खपत बढ़ाने के लिए राज्यों के साथ मेक इन लुधियाना, सूरत और कोयम्बटूर जैसे नीतिगत अभियानों की जरूरत है जिनके अन्तर्गत देश के दो दर्जन प्रमुख उत्पादन केन्द्रों पर केन्द्रित प्रोत्साहन नीतियाँ बनाई जानी चाहिए। इनका मकसद स्थानीय बाजारों में आपूर्ति और स्थानीय रोजगारों का सृजन होना चाहिए। यही रणनीतियाँ मन्दी से उबार पाएँगी।

दिल्ली बहुत दूर है

भले ही नीतियों के फरमान दिल्ली से जारी होते हों लेकिन भारत कोई केन्द्रीय अर्थव्यवस्था नहीं है। भीमराव आंबेडकर ने तय किया था कि केन्द्र की आर्थिक ताकत सीमित रखी जाए। आंबेडकर ने ताकतवर केन्द्र के प्रति संविधान सभा के आग्रह को सन्तुलित करते हुए ऐसे संविधान पर सहमति बनाई जो संकट के समय केन्द्र को ताकत देता था लेकिन आम दिनों में संघीय (राज्यों को सन्तुलित अधिकार) सिद्धान्त पर काम करता था। भारत की विविधता और आर्थिक जरूरतों को देखते हुए यह फैसला पूरी तरह सही साबित हुआ।

1997 से 2014 तक भारत में सबसे ज्यादा निजी निवेश हुआ। इस दौरान निवेश के लिए राज्यों के बीच जबरदस्त होड़ चली जिससे राज्यों की विकास दर दशकीय आधार पर दो गुना बढ़ गई। इस तेज क्षेत्रीय विकास ने राष्ट्रीय जीडीपी को ऊँचाई पर पहुँचा दिया।

1995 के बाद से राज्यों की बढ़ी हुई ताकत को वित्त आयोगों का लगातार समर्थन मिला। केन्द्र से अधिक संसाधन हस्तान्तरित हुए। बजट के ताजा आँकड़े बताते हैं कि 15 राज्य मिलकर देश का 83 फीसदी विकास खर्च सँभाल रहे हैं। भारत के पाँच राज्य अर्थव्यवस्थाओं का आकार 15 ट्रिलियन रुपये और सात राज्यों का जीडीपी 7.5 ट्रिलियन रुपये से बड़ा है।

जीएसटी लागू होने के एक साल बाद यह महसूस हुआ कि इस बहुचर्चित सुधार ने दरअसल निवेश आकर्षित करने के लिए राज्यों के हाथ बाँध दिये। राज्य सरकारों के पास प्रत्यक्ष रूप से निवेशकों के लिए कोई बड़ी रियायतें नहीं थीं। इसलिए राज्यों को एक तरह से केन्द्रीय नीतियों पर निर्भर होना पड़ा।

वित्तवर्ष 2018-19 में राज्यवार जीडीपी

(1T=Trillion = 1 lakh Crores)

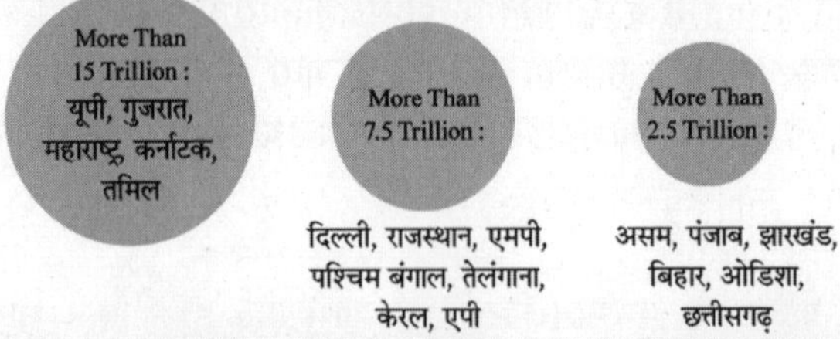

राज्य	GDP Trillion (Rs)	Share (%)
असम	3.2	1.7
उत्तराखंड	2.5	1.3
दिल्ली	7.8	4
पंजाब	5.2	2.7
हरियाणा	7.1	3.6
झारखंड	3.1	1.6
बिहार	5.6	2.9
यूपी	15.4	8.0
राजस्थान	9.3	4.8
गुजरात*	15	7.7
एमपी	8.1	4.2
ओडिसगढ़	4.9	2.5
छत्तीसगढ़	3.1	1.6
पश्चिम बंगाल	11.8	6.1
महाराष्ट्र	28	14.4

राज्य	GDP Trillion (Rs)	Share (%)
तेलंगाना	8.7	4.5
कर्नाटक	15.3	7.9
केरल*	7.7	4
आन्ध्र प्रदेश	9.3	4.8
तमिलनाडु	16.6	8.6

राज्य	GDP Trillion (Rs)
जे एंड के*	1.6
हिमाचल प्रदेश	1.5
सिक्किम*	0.27
अरुणाचल प्रदेश*	0.3
नगालैंड*	0.27
मणिपुर*	0.26
मिजोरम*	0.22
त्रिपुरा*	0.5
गोवा	0.8
पुद्दुचेरी	0.4

www.ibef.org, http://mospi.nic.in/GSVA-NSVA, and state Govt websites.
Hat Tip: www.howmuch.net Does't include data for all UTs,
* Estimated/Provisional data as per Govt sources

लॉकडाउन के बाद राज्यों ने श्रम सुधारों की शुरुआत की है। जिसमें कम्पनियों को श्रम नियमों के पालन और अनुबन्ध श्रमिक रखने की छूट शामिल है। अलबत्ता मन्दी और बेरोजगारी के बीच ये सुधार तत्काल असर नहीं करेंगे बल्कि माँग की कमी से परेशान कम्पनियों को और ज्यादा श्रमिकों को निकालने या कम वेतन देने का विकल्प उपलब्ध कराएँगे।

स्थानीय बाजारों में खपत बढ़ना इसलिए जरूरी है क्योंकि माँग बढ़ने से राज्यों को टैक्स व अन्य गैर टैक्स संसाधन (आर्थिक सेवाएँ) मिल सकें। बीते पाँच-छह वर्षों में राज्यों ने गरीबी उन्मूलन और कृषि सहायता को बाँटने का तरीका बदला है। तकनीक की मदद से बैंक खातों में सहायता पहुँचाने के प्रयास हो रहे हैं। अब राज्यों को अपनी सामाजिक नीतियाँ बदलकर उन्हें जनसांख्यिक हकीकत से जोड़ना होगा।

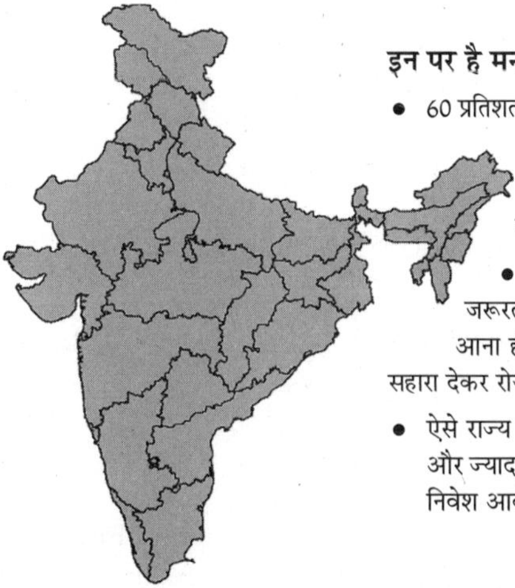

इन पर है मन्दी से निकालने का दारोमदार

- 60 प्रतिशत सुधारों की सिफारिश राज्यों के स्तर पर।
- 2019-20 में राज्यों ने केन्द्र सरकार की तुलना में 64 फीसदी ज्यादा खर्च किया।
- विकास की योजना नीचे से बनाने की जरूरत है, हर राज्य को कई क्लस्टरों के साथ आना होगा। जिससे स्थानीय अर्थव्यवस्था को सहारा देकर रोजगार को बढ़ाया जा सके।
- ऐसे राज्य जो तेजी से प्रशासनिक सुधार कर सकें और ज्यादा क्लस्टर्स को सँभाल सकें, वे अधिकतम निवेश आकर्षित कर सकते हैं।

शिक्षा, प्रशिक्षण, हुनर आदि में निवेश उन राज्यों में जरूरी है जहाँ युवा आबादी है जबकि स्वास्थ्य और वयजन्य सुविधाओं के लिए दूसरे राज्यों पर ज्यादा ध्यान देना होगा। अगले एक दशक में कई राज्यों को प्रवासियों की जरूरत होगी इसलिए घरेलू प्रवास बड़ी कमाई के हस्तान्तरण में अहम भूमिका निभाएँगे। कोविड के दौरान हमें दिख गया है कि सरकार के पास इन प्रवासियों के लिए नीति या योजना नाम की कोई चीज नहीं है।

मध्य में है ताकत

भारत के जीडीपी का ढाँचा दिलचस्प है। देश की 600 बड़ी कम्पनियाँ (कुल राजस्व 500 मिलियन डॉलर से ज्यादा) जीडीपी (महँगाई सहित) में 48 फीसदी, निर्यात में 40 फीसदी और औपचारिक रोजगार में 20 फीसदी हिस्सा रखती

हैं। सबसे कीमती बात यह है कि इनकी उत्पादकता दर पूरी अर्थव्यवस्था की तुलना में 11 गुना अधिक है। नौ करोड़ रोजगार का लक्ष्य पूरा करने के लिए 2030 तक ऐसी 1000 कम्पनियों की जरूरत होगी।

ज्यादातर भारतीय कम्पनियाँ (6.3 करोड़) छोटी और अक्षम हैं। प्रतिस्पर्धी अर्थव्यवस्थाओं की तुलना में मध्यम आकार (40 से 500 डॉलर) की कम्पनियों की संख्या लगभग आधी है। भारत को 2030 तक करीब 10000 मझोली कम्पनियाँ चाहिए। (मैकिंजी रिपोर्ट) यानी कि सूक्ष्म और लघु इकाइयों को बड़े पैमाने पर मध्यम इकाइयों में बदलना होगा ताकि उत्पादकता, नये उत्पादों का विकास और रोजगार तैयार हो सकें।

निवेश का बहीखाता

इस तेज ग्रोथ के लिए कम्पनियों को 2030 तक करीब 2.4 ट्रिलियन डॉलर की नई पूँजी जुटानी होगी। इनमें लघु उद्योगों को ही अगले दस साल में करीब 800 अरब डॉलर की पूँजी (वर्तमान स्तर का छह गुना) चाहिए। निवेश की विशाल जरूरत को पूरा करने के लिए भारतीय वित्तीय बाजारों में तेज और बड़े सुधार चाहिए साथ ही चाहिए नये वित्तीय उत्पाद जो छोटी कम्पनियों को पूँजी व सस्ता कर्ज जुटाने में मदद करें।

नौ करोड़ रोजगारों के लक्ष्य और सालाना 8 से 8.5 फीसदी विकास दर के लिए अगले दस साल तक जीडीपी के अनुपात में 37 फीसदी की दर से सालाना निवेश चाहिए जो 2020 में कोविड से पहले दस साल के न्यूनतम स्तर (33 फीसदी) पर था। इस निवेश के लिए बचतों को प्रोत्साहन देना होगा और पूँजी की लागत कम करनी होगी जिस पर हमने बैंकिंग बचत पर केन्द्रित अध्याय में विस्तार से चर्चा की है। (देखें, राज्यों के लिए रणनीति ग्राफ)

तीसरा कोण

आय में सहायता (Income Support Cluster)

ऑक्सीजन लंगर, सोनू सूद, विकास खन्ना और भारत का वेलफेयर स्टेट

अप्रैल-मई 2021 में जब कोविड की दूसरी लहर मौत का तांडव कर रही थी तब ऑक्सीजन, दवा की आपूर्ति में सरकार ठीक उसी तरह नदारद थी जैसे

कि कोविड लॉकडाउन के दौरान श्रमिकों के विराट प्रवास के वक्त भारत का बहुप्रचारित कल्याणकारी राज्य या वेलफेयर स्टेट पूरी तरह बिखर गया।

डिजिटल इंडिया के भरपूर शोर के बावजूद लोगों को ऑक्सीजन, दवा और अस्पताल तक पहुँचाया, आम लोगों ने अपने नेटवर्क और सम्पर्क में थे। भारत की पूरी तकनीकी क्रान्ति और डिजिटल इंडिया एक पोर्टल या एप नहीं बना सके, ई-कॉमर्स या टैक्सी सर्विस की तरह लोगों को उनकी भौगोलिक स्थिति (जीपीएस) के आधार पर यह बता देता कि कोविड जाँच केन्द्र, अस्पताल और बिस्तर, ऑक्सीजन, फार्मेसी, क्लीनिक आसपास कहाँ मिल सकते हैं और कब क्या मिलेगा?

भारत में चरम संक्रमण पर भी कुल आबादी में सक्रिय मामले (135 करोड़ पर 25 लाख) एक फीसदी से कम है। उनमें भी ऑक्सीजन और गम्भीर इलाज वाली दवाओं के जरूरतमन्द केवल 10 फीसदी हैं। इनके लिए 29 राज्यों में 'सिस्टम' यानी अस्पताल, ऑक्सीजन और दवाओं की कमी कभी नहीं थी लेकिन सरकारें वह नहीं कर पाईं जो आम लोगों ने कर दिया।

ठीक इसी तरह 2020 में भारी-भरकम संसाधनों व ढाँचे (रेलवे) और भीमकाय सब्सिडी (खाद्य) के बावजूद सरकार से कहीं ज्यादा मदद व्यक्तिगत प्रयासों से पहुँची। फिल्म अभिनेता सोनू सूद या प्रख्यात शेफ विकास खन्ना जैसे हजारों संगठनों ने लोगों को भोजन, राहत, परिवहन देने का वह काम किया जिसके लिए लोग सरकार को भारी टैक्स देते हैं और संकट में सरकारी तंत्र से मदद की अपेक्षा करते हैं।

केन्द्र और राज्य सरकारें करीब 2000 स्कीमें और सब्सिडी आधारित कार्यक्रम चलाती हैं। एनआईपीएफपी (2019) के मुताबिक केन्द्र और राज्य सब्सिडी पर जीडीपी के अनुपात में 10 फीसदी यानी करीब 20 लाख करोड़ रुपये हर साल खर्च करते हैं, जो कि प्रति व्यक्ति 15000 रुपये से ज्यादा है।

इस किताब के दौरान हमने बार-बार यह पाया कि ज्यादातर स्कीमें आबादी के उन तबकों की जिन्दगी में बड़ा बदलाव नहीं कर सकीं जिनके लिए वे बनी हैं। इन सन्दर्भ में कई उल्लेखनीय अध्ययन उपलब्ध हैं और सरकार की आर्थिक समीक्षाएँ इस बहुत बड़ी खामी को स्वीकार करती आई हैं। जनकल्याण खर्च की मात्रा के आधार पर भारत के बजट बहुत बड़े हैं लेकिन नतीजे अपेक्षाओं और प्रतिस्पर्धी देशों की तुलना में बेहद निराशाजनक

हैं जैसे कि कोविड के दौरान आयुष्मान भारत (सरकार की सबसे महत्त्वाकांक्षी स्वास्थ्य बीमा योजना) जिसका हाल हमें पॉवरफुल पटेल ग्रुप की चर्चा (सरकार का तिलिस्म) में पता चल चुका है।

राज्यों के लिए रणनीति

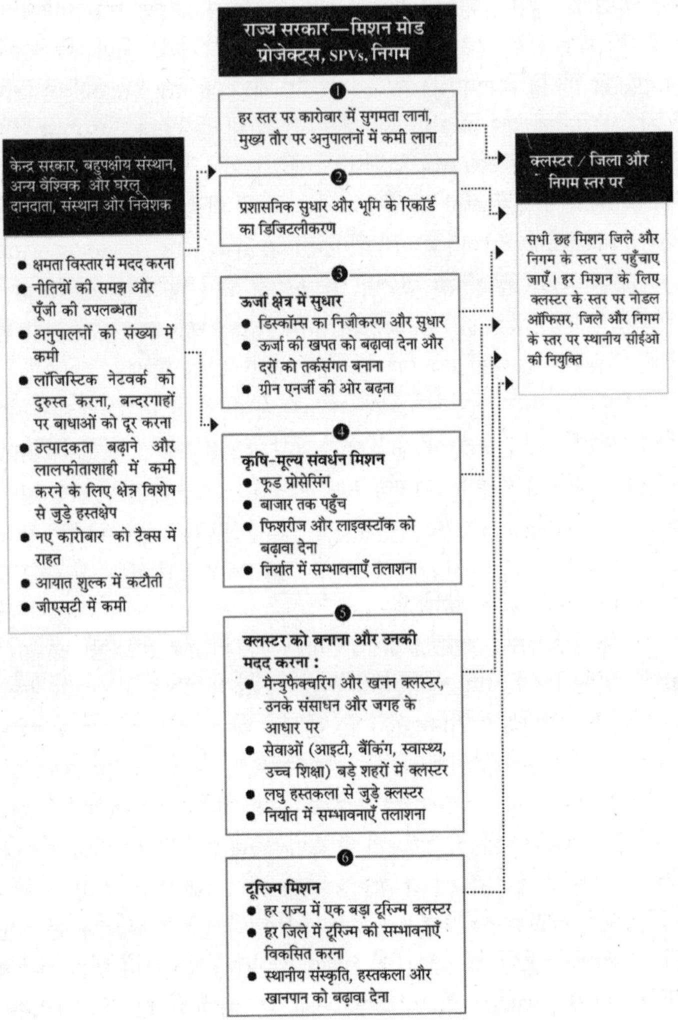

भारत के पूरे गरीबी उन्मूलन और जनकल्याण कार्यक्रम ढाँचे का पुनर्गठन जरूरी है जिसके लिए बड़े पैमाने पर खर्च के सुधारों की राय बीते कई वर्षों से दी जाती रही है। कोविड के बाद वेलफेयर स्टेट का अस्तित्व और प्रभाव इन दो सुधारों पर निर्भर है।

महँगाई केन्द्रित उचित न्यूनतम मजदूरी या वेतन दर—श्रम व रोजगार मंत्रालय के कार्यदल (2019) ने 375 रुपये की दैनिक मजदूरी दर की सिफारिश की थी। हालाँकि भारत में अभी औसत न्यूनतम वेतन दर 176 रुपये के आसपास है जो 2017 में तय की गई थी। ज्यादातर राज्यों में न्यूनतम मजदूरी 375 रुपये से नीचे है। केन्द्र सरकार की दो सबसे बड़ी रोजगार योजनाओं मनरेगा और कोविड के बाद शुरू की गई प्रधानमंत्री रोजगार योजना में मजदूरी की दर केवल 180 रुपये और 150 रुपये प्रतिदिन है।

यह समझ से परे है कि भारत में सरकार न्यूनतम मजदूरी दर इतनी कम क्यों रखती है। जबकि इसका भुगतान निजी नियोक्ताओं को करना है। श्रम सुधारों को हमेशा कम्पनियों को कर्मचारी रखने-हटाने की छूट के नजरिये से देखा जाता है, लेकिन इस सुधार की जरूरत क्यों नहीं महसूस होती कि भारत में श्रमिकों को एक उचित मजदूरी मिलनी चाहिए जो महँगाई बढ़ने के हिसाब से संशोधित हो।

सब्सिडी नहीं, बेसिक इनकम या तरक्की का लाभांश

2016-17 की आर्थिक समीक्षा ने यूनिवर्सल बेसिक इनकम पर तथ्यगत बहस शुरू की थी। सरकारी स्कीमों में संसाधनों की बर्बादी, खास तौर पर सब्सिडी के दुरुपयोग को देखते हुए पहले भी इस मॉडल पर चर्चा होती रही है। डायरेक्ट बेनिफिट ट्रांसफर, आधार और जन-धन की शुरुआती सफलताओं (पीएम किसान और तेलंगाना की रैयत बन्धु योजना भी) को आधार बनाते हुए आर्थिक समीक्षा ने बेसिक इनकम के सुझावों का समर्थन किया था।

चार बड़े अध्ययन (बर्धन, जोशी, अरविन्द, सुब्रह्मण्यम की आर्थिक समीक्षा और मैत्रीश घटक) मानते हैं कि सबके लिए न्यूनतम आय पर जीडीपी की लागत जीडीपी के अनुपात में 3.5-10 फीसदी तक हो सकती है। अलबत्ता घटक और मुरलीधरन का एक ताजा अध्ययन बताता है कि इस स्कीम का एक कम लागत वाला विकल्प भी है जिसके तहत सभी परिवारों को 120 रुपये प्रति

व्यक्ति यानी 500 रुपये प्रतिमाह दिया जा सकता है जिस पर जीडीपी केवल एक फीसदी खर्च होगा लेकिन आय के निचले स्तर पर गुजर-बसर करनेवाली आबादी के जरिये माँग में उल्लेखनीय बढ़ोतरी हो सकती है।

एनआईपीएफपी का एक अध्ययन बताता है कि पीएम किसान जैसी योजना सभी नागरिकों को दी जा सकती है। तरक्की के लाभांश (इन्क्लूसिव ग्रोथ डिविडेंड) के प्रयोग का समर्थन करते हुए यह अध्ययन कहता है कि यदि प्रति परिवार 1000 रुपये प्रतिमाह भी दिये जाएँ तो लागत जीडीपी के अनुपात में दो फीसदी होगी। बाद में इसे बढ़ाया जा सकता है।

कमाई बढ़ाने के लिए सीधी सरकार मदद क्यों जरूरी

क्यों?

- गरीबी को घटाने का स्थापित और आजमाया अन्तरराष्ट्रीय तरीका
- प्रशासनिक लागत कम, बर्बादी की गुंजाइश बेहद सीमित
- भारत के आर्थिक विकास का लाभ केवल ऊपर के 10 प्रतिशत लोगों को, निचले 25-30 प्रतिशत पीछे छूट गए

अभी क्यों?

- जन-धन और आधार के साथ डायरेक्ट बेनिफिट ट्रांसफर का सफल क्रियान्वयन
- राज्यों में डायरेक्ट बेनिफिट ट्रांसफर के कई सफल प्रयोग (तेलंगाना रैयत बन्धु, उड़ीसा कालिया)
- पीएम किसान का सफल क्रियान्वयन जीडीपी के 0.4 प्रतिशत के बराबर राशि का सीधे लाभार्थियों को हस्तान्तरण

लागत

प्रति परिवार रुपये 1000 प्रतिमाह पर लागत जीडीपी की 2 प्रतिशत

लाभ

- बड़ी संख्या में लोगों को गरीबी से बाहर निकालने का रास्ता
- सबसे कम आय वालों की खपत में बढ़ोतरी, स्थानीय माँग व रोजगार को मदद
- सीधी मदद से सरकारी आय असमानता दूर करने में सहायता, सरकार पर भरोसे में बढ़ोतरी

COVID का असर

- महामारी और लॉकडाउन का सबसे ज्यादा असर निम्न आय वर्ग पर
- भूमिहीन मजदूरों और नगरीय निर्धनों को पीएम किसान का फायदा नहीं मिला
- प्रवासी मजदूरों के लिए मनरेगा और सस्ते राशन ज्यादा उपयोगी, गरीबी में प्रभावी कमी सम्भव
- सरकार स्कीम क्रियान्वयन क्षमताओं में कमी के बावजूद इस पर सफल अमल सम्भव

परजीवियों से मुक्ति

भारतीय अर्थव्यवस्था की सबसे बड़ी पनौती या अपशकुन खुद सरकार है। भारी टैक्स और संसाधनों के बावजूद यह एक तरह से दीवालिया है। विराट ब्यूरोक्रेसी और तमाम स्कीमों से लदा-फँदा यह सिस्टम किसी को मोर्चे पर पारदर्शी और प्रभावी गवर्नेंस नहीं दे पाता। इस सिस्टम से संसाधन बचाने के लिए पब्लिक फाइनेंस यानी बजटों के तौर-तरीके बदलने होंगे।

- रियायतें जो कुछ नहीं देतीं—सरकार प्रत्यक्ष और अप्रत्यक्ष कर के तहत जो रियायत देती है वह जीडीपी की 5 फीसदी (10 लाख करोड़ रुपये—जीडीपी वर्तमान मूल्यों पर रुपये 200 लाख करोड़) है। (परिशिष्ट-7 : बजट 2019-20) यह एक किस्म का टैक्स है यानी कि अगर रियायतें खत्म कर दी जाएँ तो टैक्स कम किया जा सकता है और तमाम विसंगतियाँ रोकी जा सकती हैं।
- इस बोझ से क्या मिलता है—केन्द्र सरकार की 950 स्कीमें और सब्सिडी कार्यक्रम हर साल करीब 7 लाख करोड़ रुपये निगल जाते हैं। राज्यों को मिलाने पर स्कीमों की संख्या 2000 पर पहुँच जाती है। इनमें भ्रष्टाचार की पाठशाला चलती है और संसाधनों की बर्बादी के हजार तरीके निकाले जाते हैं। एनआईपीएफपी के ताजा अध्ययन के अनुसार अगर केन्द्र व राज्य अपनी गैर जरूरी (नॉन मेरिट) सब्सिडी रोक दें तो जीडीपी अनुपात 5.7 फीसदी यानी करीब 11-12 लाख करोड़ की बचत सम्भव है।
- 1 फरवरी को अपने बजट भाषण में वित्त मंत्री निर्मला सीतारमन ने संकेत किया कि सरकार केन्द्रीय स्कीमों की संख्या कम करने पर काम कर रही है हालाँकि बजट में इसका पूरा ब्योरा नहीं था। बजट के बाद

रवायती पत्रकार वार्ता में केन्द्र सरकार के व्यय सचिव टीवी सोमनाथन ने कहा कि 15वें वित्त आयोग ने अगले वित्त वर्ष तक कुल केन्द्रीय स्कीमों की संख्या घटाकर एक-तिहाई करने की सिफारिश की है। बन्द की जानेवाली स्कीमों का बजट 3.8 करोड़ रुपये हो सकता है।

- जीएसटी की ओवरहॉलिंग—भारत का सबसे नया सुधार सबसे पहले बीमार पड़ा है। इसमें दो टैक्स दरों (7 प्रतिशत और 20 प्रतिशत) को बदलकर और सेस हटाकर ही सफल व प्रभावी बनाया जा सकता है। इसके बाद यह सुधार टैक्स नियमों का पालन भी आसान करेगा, माँग भी बढ़ाएगा और राजस्व संग्रह भी।
- सबसे बड़ी सेल—भारत में करीब 1900 सरकारी कम्पनियाँ हैं जो केन्द्र और राज्य सरकारों के मातहत हैं। ये वही कम्पनियाँ हैं जिन्हें चलाए रखने के लिए टैक्स पेयर का पैसा या बचत इस्तेमाल होती है जिस पर न सरकार को कुछ मिलता है और न शेयर बाजार में निवेशक को।

इनमें 577 कम्पनियों की बुक वैल्यू (देनदारी चुकाने के बाद कारोबार व सम्पत्तियों का कुल मूल्य) 20 लाख करोड़ रुपये है। सरकारी कम्पनियों के मुकाबले निजी कम्पनियाँ उसी कारोबार में दो गुना ज्यादा रिटर्न देती हैं। स्टील में यह 5 गुना और टेलीकॉम में यह 12 गुना ज्यादा है। अगर इनमें 400 कम्पनियों का भी निजीकरण कर दिया जाए तो सरकार को 40 लाख करोड़ का राजस्व मिलेगा।

इसी तरह बन्दरगाहों, हवाई अड्डों और रेलवे की जमीनों का पारदर्शी बाजार बनाने का यह सबसे सही मौका है।

2021-22 का बजट पेश करते हुए वित्त मंत्री निर्मला सीतारमन ने सरकारी कम्पनियों, बैंकों और सम्पत्तियों को लेकर अब तक का सबसे बड़ा कार्यक्रम घोषित किया। बजटीय मजबूरी, अभूतपूर्व घाटे और टैक्स लगाने की सीमित सम्भावनाओं के बीच वित्त मंत्री को कहना पड़ा कि रणनीतिक अहमियत वाली सरकारी कम्पनियों को छोड़कर सरकार सभी सार्वजनिक उपक्रमों को बेचने को तैयार है। इनमें दो बैंक और एक बीमा कम्पनी भी होगी। बजट के बाद वित्तीय सेवाओं के सचिव देवाशीष पांडा ने कहा कि सभी बैंक निजीकरण के योग्य हैं, केन्द्रीय सचिवों की एक समिति इस बारे में निर्णय करेगी।

बजट ने कई सरकारी सम्पत्तियों, जैसे—हाइवे, बिजली ट्रांसमिशन लाइन, पाइप लाइन, रेलवे नेटवर्क को बेचकर संसाधन जुटाने और सात बन्दरगाहों को इन्फ्रास्ट्रक्चर इन्वेस्टमेंट ट्रस्ट के जरिये निजी हाथों में सौंपने का ऐलान भी बजट में हुआ है।

इस भव्य निजीकरण कार्यक्रम का कुछ फीसदी हिस्सा भी पूरा करने के लिए सरकार को एड़ी-चोटी का जोर लगाना होगा। भारतीय जीवन बीमा निगम को शेयर बाजार में सूचीबद्ध कराने का ऐलान पिछले साल भी हुआ था लेकिन बात आगे नहीं बढ़ी। निजीकरण को लेकर यही हाल एयर इंडिया का भी है। इस बजट के बाद फिर तेजी दिख रही है लेकिन सनद रहे कि सरकार अभी तक एक साल में विनिवेश से केवल एक लाख करोड़ रुपये ही जुटा सकी है।

बिजली का जंजाल

भारत में बिजली की उत्पादन और वितरण क्षमता जरूरत से ज्यादा है लेकिन आपूर्ति और गुणवत्ता माँग से कम है। बिजली सुधारों का लगातार असफल होना, बिजली दरों को तय करने में राजनीति, पेचीदा दरों के कारण प्रति पाँच साल में एक बिजली क्षेत्र के कर्ज माफ करने या बजट पर लेने पड़ते हैं। इसके बाद भी सभी वितरण कम्पनियाँ भारी कर्ज में डूबी हैं। राजकोषीय संसाधन बचाने के लिए इन कम्पनियों का निजीकरण और दरों में पारदर्शिता के अलावा कोई रास्ता नहीं है।

इन सभी उपायों से जीडीपी के अनुपात में 5-10 प्रतिशत यानी 10 लाख करोड़ तक की बचत हो सकती है।

इन संसाधनों से

— एक व्यापक तरक्की लाभांश या बेसिक इनकम स्कीम चलाई जा सकती है जिसकी लागत जीडीपी के अनुपात में एक फीसदी होगी। (घटक और मुरलीधरन)
— शिक्षा और स्वास्थ्य पर जीडीपी के अनुपात में एक फीसदी ज्यादा यानी दो लाख करोड़ रुपये का अतिरिक्त खर्च। इससे यूनिवर्सल हेल्थकेयर की शुरुआत हो सकती है।
— और सरकार के घाटे में कमी यानी बाजार से सरकार के कर्ज में कमी अर्थात् कर्ज के लिए ज्यादा संसाधन और ब्याज दरों में कटौती।

सुधारों का तजुर्बा गवाह है कि जिन क्षेत्रों से सरकार ने दूरी बनाई उन्होंने सबसे ज्यादा रोजगार दिये और सम्पत्ति के अपेक्षाकृत जायज बँटवारे में मदद की। लेकिन सुधारों के करीब 25 साल बाद भी सरकार ने कर्ज बाजार, पूँजी, ब्याज दर, प्रतिस्पर्धा सहित लगभग हर जगह दखल कर व्यवस्था बिगाड़ी है। इस भारी पत्थर को खोले बिना आगे बढ़ना नामुमकिन है।

सरकारी खाते में सुधार की जुगत

मूल समस्या—कर जीडीपी अनुपात 18% से नीचे खर्च जीडीपी के 29% तक पहुंचा

उपाय	Savings (% of GDP)
सब्सिडी और सामाजिक योजनाओं पर खर्च को तर्कसंगत करना (समग्र बदलाव नहीं)	1%
सरकारी कंपनियों का निजीकरण	0.7%
सरकारी संपत्तियों की बिक्री	0.7%
टैक्स राजस्व में बढ़त	0.6%
बिजली सुधार से बचत	0.3%
छोटी बचत योजनाओं पर ब्याज दरों को बाजार से जोड़ना	0.3%
कुल सालाना बचत	3.6% of the GDP or Rs 7.2 lakh crore

उपाय	Savings (% of GDP)
गैर जरुरी गैर अनिवार्य सब्सिडी की समात्ति	5.7%
कर रियायतों और छूट की समाप्ति	5%
बजट में आवंटित लेकिन इस्तेमाल न होने वाले खर्च की बचत (सीएजी रिपोर्ट के आधार पर)	1.5%
कुल बचत	12.2% of the GDP

- Both in case of tax foregone and savings in expenditure, these are lower bound estimates as state government figures are not included.
- Authors also acknowledge that it would be unrealistic to expect roll back of all tax concessions and subsidies at one go but even 50% of that woule provide enough fiscal space.

सन्तुलन का फार्मूला...

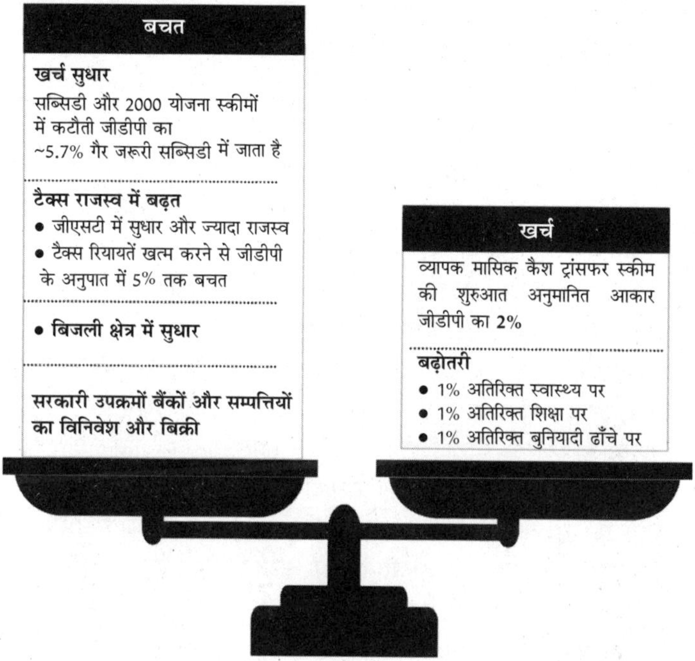

चौथा कोण

आरोग्य की गारंटी

महामारी न आई होती तो शायद लोगों को यह समझा पाना मुश्किल होता कि किसी देश की आर्थिक प्रगति (जीडीपी) का उस देश के लोगों के स्वास्थ्य से सीधा रिश्ता होता है। बीसवीं सदी के इतिहास ने हमें बताया था कि दवाओं की खोज, एंटीबायोटिक्स की आमद, पानी और आवासीय स्वच्छता और खान-पान बेहतर करने पर जोर ने लोगों के जीवन की प्रत्याशा या जिन्दगी की उम्र बढ़ाई जिसका सीधा असर उत्पादकता बढ़ने के तौर पर सामने आया।

विकसित अर्थव्यवस्थाओं का एक-तिहाई हिस्सा अच्छी सेहत से आया है। ताजा अध्ययन यह बता रहे हैं कि अच्छी सेहत के इन्तजाम आर्थिक प्रगति बढ़ाने में शिक्षा जितना ही योगदान करते हैं।

1900 से 2000 के बीच दुनिया की आबादी 1.6 अरब से 7.5 अरब हो गई लेकिन इसमें स्वस्थ लोगों की आबादी काफी बड़ी थी। इन्होंने मिलकर श्रम बाजार का चेहरा बदल दिया, नई माँग पैदा की और मानव संसाधन को नये अर्थ से भर दिया।

बीमारियाँ तरक्की और समृद्धि को कैसे खा जाती हैं इसका एक नमूना मैकिंजी ने अपने एक ताजा अध्ययन में दिया है। 2017 के दौरान बीमारियों और चिकित्सा की कमी से करीब 1.7 करोड़ लोगों की असामयिक मौत हुई। इससे ग्लोबल जीडीपी को 12 खरब डॉलर का नुकसान हुआ जो विश्व के जीडीपी का 15 फीसदी है। महामारियाँ तो और विकट तबाही लाती हैं इसलिए 2020 में पूरी दुनिया मन्दी में धँस गई।

स्वास्थ्य की व्यवस्था आर्थिक चर्चाओं का हिस्सा नहीं होती लेकिन महामारी के बाद दुनिया समृद्धि के जिस नये पैमाने को लागू करेगी उसमें यह तय होगा कि मुल्क का स्वास्थ्य ढाँचा जितना चुस्त है उस पर उतने बड़े दाँव लगाये जाएँ।

ऐसा इसलिए है क्योंकि युवा आबादी का लाभ सीमित हो रहा है यानी श्रमिकों की संख्या घट रही है। यानी मौजूदा श्रमिकों से बेहतर और दक्ष (तकनीकी) उत्पादकता की जरूरत है ऐसा करने के लिए स्वास्थ्य सेवाओं में बड़े पैमाने बेहतरी लानी होगी ताकि 65 की आयु वाले लोग 55 साल वालों के बराबर उत्पादक हो सकें।

स्वास्थ्य तकनीकों की कमी नहीं है। नये प्रयोग व आविष्कार लगातार हो रहे हैं। लोगों को रोगों से बचाकर (प्राथमिक उपचार, सफाई, पानी) और समय पर इलाज देकर बड़ी आबादी की सेहत 40 फीसदी तक बेहतर की जा सकती है। मैकिंजी की गणना के अनुसार प्रति 100 डॉलर के खर्च से जीवन में प्रति वर्ष, एक स्वस्थ वर्ष बढ़ाया जा सकता है।

अलग-अलग बीमारियों पर नियंत्रण, तेज उपचार, सभी को स्वास्थ्य जैसी कोशिशें किसी भी देश के लिए ग्रोथ गारंटी हैं। मैकिंजी की गणना है कि स्वास्थ्य सुविधाएँ बेहतर कर, 2040 तक दुनिया के जीडीपी में 12 ट्रिलियन डॉलर जोड़े जा सकते हैं जो ग्लोबल जीडीपी का 8 फीसदी होगा यानी कि करीब 0.4 फीसदी की सालाना बढ़ोतरी।

भारत में प्रति एक डॉलर के निवेश पर 4 डॉलर का आर्थिक रिटर्न सम्भव है। स्वास्थ्य सेवाएँ बेहतर करने से जीवन में प्रति व्यक्ति प्रति वर्ष करीब

24 स्वस्थ दिन बढ़ाए जा सकते हैं और 2040 तक जीडीपी में करीब 598 अरब डॉलर जोड़े जा सकते हैं जो भारत के कोविड पूर्व जीडीपी का करीब 6 फीसदी होगा।

भारत की नई गरीबी बीमारी से निकल रही है। सरकारी खर्च का पुनर्गठन कुछ इस तरह से करना होगा ताकि यूनिवर्सल हेल्थकेयर की शुरुआत हो सके। यूरोप और यहाँ तक कि अफ्रीका (इथियोपिया) के देशों में सरकारें समग्र स्वास्थ्य सेवाएँ देने की तरफ बढ़ रही हैं। इसके लिए अलग-अलग मॉडल अपनाए गए हैं जिसमें निजी और सरकारी सेवाओं को जोड़कर बीमा और कैश ट्रांसफर जैसे प्रयोग किये जा रहे हैं।

28 राज्यों में स्वास्थ्य सेवाओं पर सरकारी खर्च पर मार्च 2020 में जारी एनआईपीएफपी का शोध बताता है कि स्वास्थ्य पर प्रति व्यक्ति खर्च बढ़ने से शिशु और बाल मृत्यु दर और गर्भवती महिलाओं का स्वास्थ्य सुरक्षित करने में मदद मिली है।

महामारी के उबरने के बाद यूनिवर्सल हेल्थकेयर को आर्थिक नीतियों के केन्द्र में लाना होगा। यह व्यवस्था अभी तक चर्चा में नहीं थी इसलिए इसकी लागत के आकलन उपलब्ध नहीं लेकिन कुछ नये-पुराने अध्ययनों के जरिये इसका एक मीजान लगाया जा सकता है।

2012 का एक अध्ययन बताता है कि भारत को सबको सरकारी खर्च पर स्वास्थ्य के लिए प्रति व्यक्ति रुपये 1713 खर्च करना होगा। ब्रांडेड दवाओं को मिलाने पर यह खर्च करीब 24 फीसदी बढ़ सकता है। इसके लिए सरकार (केन्द्र और राज्य) के यूनिवर्सल हेल्थकेयर पर जीडीपी का करीब 4 फीसदी तक खर्च करना होगा जो 2021 में जीडीपी का केवल 1.26 फीसदी है।

मार्च 2021 में भारत की संसद को बताया गया था कि स्वास्थ्य पर सरकार का प्रति व्यक्ति खर्च रुपये 1418 जबकि अमेरिका में यह रुपये 4 लाख और यूके 2.6 लाख है। विश्वबैंक का आँकड़ा बताता है कि भारत में स्वास्थ्य पर कुल खर्च में सरकार का हिस्सा केवल 27 फीसदी है जबकि लोग अपनी जेब से करीब 73 फीसदी लागत उठाते हैं।

यह हिसाब ओईसीईडी और स्वयंसेवी संस्थाओं के आकलन के करीब है जिनके मुताबिक भारत में निजी यानी अपनी जेब से और सरकारी खर्च मिलाकर चिकित्सा इलाज पर कुल प्रति व्यक्ति खर्च जीडीपी का 3.6 फीसदी

है। यानी कि सेहत पर प्रति व्यक्ति सरकारी खर्च को 2000 रुपये के स्तर तक ले जाकर या जीडीपी के अनुपात में स्वास्थ्य पर खर्च को करीब दो फीसदी बढ़ाकर सबको सरकारी खर्च पर स्वास्थ्य की तरफ बढ़ाया जा सकता है।

सनद रहे कि भारत सेहत पर एक डॉलर के खर्च से चार डॉलर का आर्थिक लाभ अर्जित कर सकता है। यूनिवर्सल स्वास्थ्य व्यवस्था न केवल आर्थिक तौर पर तर्कसंगत है बल्कि देश में बढ़ती बुजुर्ग आबादी के बाद यह अनिवार्य हो गई। केन्द्र और राज्य सरकारें अपना फालतू खर्च घटाकर इसके लिए संसाधन जुटा सकती हैं जिसका हिसाब ऊपर के हिस्से में दिया गया है।

सबसे बड़ी दरार

कोविड की पहली लहर और लॉकडाउन के बाद आई (फरवरी 2021) सरकारी आर्थिक समीक्षा और बजट ने स्वीकार किया कि भारत में इकोनॉमिक हिस्टीरिसिस खतरा है यानी कि मन्दी खत्म होने के बाद भी बेकारी बनी रह सकती है। राजनैतिक जोखिम के बावजूद सरकार ने संसाधन जुटाने के लिए सरकारी उपक्रमों के बड़े पैमाने पर निजीकरण का ऐलान किया। हालाँकि अप्रैल 2021 में कोविड की दूसरी लहर के बाद यह प्रक्रिया धीमी पड़ गई।

मध्यवर्ग वाले अध्याय में हमने चर्चा की थी कि भारत में 2.75 करोड़ परिवार यानी लगभग 11 से 13 करोड़ लोग वास्तविक मध्यवर्ग में गिने जाते हैं (आईसीई 360 सर्वे) जिनकी पारिवारिक आय मासिक रुपये 50,000 से ऊपर है। इन पर ही मकान, कार, इलेक्ट्रॉनिक्स से लेकर बैंक कर्ज तक उन सभी उद्योग व सेवाओं की माँग का दारोमदार है। जो अर्थव्यवस्था का चेहरा रहे हैं। कोविड के बाद डिजिटल इकोनॉमी, ई-कॉमर्स, ई-एजुकेशन, ई-बैंकिंग में निवेश बढ़ा है। इन्हें नई अर्थव्यवस्था का ध्वजवाहक माना जा रहा है लेकिन इनकी तरक्की का दारोमदार जिन 13 करोड़ लोगों पर है उनका तो कुनबा ही सिमट रहा है।

सनद रहे कि कोविड से पहले तक भारत की सम्भावनाएँ इस आकलन पर केन्द्रित थीं कि यदि केवल 12-13 करोड़ उपभोक्ताओं की खपत एक देश को दुनिया की तीसरी सबसे बड़ी अर्थव्यवस्था (पर्चेजिंग पॉवर) बना सकती है तो वहाँ हर साल एक करोड़ लोग अगर अपनी खपत 20 फीसदी भी बढ़ा लेंगे तो फैक्टरियों को कई शिफ्ट में काम करना पड़ेगा।

की आबादी के लिए कतई पर्याप्त नहीं है।

कोविड की दो लहरों के बाद इस मरियल विकास दर का खतरा इसलिए और ज्यादा है क्योंकि मन्दी यानी नकारात्मक ग्रोथ से निकलने में बहुत सी ताकत जाया हो जाएगी। यकीनन इस विकास दर पर भारत में कुछ बड़ी कम्पनियाँ होंगी, एक सीमित उपभोक्ता वर्ग होगा लेकिन ऊँची माँग और तेज विकास दर की नेमतें कभी नहीं लौटेंगी। मतलब यह करीब एक-तिहाई आबादी कभी जीवन स्तर को बेहतर करनेवाली सेवाओं या उत्पादों की खपत से जुड़ नहीं पाएगी। इस सूरत में कम्पनियों, निवेशकों, सरकार और उपभोक्ताओं को सुस्त अर्थव्यवस्था की सचाई को स्वीकार करना होगा।

भारत की एक पूरी पीढ़ी को मन्दी, धीमी विकास दर और लम्बी बेकारी का दर्दनाक अनुभव होनेवाला है, इसलिए अगर तेज विकास लौटने में देर हुई तो सामाजिक सुरक्षा, बेसिक इनकम, कैश ट्रांसफर जैसे उपायों का व्यापक अमल एक तरह से अनिवार्य हो जाएगा ताकि आय असमानता से कमजोर हो चुके देश को स्थिर रखा जा सके।

उपसंहार

महामारी के पार

भारत की दुनिया

जून 2021

2000 फीट ऊपर आसमान से साँझ के झुटपुटे में दिल्ली लगभग वैसी ही दिख रही थी जैसी कि 2019 के जून में थी। वही हल्की धुन्ध, पीली-मटमैली बत्तियाँ और वही इमारतें, सड़कें, वही पुरानी पहचानें!

कुछ भी तो नहीं बदला था।

आकाश से जमीन पर उतरते हुए यह अन्दाज कर पाना मुश्किल था कि मार्च 2020 से जून 2021 तक भारत में करीब 3.80 लाख लोग मारे गए हैं। यह कोविड से दुनिया में तीसरी सबसे बड़ी मृत्यु संख्या है और भारत में ब्रिटिश युग के अकाल व 1919 की महामारी के बाद सबसे बड़ी तबाही।

12 करोड़ लोगों के रोजगार चले गए, 23 करोड़ लोग गरीबी की रेखा से नीचे खिसक गए और दो साल पहले तक दुनिया की सबसे तेज दौड़ती अर्थव्यवस्था अब एक लम्बी सर्दीली मन्दी में धँस गई थी।

न कोई युद्ध हुआ न भूकम्प, न तूफान आया लेकिन भारत की बहुत बड़ी आबादी के लिए सब कुछ बदल गया था।

सब प्राइम संकट के बाद 2009-10 में न्यूयार्क पहुँचनेवालों को पहली बार यह अहसास हुआ कि सभी तबाहियाँ ट्विन टॉवर (26/11) के गिरने जैसी प्रत्यक्ष नहीं होतीं। कुछ भी बदला नहीं था लेकिन 2009 तक तीन साल में अमेरिकी अर्थव्यवस्था 16 ट्रिलियन डॉलर गँवा चुकी थी। करीब एक करोड़ लोग बेरोजगार हो गए और अटलांटिक के दोनों किनारों पर दर्जनों बैंक डूब गए।

ठीक इसी तरह अमेरिका में कोविड से मरनेवालों की संख्या प्रथम विश्वयुद्ध में हुई मौतों का आँकड़ा पार कर गई लेकिन कहीं एक गोली तक नहीं चली।

पतन, ध्वंस और अवनति को भौतिक नुकसानों से नापनेवाली दुनिया को पहली बार एक नये तरह के विनाश से मिल रही है।

यह ध्वंस उन कहानियों और विश्वासों का पतन है जिनकी छाया से सपने, उम्मीदें बुनी जाती हैं और उन्हें हासिल भी किया जाता है। यह नैरेटिव डिक्लाइन है यानी कि ऐसी उथल-पुथल है जिसमें समाज, देश, व्यक्ति या कम्पनियाँ, सत्ता तंत्र की क्षमताएँ नहीं बदलतीं लेकिन जिन्दगी और फैसलों के नतीजे पूरी तरह बदल जाते हैं।

ये व्याख्याएँ, कहानियाँ या नैरेटिव बेहद ताकतवर हैं क्योंकि ये कल्पनाएँ मात्र नहीं हैं, इनके साथ तथ्य और तजुर्बे होते हैं जिनके भरोसे कोई समाज स्वयं को भविष्य के लिए तैयार करता है।

कोविड से पहले तक ये कहानियाँ उलझनों के बजाय उम्मीद और समाधानों से भरपूर रही हैं मसलन,

- तेज विकास से गरीबी दूर हो सकती है।
- तकनीकों से नये रोजगार आते हैं।
- सस्ती पूँजी से मन्दी खत्म हो जाती है।

ये नैरेटिव सफल हुए हैं इसलिए लोग इन पर टूटकर भरोसा करते हैं, अपनी जिन्दगी, सपने और पूँजी लगाते हैं। इनके जरिये भविष्य की उम्मीदें बाँधते हैं।

निवेशक मोर्गन होसुल लिखते हैं कि नैरेटिव डिक्लाइन सबसे घातक और मारक होते हैं। हमारे पास सब कुछ पहले जैसा ही होता है लेकिन हमें अपना विश्वास या समझ बदलनी पड़ती है। हमें एक दूसरे तरह के भविष्य को स्वीकार करना होता है। इससे पूरी आर्थिक संरचना बदल जाती है। अनिश्चितता बढ़ती है और जोखिमों को समझना बहुत कठिन हो जाता है।

सदी के यूरेका

इस वायरस का ध्वंस विकट है। पूरी दुनिया में समस्याओं और समाधानों का आजमाया हुआ कामयाब समीकरण बदल रहा है। सनद रहे कि 2020 तक जो कुछ भी हमारे पास या हमारे साथ था उसका एक बड़ा हिस्सा दूसरी बड़ी लड़ाई (महायुद्ध) और तीस की महामन्दी के बाद हुए बदलावों से निकला है।

घटनाओं से युग नहीं बदलते, बल्कि उन घटनाओं पर समाज की प्रतिक्रिया से बदलाव आते हैं। 1929 से 1941 के बीच अमेरिका के इतिहास में सबसे अधिक तकनीकी प्रगति हुई। उत्पादकता बीते दशक की तुलना में दुगुनी हो गई।

महामन्दी के दौर के इतिहास को सबसे कायदे से बतानेवाले अर्थशास्त्री अलेक्जेंडर फील्ड (A Great Leap Forward—1930's Depression And U.S. Economic Growth) कहते हैं कि महामन्दी के बाद लोगों के पास अपनी समस्याएँ सुलझाने के अलावा कोई विकल्प नहीं था।

अभूतपूर्व वित्तीय त्रासदी के बीच उस दौर ने दुनिया को सुपर मार्केट, माइक्रोवेव, सनस्क्रीन, जेट, रॉकेट, इलेक्ट्रॉन माइक्रोस्कोप, मैग्नेटिक रिकॉर्डिंग, नाइलॉन, फोटोकॉपी, टेफलॉन, हेलिकॉप्टर, रंगीन टीवी, वाणिज्यिक उड़ानें, अधिकांश किस्म का प्लास्टिक और सिंथेटिक सहित क्या-क्या नहीं दिया!

दूसरा विश्वयुद्ध जो घोड़े की पीठ पर बैठकर शुरू हुआ वह परमाणु बम के साथ खत्म हुआ। पेनसिलिन से लेकर राडार और न्यूक्लियर पॉवर तक असंख्य आविष्कार जिस बला की तेजी के साथ हुए कि इतिहासकार फ्रेडरिक लुइस एलेन (Only Yesterday : An Informal History of the 1920's) ने लिखा कि सरकारें इस तरह आविष्कार को प्रेरित कर रही थीं जैसे कि कल कभी नहीं आएगा।

न्यूयार्क के मैडिसन स्क्वायर से लेकर सहारा के मरुस्थल, अंटार्कटिका और अमेजन के जंगलों से लेकर मैडागास्कर की जनजातियों तक शायद ही कोई ऐसा होगा, जो बीते करीब सत्तर वर्षों में इन दो महाघटनाओं से उपजी लहरों से प्रभावित नहीं हुआ होगा।

बीते सत्तर-अस्सी वर्षों में पूरी दुनिया ने एक साथ मिलकर यह सीखा कि आर्थिक प्रगति की राह सपाट और समतल नहीं है। इसमें गर्त और ढलानें हैं इसलिए झटकों से बचने और उबरने के इलाज तैयार रहने चाहिए।

जैसे कि जब मन्दी आई तो सस्ती पूँजी या कर्ज की वैक्सीन का आविष्कार हुआ। युद्धोत्तर अमेरिका पूरी तरह ध्वस्त था। उस दौरान सस्ते निर्माण के लिए, 1942 के बाद सात वर्षों तक ब्याज दरें 1 प्रतिशत से नीचे रखी गईं। यह सस्ता कर्ज तैरकर बाजारों में पहुँच गया और मकान, कारें, उपभोक्ता सामानों की (बेहद कम ब्याज पर) खरीद में काम आने लगा।

माँग बढ़ी तो नीति-निर्माताओं को इसके फायदे दिखने लगे और सस्ती पूँजी भविष्य में आर्थिक नीतियों का आधार बन गई। यहाँ से बैंकिंग और मौद्रिक नीतियों का भविष्य तय हो गया था। मन्दी की मारी अर्थव्यवस्थाओं को यह टीका आज तक लगाया जा रहा है।

इतिहासकार शेल्डन गैरोन (Beyond Our Means : Why America Spends While The World Save) ने दर्ज किया कि 1945 के बाद अमेरिका में राजनेता, कारोबारी, श्रमिक नेता, कोई भी हो, सभी लोग देश के लोगों को ज्यादा से ज्यादा खर्च करने के लिए प्रेरित कर रहे थे क्योंकि तेज विकास में इस खर्च का असर दिख रहा था।

यह उपभोग आधारित अर्थव्यवस्था की शुरुआत थी जो युद्ध और मन्दी से लड़ते-लड़ते अचानक ही प्रकट हो गई थी।

अमेरिका में (1950) क्रेडिट बूम आया। इसी दौर में क्रेडिट कार्ड का जन्म हुआ था। मार्टगेज फाइनेंस (शुरुआती तौर पर युद्ध में शामिल सैनिकों को) यानी बगैर किसी पूँजी के घर खरीदने की छूट मिली। कुछ ही दशकों बाद यह आविष्कार पूरी दुनिया में फैल गया और तीस के दशक की मन्दी और 40 के दशक के युद्ध के कारण जो माँग दबी पड़ी थी, सस्ते कर्ज के साथ वह फूट पड़ी।

नई तकनीक व उत्पाद खरीदे जाने के लिए तैयार थे। उत्पादकता के विस्फोट ने नजीरें बना दीं और यूरोप से एशिया तक माँग, उत्पादकता और रोजगारों की लहर दौड़ गई।

1940 से 1968 के बीच अमेरिका में मजदूरी चार गुना बढ़ी। लुइस एलन ने अपने चर्चित अध्ययन (The Big Change : America Transforms Itself, 1900-50) में दर्ज किया कि इस दौर में अमेरिका में गरीबों और अमीरों के बीच अन्तर प्रभावी रूप से कम हुआ।

नागरिक अधिकारों और नौकरियों में महिलाओं की हिस्सेदारी बढ़ने के साथ पूरी दुनिया पूँजीवाद के सबसे उत्साहवर्धक स्वरूप से परिचित हो रही थी और खपत बढ़ाकर उत्पादन व रोजगार बढ़ाने का अमेरिकी मॉडल पूरी दुनिया का आदर्श बन गया था।

1950 के बाद दुनिया को मन्दी, महँगाई और चुनौतियों के झटके जरूर लगे लेकिन उनसे उबरने की दो दवाएँ मौजूद थीं।

पहली थी सस्ता कर्ज या पूँजी और दूसरे थे लोग यानी आबादी यानी उपभोक्ता।

सन्तानों के अर्थशास्त्र ने बाजारों के अर्थशास्त्र के साथ मिलकर तरक्की के नये समीकरण गढ़े हैं। अमेरिका में बेबी बूमर्स (1946 से 1964 के बीच जन्मे) ने अमेरिका को 30 साल की सबसे तेज विकास दर की नेमत बख्शी, जिसे 2000 में बिल क्लिंटन ने नई अर्थव्यवस्था कहा था। (इन बेबी बूमर्स के हाथ अमेरिका की 70 फीसदी ऐसी कमाई (खर्च योग्य आय) है जिस पर बाजार झूम उठते हैं)।

अमेरिका को एक और बड़े जनसंख्या संक्रमण का लाभ मिला जो 2000 की पीढ़ी थी जिन्हें मिलेनियल्स कहा गया।

1980 के बाद चीन और भारत जैसी अर्थव्यवस्थाओं ने अपनी जनसंख्या को खपत, उत्पादन और श्रम शक्ति का बाजार बनाया जबकि बुढ़ापे से पस्त जापान पिछड़ता चला गया।

माँग बढ़ी तो सरकारों को ज्यादा टैक्स मिला और उन्होंने इनमें कटौती कर इनका प्रोत्साहन के तौर पर इस्तेमाल किया। देखते-देखते आर्थिक विकास दर बढ़ोतरी सरकारों और बाजार का सबसे बड़ा लक्ष्य बन गया। ग्रोथ की धुरी रोजगार, आय, खपत और सरकारों के बेहतर राजस्व का पहिया घूमने-दौड़ने लगा।

2009 में बैंकिंग संकट का ब्रेक लगने से पहले तक पूरा विश्व तकनीकों के आविष्कार, पूँजी, श्रम और व्यापार के अन्तरमहाद्वीपीय प्रवाह और तेज विकास दरों को मुग्ध होकर देख रहा था।

तरक्की का बँटवारा

वह 21वीं सदी का पहला दशक था जब तेज विकास के व्यंजन कंकड़ महसूस होने लगे। पुराने आजमाए तरीकों में दरारें उभरने लगी थीं। 1990 और 2000 के दशकों में जो विकास दर हासिल की गई थी वह ज्यादा स्थायी थी और कमाई की गैर बराबरी सीमित थी। 2002 से 2007 के बीच विकास की रफ्तार तो हैरतअंगेज तौर पर तेज थी लेकिन यह मजबूत साबित नहीं हुई।

2000 के बाद आर्थिक असमानता बढ़ने के पुख्ता संकेत सामने आने लगे। 2010-2020 के बीच दुनिया में खपत खर्च 3.3 फीसदी बढ़ा लेकिन इस

खर्च का बड़ा (आधा) हिस्सा समृद्ध देशों के पास गया जिनका विश्व आबादी में हिस्सा केवल 15 फीसदी है। उच्च-मध्यवर्ग (चीन) वाले देशों को खपत में 29 फीसदी और भारत जैसे निम्न व मध्यवर्ग (भारत) को केवल 17 फीसदी हिस्सा मिला। और निचली आय वाले देशों को केवल दो फीसदी हिस्सा मिला।

कोविड से ठीक पहले तक आर्थिक विकास का अन्तरराष्ट्रीय भौगोलिक ढाँचा असन्तुलित हो गया था और देशों के भीतर भी आय की असमानता बुरी तरह बढ़ चुकी थी।

अर्थविद् जोसेफ स्टिग्लिज ने 2011 में लिखा था कि अमेरिका के एक फीसदी लोगों की कमाई बीते दशक में 18 फीसदी बढ़ी जबकि मध्य आय वालों की कमाई में कमी आई। केवल हाईस्कूल तक पढ़े लोगों की आय तो 12 फीसदी घट गई। स्टिग्लिज ठीक कह रहे थे कि टैक्स में कमी के फायदे ऊँची आय वालों को मिले थे और कर्ज तक उनकी पहुँच भी ज्यादा थी। भारत को इस असंगति का तजुर्बा हाल के वर्षों में हुआ है।

महामारी के उलटफेर

कोविड के बाद विश्व की प्रति व्यक्ति आय में करीब चार फीसदी गिरावट (यूएनडीपी) होनी है। विश्वबैंक कह रहा है कि 11 से 12 करोड़ लोग घोर गरीबी में धँस जाएँगे। एशिया और अफ्रीका सबसे ज्यादा प्रभावित होंगे। आईएलओ के अनुसार दुनिया में करीब आधे कामगार बेकार हुए हैं क्योंकि विश्व की अर्थव्यवस्था को दस ट्रिलियन डॉलर का नुकसान हुआ है। वर्ल्ड फूड प्रोग्राम ने करीब तीन करोड़ लोगों पर भुखमरी के संकट की चेतावनी दी है।

दुनिया को नये आर्थिक नियम चाहिए लेकिन तेज विकास के बगैर आय कैसे बढ़ेगी? उस असमानता का क्या होगा जो अब तक तेज विकास के साथ आई है? इसलिए कोविड के बाद आर्थिक नीतियों की पुनर्संरचना शुरू होगी। ऐसा लगता है कि जब सब लड़खड़ा गए हैं तो एकमुश्त ग्लोबल समाधानों के बजाय विश्व के देश स्थानीय उपायों की कोशिश करेंगे।

राजनीतिक दबाव कुछ सरकारों को लोक-लुभावन बना देंगे जबकि कुछ को संरक्षणवादी। कई देश अपने बाजार को और खोलने का जोखिम ले सकते हैं जैसे कि चीन को ही लें। हमेशा व्यापार सन्धियों से दूर रहे चीन ने ठीक महामारी के बीचोबीच दुनिया की सबसे बड़ी व्यापार सन्धि (आरसीईपी) तैयार

कर दी जबकि भारत जिसे, बीते दशकों में मुक्त व्यापार से सबसे ज्यादा लाभ हुआ वह संरक्षणवाद के खोल में दुबक गया है।

उत्पादकता की ढलान

कोविड के बाद की दुनिया को क्या कम उत्पादकता के साथ जीना होगा?

यहूदी प्रवासी परिवार से आए अमेरिकी अर्थशास्त्री रॉबर्ट सोलो ने दुनिया को आर्थिक विकास की नई समझ दी थी। उनका सबक 2009 के बाद ज्यादा कायदे से समझा गया। सोलो ने बताया कि कम्प्यूटरों ने उत्पादकता बढ़ाने में कोई तीर नहीं मारा है।

सोलो ने जिस असंगति को नापने की कोशिश की थी, कोविड से ठीक पहले वह मुखर होकर सामने आ गई है। पूरी दुनिया में औसत उत्पादकता (प्रति कर्मचारी) गिर रही है। ताजा अध्ययन बताते हैं कि उत्पादकता बढ़ने की 40 साल पहले की रफ्तार की अब केवल दस फीसदी रह गई है।

विकसित देशों में कुछ एक प्रयोगों को छोड़कर ज्यादातर तकनीकी प्रगति अपने शिखर पर है। नई डिजिटल तकनीकों के इस्तेमाल से उत्पादकता बढ़ने के प्रमाण भी नहीं मिले हैं। 2007-09 के वित्तीय संकट के बाद उभरते बाजारों और विकासशील अर्थव्यवस्थाओं में उत्पादकता सबसे तेजी से गिरी है।

कोविड के बाद उत्पादकता की ढलान तेज होने का खतरा है। मौजूदा आर्थिक ढाँचे के बीच उत्पादकता बढ़ाने के ठोस रास्ते दिख नहीं रहे हैं। क्योंकि पूँजी, श्रम और तकनीकों के असन्तुलन बढ़ रहे हैं।

जीवन स्तर बेहतर करने के लिए उत्पादकता बढ़ना जरूरी है क्योंकि अगर उत्पादकता नहीं बढ़ी तो रोजगार नहीं बढ़ेंगे, आय नहीं बढ़ेगी और माँग व खपत में बढ़ोतरी नहीं होगी। इससे आर्थिक असमानता की चुनौती और गहरी होती जाएगी।

कोविड ने यह भी साबित किया है दुनिया के ज्यादातर कारोबार (बाजार एकाधिकारों को छोड़कर) एक बड़ी मन्दी नहीं झेल सकते। उनके मार्जिन बेहद सीमित हैं। एक झटका उन्हें दीवालिया कर सकता है और उन्हें मदद के लिए सरकार या बैंकों से भीख माँगनी पड़ सकती है। यानी कि उनके बिजनेस मॉडल इतने मजबूत नहीं हैं कि बड़े झटके झेल सकें।

उत्पादकता में गिरावट के बीच बाजार और समुदायों का रिश्ता भी बदल रहा है। कम-से-कम लागत पर अधिक से अधिक मुनाफा, कम्पनियों की सफलता का मौजूदा पैमाना है जो निवेशकों (शेयर बाजारों और बैंकों) की अपेक्षाओं को पूरा करता था। इसके चलते पूँजी निवेश, मुनाफों और वेतन मजदूरी का सन्तुलन पूरी तरह टूट गया है। भारत में लॉकडाउन के दौरान कम्पनियों के मुनाफे बढ़े लेकिन बेरोजगारी में रिकॉर्ड बढ़ोतरी हुई।

निजी कम्पनियों पर मुनाफे बढ़ाने का दबाव है लेकिन समुदाय उनसे कॉरपोरेट गवर्नेंस और संवेदनशील कम्पनी संस्कृति की माँग करेंगे जो बाजार और समुदायों के बीच टकराव की तरफ ले जाएगा।

तकनीक की दुविधा

कोविड की वैक्सीन ने तकनीकों की उस दुविधा से परिचय कराया है जो कई क्षेत्रों को मथ रही है। तकनीक तेजी से दवाएँ या वैक्सीन बना सकती है लेकिन उसे कम कीमत पर सब तक पहुँचा नहीं सकती। ऐसा करने के लिए सरकारों को भारी सब्सिडी देनी होगी जिसका मतलब होगा बजट में भारी घाटा, नया टैक्स या नया कर्ज।

तकनीकों को लेकर तीन तरह की दुविधाएँ हैं—

1. तकनीक और उत्पादकता का रिश्ता पूरी तरह स्थापित नहीं हो पाया है। दुनिया की अर्थव्यवस्थाएँ विकास के अलग-अलग चरण में हैं। हर जगह तकनीकों ने एक जैसे परिणाम नहीं दिये हैं।
2. नई तकनीकें चमत्कृत करती हैं लेकिन आर्थिक असमानता में बढ़त के कारण और निम्न आय वर्ग की बड़ी आबादी इनकी लागत नहीं उठा सकती है, इसलिए लाभ (Cost Benefit) सीमित रह जाएँगे। नई तकनीकें महँगी हैं और बड़े पैमाने पर खपत बिकना उनका सस्ता होना और उनके लिए बड़ा बाजार बनना मुश्किल है।
3. तकनीकों के परोक्ष नुकसान यानी पर्यावरण, रोजगार और असमानता पर असर का हिसाब-किताब भी अब तकनीकों की लागत का हिस्सा बन रहा है।

कई क्षेत्रों में तकनीकों की चार या पाँच पीढ़ियाँ (संचार, कम्प्यूटिंग, चिकित्सा) आ चुकी हैं। असंख्य नई तकनीकें तैयार हो चुकी हैं या तैयार

हो रही हैं लेकिन क्या आर्थिक असमानता और उत्पादकता में गिरावट के बीच, महामन्दी के बाद का बाजार नई तकनीकों की लागत उठा पाएगा? जैसे कि ग्रीन एनर्जी यानी कोयले से बननेवाली बिजली को पर्यावरण के लिए सुरक्षित करने की तकनीक तैयार है लेकिन उनके प्रयोग से बिजली महँगी होती है।

ज्यादा बड़े सवाल स्वास्थ्य, शिक्षा, आवास, पर्यावरण जैसे क्षेत्रों में हैं जहाँ तकनीकों के इस्तेमाल से जिन्दगी बचाई या बेहतर बनाई जा सकती है। मसलन अच्छी चिकित्सा तकनीकें तो हैं लेकिन उनकी लागत उठाना दुनिया के औसत लोगों के बस में नहीं है। इसलिए सरकारी खर्च पर सम्पूर्ण चिकित्सा यानी यूनिवर्सल हेल्थकेयर अगली बड़ी चुनौती है।

कर्ज की सूनामी

कहते हैं कि इस समय अगर लन्दन या न्यूयार्क के बाजारों में कोई डिफाल्ट शब्द बोल दे तो बैंकों की कुर्सियाँ काँप जाती हैं। कर्ज का खेल कठिन हो रहा है। दुनिया करीब 75 ट्रिलियन डॉलर के कॉरपोरेट कर्ज पर बैठी है। 2008 के बाद से कम्पनियों ने दुनिया में हर साल 1.8 ट्रिलियन डॉलर के बांड जारी किए हैं जिनमें केवल 30 फीसदी की रेटिंग भरोसेमन्द है। कोविड वाली मन्दी के बाद कर्ज बाजार को बुरे-बुरे सपने आ रहे हैं।

इंटरनेशनल इंस्टीट्यूट ऑफ फाइनेंस के अनुसार 2020-21 में दुनिया में कर्ज 277 ट्रिलियन डॉलर के नये रिकॉर्ड स्तर पर पहुँच जाएगा। 2020 की तीसरी तिमाही में विकसित देशों का कर्ज जीडीपी का 432 फीसदी बढ़ा जबकि उभरते बाजारों में यह बढ़ोतरी जीडीपी का 248 फीसदी रही।

कोविड के बाद आईएमएफ को निर्धन देशों से कर्ज की वसूली रोकनी पड़ी। 2021 में दुनिया का सॉवरिन या पब्लिक (डेट) कर्ज, सकल विश्व उत्पाद (Gross World Product) का 96 फीसदी हो जाएगा। भारत में ही कर्ज जीडीपी अनुपात 2021 में 80 फीसदी होनेवाला है।

मैकिंजी की एक रिपोर्ट बताती है कि सरकारों को बैलेंस शीट सँभालना सबसे ज्यादा मुश्किल होनेवाला है। 2030 तक सरकारों के घाटे 30 ट्रिलियन डॉलर पर पहुँच जाएँगे। इसके लिए उन्हें सम्पत्तियाँ बेचनी होंगी या टैक्स बढ़ाने होंगे।

आबादी नहीं तो कुछ नहीं

दूसरे महायुद्ध और महामन्दी के बाद आए तेज विकास का सबसे बड़ा संसाधन आबादी थी। अमेरिका और चीन में लगभग दो पीढ़ियों ने इस विकास का नेतृत्व किया और लाभ बटोरे। भारत में अभी केवल एक पीढ़ी ताजा ग्रोथ का लाभ ले सकी और वह भी सीमित दायरे में।

दुनिया में रिटायर्ड या कार्यशील आयु पार कर चुके प्रति व्यक्ति पर कार्यशील आयु वाले लोगों का औसत 6.3 है। संयुक्त राष्ट्र का आँकड़ा कहता है कि 2050 तक एक पर 3.4 रह जाएगा और सदी के अन्त तक प्रति बुजुर्ग पर एक या दो युवा होंगे। यानी दो लोग एक व्यक्ति को मिलनेवाली सेवाओं का बोझ उठा रहे होंगे।

डैरेल बिकर और जॉन लिबिस्टन जैसे विशेषज्ञ जो जनसंख्या के बदलावों को करीब से पढ़ रहे हैं, वे मानते हैं कि यह बुढ़ापा अनुमान से जल्दी आएगा। प्रजनन दर में गिरावट अपेक्षा से ज्यादा तेज है। जापान और यूरोप इसके ताजा उदाहरण हैं। अमेरिका में भी कार्यशील आबादी कम होगी। भारत भी अगले एक दशक में बुढ़ापे की नाव पर सवार हो जाएगा। इस पर हम पीछे चर्चा कर चुके हैं।

मई 2021 में भारत में कोविड की दूसरी लहर के बीच चीन ने अपनी प्रख्यात या कुख्यात जनसंख्या नियंत्रण नीति को बदलने का ऐलान करते हुए दम्पत्ति को तीन बच्चों की छूट दे दी। चीन में युवा और कार्यशील आबादी की ढलान आ चुकी है। एक पीढ़ी में ही चीन की 20 फीसदी आबादी बूढ़ी हो जाएगी। मृत्यु दर बढ़ने और प्रजनन दर तेजी से गिरने के कारण 2016 में दो बच्चों की नीति पर अमल रोक दिया था। अब परिवार बढ़ाने की छूट के बाद चीन के जरिये दुनिया जनसांख्यिक ढाँचा नये सिरे से बदलेगा। चीन के पास एक-दो दशक में न केवल नये उपभोक्ता होंगे बल्कि युवा आबादी भी होगी जो बुढ़ाती दुनिया के बीच अवसरों का लाभ ले रही होगी।

तकनीक बड़ी ताकत है लेकिन उसका इस्तेमाल करने के लिए लोग भी तो चाहिए। दूसरे महायुद्ध के बाद आई प्रगति में बड़ी भूमिका युवा आबादी की है। बुढ़ापा जिस तरह घिर रहा है और जनसंख्या जिस तेजी से घट रही है उसमें वह दिन दूर नहीं जब दुनिया के कई देशों को प्रवासियों की जरूरत होगी जो राजनीतिक तौर पर बहुत आसान नहीं होनेवाला है।

कोविड के बाद आए अध्ययन कहते हैं कि दुनिया में करीब आधी कार्यशील आबादी को वर्क फ्रॉम होम जैसे कोई विकल्प उपलब्ध नहीं होंगे। अधिकांश आबादी जो संक्रमण के खतरे में है वह कम वेतन वाले कामों में लगी है। तकनीकों और नये बदलावों के बाद इसकी जीविका पर खतरा सबसे ज्यादा है।

कोविड के बाद दुनिया का श्रम बाजार तितर-बितर हो गया है। 2014 से 2019 के बीच दुनिया में श्रम असमानता भी बढ़ी है, विकसित देशों में जहाँ कम संख्या और ऊँचे वेतन वाले कर्मचारियों को रखने का प्रचलन बढ़ा है और बाकी काम तकनीक पर छोड़ दिये गए हैं वहीं विकासशील अर्थव्यवस्था और स्वरोजगार की कोशिशें बेरोजगारों का सहारा बन रही हैं। (भारत के सन्दर्भ में हम पीछे विस्तार से बात कर चुके हैं)

कार्यशील आबादी कम होने से न केवल श्रम बाजार में असन्तुलन का डर है बल्कि माँग कम होने से कीमतें और श्रम लागत बढ़ने की चुनौती भी है।

ग्रोथ की सोनचिड़िया

कोविड के बाद अब दुनिया की आर्थिक विकास दर तेज रफ्तार से पटरी पर नहीं लौटनेवाली। कुछ समय तक यह 2-3 फीसदी के बीच रहेगी जो किसी भी तरह विश्व की बड़ी आबादी की जरूरतों के लिए पर्याप्त नहीं है। माँग की कमी और आबादी का बदलाव, यूरोप की अर्थव्यवस्थाओं को डिफ्लेशन की तरफ ले जा सकता है। जापान इसी मुसीबत से गुजर रहा है। अमेरिका और चीन जैसे देश औसत से नीचे की विकास दर पर रहेंगे यानी उनका हालिया सर्वश्रेष्ठ लौटने की उम्मीद कम है।

भारत की उभरती अर्थव्यवस्थाएँ ढलान पर फँस गई हैं इनकी बड़ी आबादी तक बीते दशक में तेज विकास के फायदे पहुँचे ही नहीं हैं।

धीमी ग्रोथ के अपने नीतिगत असर हैं। व्यापार और सेवाओं के उपभोग से सरकारों को टैक्स मिलता है। यदि माँग और खपत घटी तो टैक्स बढ़ाकर उसकी भरपाई होती है। 2021 की महामन्दी और बेकारी के बीच भारत की विकट महँगाई इसका प्रमाण है। कीमतें बढ़ने से कर्ज महँगे होते हैं और पूँजी की लागत बढ़ती है।

विश्व की आर्थिक नीतियाँ जो अब तक एक निर्धारित रणनीति के तहत तेज विकास दर हासिल करने के लिए सब कुछ झोंक रही थीं उन्हें परस्पर विरोधी लक्ष्यों को सँभालने की दक्षता विकसित करनी होगी। भारत इस अन्तर्विरोध में कहाँ खड़ा होगा इसे देखने के लिए हमें फिर थोड़ा पीछे जाना होगा।

दुनिया का भारत

1985 में एक शानदार लक्जरी क्रूज चीन की यांग्जी नदी में चांगचिंग से वुहान की तरफ बढ़ रहा था। भव्य थ्री गॉर्जेज बाँध की दृश्यावली सैलानियों को चमत्कृत कर रही थी। इस क्रूज में अमेरिका के नोबल विजेता जेम्स टोबिन, ब्रिटेन के एलेक केयर्नक्रॉस, हंगरी के जेम्स क्रोनाई जैसे मशहूर अर्थशास्त्री यात्रा कर रहे थे। यह दल विश्वबैंक के विशेषज्ञों का था जिन्हें चीन के राष्ट्रपति देंग श्याओ पेंग ने यह समझने के लिए आमंत्रित किया था कि चीन की आर्थिक नीतियों को कैसे बदला जाए।

चीन के नीति-निर्माताओं को लगता था कि हंगरी में समाजवादी अर्थव्यवस्था के कायापलट का तजुर्बा (जेम्स क्रोनाई) उनके काम आएगा लेकिन बाद में वह अमेरिकी जेम्स टोबिन के तर्क से ज्यादा सहमत नजर आए और चीन ने अपनी आबादी और अर्थव्यवस्था की पारम्परिक ताकत के इस्तेमाल के साथ सुधारों का बिगुल फूँक दिया।

दुनिया के अलग-अलग देशों में आर्थिक सुधार तीन महत्त्वपूर्ण कारकों पर आधारित रहे हैं—

एक : अर्थव्यवस्था की पारम्परिक ताकत
दो : सरकारों का राजनीतिक साहस और दूरदर्शिता
तीन : आबादी की सामाजिक शैक्षिक स्थिति।

चीन ने अपने सुधार पूर्व के औद्योगिक ढाँचे, युवा आबादी और कृषि सुधारों का नपा-तुला इस्तेमाल किया। माओ और उनकी कम्युनिस्ट पार्टी के सत्ता में आने के बाद 1949 से 1956 के बीच, चीन में स्टील टेक्सटाइल सहित कई उद्योगों की उत्पादन क्षमताएँ तैयार हो चुकी थीं। विशाल सरकारी उपक्रम काम कर रहे थे जो रूस के साथ अच्छा कारोबार करते थे लेकिन सामूहिक या सरकारी कृषि की पुरानी भीमकाय प्रणाली मौजूद थी, माओ जिसे बनाए रखना चाहते थे।

इस व्यवस्था में कामगारों को अच्छे वेतन नहीं थे इसलिए अर्थव्यवस्था में माँग नहीं थी। देंग ने एग्री कम्यून तोड़ दिये, लोगों को छोटे खेतों में अपनी खपत के लिए फसल उगाने और सरप्लस बेचने की छूट मिली।

औद्योगिक उत्पादन को सरकारी व निजी दो हिस्सों में बाँट दिया गया। स्पेशल इकोनॉमिक जोन में निजी निवेश लाया गया। इधर कृषि सुधारों के कारण लोगों की आय बढ़ी। नई औद्योगिक नीतियों ने युवाओं को शहरों से दूर गाँवों में छोटे कारोबार शुरू करने का प्रोत्साहन दिया, जिससे चीन में नये उद्यमियों की एक विशाल नई पीढ़ी तैयार हुई जिसमें से बहुत से अब ग्लोबल कॉरपोरेशन (हुआवे) में बदल गए हैं।

इधर मेक्सिको ने 70 के दशक में अमेरिका से उद्योगों के स्थानान्तरण की मेजबानी की। ब्राजील, आस्ट्रेलिया, कनाडा, रूस और दक्षिण अफ्रीका ने अपनी खनिज सम्पदा को अपनी ताकत बनाया।

भारत की निगाह दुनिया पर भले ही 1980 के बाद पड़ी हो लेकिन अवसर ने भारत के दरवाजे पर 60 के दशक में ही दस्तक दी थी। तब अमेरिकी अर्थव्यवस्था में युद्धोत्तर तेजी धीमी पड़ रही थी। मैन्युफैक्चरिंग की जगह सर्विसेज कम्पनियाँ उभर रही थीं। अमेरिकी कम्पनियाँ दुनिया के अन्य देशों में विदेशी निवेश और आउटसोर्सिंग के मुकाम तलाश रही थीं।

1960 में जॉन एफ केनेडी यूरोप के साथ व्यापार के उदारीकरण पर सौदेबाजी शुरू कर चुके थे। इसी नीतिगत बदलाव के तहत सत्तर के दशक में अमेरिका में विदेशी मुद्रा विनिमय दर पर नियंत्रण खत्म हुआ। अमेरिकी मैन्युफैक्चरिंग का दबदबा कम हुआ और फिर आया 1974 में ट्रेड एक्ट जिसके बाद दुनिया का सामान अमेरिका में बड़े पैमाने पर पहुँचने लगा। अमेरिकी आयात के उदारीकरण ने दुनिया के व्यापार का पूरा नक्शा ही बदल दिया था।

यह बात यांग्जी के उस क्रूज से करीब 21 साल पहले की है जब 1964 में अमेरिका के प्रसिद्ध कृषि अर्थशास्त्री बर्नाड आर. बेल के नेतृत्व में, विश्वबैंक का एक बड़ा मिशन भारत आया था। तब तक भारत पूरी तरह विदेशी दान और अनुदान पर निर्भर था। बर्नाड बेल सुधारों का नया रास्ता समझाने आए थे। उन्होंने करीब 14 खंड की एक रिपोर्ट भारत सरकार को सौंपी जिसमें व्यापार के उदारीकरण और रुपये के अवमूल्यन जैसे कई सुझाव थे।

इन्हें लागू करने पर भारत को विश्वबैंक से सहायता पैकेज मिलना था। तत्कालीन प्रधानमंत्री लालबहादुर शास्त्री इस पैकेज के कुछ हिस्सों को लागू करने को तैयार थे लेकिन पाकिस्तान से युद्ध छिड़ा और उसके बाद अचानक उनकी मृत्यु हो गई।

नई प्रधानमंत्री यानी इंदिरा गांधी सुधारों की कार सँभाल नहीं सकीं। उन्होंने 1966 में रुपये का 36 फीसदी अवमूल्यन किया जिसके तात्कालिक नतीजे ठीक नहीं रहे। राजनीतिक विरोध से वह लड़खड़ा गईं। भारत को 900 मिलियन डॉलर का सालाना विश्वबैंक पैकेज नहीं मिल सका। अमेरिकी राष्ट्रपति लिंडन बी जॉनसन, वियतनाम युद्ध पर भारत के विरोध से नाराज थे इसलिए कर्ज देनेवाले भी मुकर गए।

पश्चिमी देशों पर इंदिरा गांधी का भरोसा टूट गया था। वह अर्थव्यवस्था के केन्द्रीकरण की तरफ मुड़ गईं। 1966 से 1980 तक भारत ने बन्द अर्थव्यवस्था और लाइसेंस परमिट राज का बीभत्स दौर देखा। अस्सी के दशक में भारत ने संकोच और डर के साथ उदारीकरण की कुछ कोशिशें मसलन, 1981 में सीमेंट की कीमतों से मूल्य नियंत्रण खत्म किया गया। 1990 में सरकार की तरफ से चर्चित एम डाक्यूमेंट आया जिसमें औद्योगिक उदारीकरण का रोडमैप सुझाया गया था। अलबत्ता इस वक्त तक अमेरिका और जापान के व्यापार युद्ध का लाभ लेकर, चीन ऊँची उड़ान के लिए पर तोलने लगा था।

किस्सा कोताह कि साठ के दशक में विश्व व्यापार का जो दरवाजा भारत के लिए खुल रहा था, 80 के दशक के अन्त में, जापान की राह रोककर चीन उस दरवाजे पर अड़ गया और नब्बे का दशक आते-आते उसने दरवाजा पूरी तरह घेर लिया।

न होता ये तो...

भारत के सुधार चीन की तरह लम्बी दीर्घकालिक योजना या किसी पुराने ढाँचे को बदलकर नई व्यवस्था बनाने जैसे मकसद से लैस नहीं थे। इनमें रोनाल्ड रेगन या मारग्रेट थैचर की तरह किसी बड़े ढाँचागत सुधार की इबारत नदारद थी। ये दक्षिण कोरिया या ताइवान जैसे निर्यातोन्मुख नीतिगत बदलाव भी नहीं थे।

भारत के ज्यादातर सुधार या बदलाव किसी संकट, घोटाले या किसी

राजनीतिक जरूरत से उपजे हैं। उनमें कोई क्रम या संगति नहीं है। सरकारों के बदलने के साथ सुधारों की राजनीतिक वरीयताएँ बदलती रही हैं। आर्थिक सुधारों में इतने परस्पर विरोधी और अधूरे प्रयोग मिलते हैं कि इनका सिरा और नतीजा मिलाना मुश्किल है।

भारत में उत्पादन जरूर बढ़ा लेकिन इसकी वजह पूँजी निवेश था, श्रम और तकनीक नहीं। उद्योग और व्यापार के उदारीकरण के बावजूद भारतीय अर्थव्यवस्था में 1991 के बाद समग्र उत्पादकता (पूँजी, श्रम, तकनीक अन्य = TFP) नहीं बढ़ी। इससे ज्यादा उत्पादकता 80 के दशक में नजर आई थी।

भारत में तेज ग्रोथ के अनुपात में लोगों की आय भी नहीं बढ़ी। भारत का श्रम बाजार 500 रुपये की दिहाड़ी के जाल में क्यों फँसा है इस पर हम पीछे बात कर चुके हैं।

प्रतिस्पर्धा की घुटन

भारत के आर्थिक सुधार आम तौर पर राजनीतिक या कॉरपोरेट और नफा-नुकसान के इर्द-गिर्द बुने जाते रहे हैं। इसलिए यह बाजारोन्मुख होने के बजाय कारोबार उन्मुख हैं यानी प्रो बिजनेस न कि प्रो मार्केट। नतीजतन सुधारों के फैसले से मुक्त बाजार को ताकत नहीं मिली बल्कि अवसरों या बाजार की ताकत कुछ हाथों में सिमटती चली गई।

1990 और 2000 में ऐसा महसूस होने लगा था कि भारत अब 1991 से पहले वाले क्रोनी सोशलिज्म (सत्ता और कॉरपोरेट गठजोड़ का समाजवादी आर्थिक मॉडल) से निकल स्वस्थ और संस्थागत बाजार अर्थव्यवस्था की तरफ ही बढ़ेगा। इस बीच यूपीए सरकार के दौर में (2004-2014) संसाधनों (खान, जमीन, स्पेक्ट्रम) और आर्थिक अवसर हथियाने की होड़ शुरू हुई। इसके तत्काल बाद आर्थिक सुस्ती, बैंक कर्ज संकट और कारोबारी असफलताओं के बीच बाजार में प्रतिस्पर्धा घटने लगी।

2014 में आई नई सरकार को बाजार को मजबूत करनेवाले ढाँचागत सुधार करने थे जिनकी अनुपस्थिति में नये तरह के एकाधिकार और क्रोनी कैपिटलिज्म की शुरुआत हुई जिन्हें अब बॉलीगार्क (Bollygarchs) कहा जा रहा है। इसकी चर्चा हमने प्रतिस्पर्धा वाले अध्याय में की है।

कोविड के बाद भारत में एक नया पूँजीवाद उभर रहा है जहाँ देश

में 70 फीसदी कॉरपोरेट मुनाफों पर 20 फीसदी कम्पनियों का नियंत्रण है। यही कम्पनियाँ तकनीक, पूँजी और निर्यात के अवसरों को हासिल करने की कतार में सबसे आगे रहेंगी। भारतीय शेयर बाजार इस पूँजीवाद का आईना है जो 2020-21 की महामारी और महामन्दी के दौरान रिकॉर्ड ऊँचाई पर रहा था।

यह नया मॉडल टैक्स तक फैल गया है। 2010 में केन्द्र सरकार के प्रति सौ रुपये के राजस्व में कम्पनियों से 40 रुपये और आम लोगों से 60 रुपये आते थे। 2020 में कम्पनियाँ केवल 25 रुपये दे रही हैं और आम लोग दे रहे हैं 75 रुपये।

इस नये पूँजीवाद को सँभालने के लिए प्रतिस्पर्धा नियामकों की मजबूती जरूरी है। प्रतिस्पर्धा मुक्त बाजार का प्राण है जो पेशेवर नियामकों के जरिये सुनिश्चित होती है। भारत में नियामकों की नई पीढ़ी तैयार ही नहीं हो सकी जबकि मौजूदा नियामक (जैसे आरबीआई) कमजोर होते गए।

भारतीय लोकतंत्र परम चुनावी है। चुनाव दानवों की तरह पैसे निगलते हैं। राजनीतिक दलों को कम्पनियों से चन्दे चाहिए इसलिए आर्थिक अवसरों का लेन-देन बढ़ता चला गया। आर्थिक लोकतंत्र के लिए स्वस्थ बाजार और पारदर्शी विनियमन वाला बाजार अनिवार्य है। ऐसा बाजार ही अवसरों के उचित बँटवारे और आर्थिक न्याय को सँभाल सकता है। अब भारत में मुक्त बाजार के प्रति बढ़ता असन्तोष सबसे बड़ी चुनौती बन रहा है।

भारतीय अर्थव्यवस्था की बुनियादी संस्थागत कमजोरी है कि बाजार होने के बावजूद कई जरूरी आर्थिक संसाधनों (उपज, ईंधन, बिजली, परिवहन) का मूल्य सरकार तय करती है।

आयातों को महँगा करने से और नीतियों में अचानक बदलावों से बाजार में प्रतिस्पर्धा कम हो रही है। जबकि राजनीतिक व आर्थिक ताकत का केन्द्रीकरण हो रहा है। एकाधिकार या कार्टेल केवल उपभोक्ताओं के लिए ही बुरे नहीं हैं बल्कि रूस और हंगरी के ताजा उदाहरण प्रमाण हैं कि लोकतंत्र को सक्रिय रखने के लिए भी इन्हें उभरने से रोकना जरूरी है। अवसरों की लोकशाही और स्वस्थ व पारदर्शी संस्थाओं के बिना कारोबार हमेशा राजनीति का और सियासत हमेशा कम्पनियों की बन्धक बनी रहेगी।

फायदों का बँटवारा

भारत के सुधारों के नतीजों के असर बेहद सीमित रहे हैं क्योंकि निर्धन और पिछड़े लोग यहाँ तक कि आम उपभोक्ता भी सुधारों के केन्द्र में नहीं रखे गए। नीतियों की चर्चाएँ और योजनाएँ हमेशा कम्पनियों और कारोबारी हितों के आसपास केन्द्रित रहीं।

मसलन, कृषि सुधार की बहस इस पर हुई कि खेती में निजी कम्पनियाँ कैसे आएँगी न कि इस पर किसानों को कीमत कैसे मिलेगी। चर्चा इस पर हुई कि बीमा में विदेशी निवेश कितना होना चाहिए न कि बीमा सुविधाओं और उत्पादों का स्तर कैसा है और उसमें क्या सुधार हुए हैं।

नीति-निर्माता बाजार में कम्पनियों को बुलाने को लेकर जितने फिक्रमन्द होते हैं उतनी उपभोक्ताओं को सही सेवाएँ मिलने को लेकर नहीं।

सुधारों के केन्द्र में आम लोगों के न होने की वजह से ग्रोथ के असर की पैमाइश वास्तविकताओं से कटी रहती है। भारत का पूरा आर्थिक आँकड़ा तंत्र भी लोगों और उनकी जिन्दगी में बदलाव को केन्द्र में नहीं रखता।

भारतीय जीडीपी भी केवल उत्पादन नापता है जिन्दगी में बेहतरी नहीं, जिसे डेविड पिलिंग (द ग्रोथ डिल्यूजन) ने सिमोन कुजनेत्स का प्रेत कहा है। ग्रोथ को नापने का फार्मूला देनेवाले बेलारशियन यहूदी सिमोन कुजनेत्स रूस के पिंस्क से आते थे जो रूस के बाद अमेरिका की कोलम्बिया यूनिवर्सिटी में पढ़े थे। 1933 में अमेरिकी राष्ट्रपति फ्रेडी रूजवेल्ट ने उन्हें नेशनल अकाउंट बनाने का काम सौंपा। कुजनेत्स हर तरह की मानवीय गतिविधियों को एक आँकड़े में समेट देना चाहते थे और उन्होंने यह कर भी दिया।

यह मायावी दैत्य हर चीज को औसत के जाल में बन्द कर देता है यानी देश की कुल आय को आबादी से बाँट दिया जाए जिसके बाद मुकेश अंबानी और सब्जी की रेहड़ी वाले लालू की कमाई एक बराबर।

भारत में विकास दर की पैमाइश उत्पादन, कम्पनियों के मुनाफे और सरकार के टैक्स के पैमानों पर होती है, आबादी की कमाई की तरफ से नहीं। 2015 में जब सरकार ने नेशनल अकाउंट्स में ग्रॉस वैल्यू एडेड (कच्चे माल और दूसरे इनपुट निकालने के बाद उत्पादन का मूल्य) फार्मूला जोड़ा था तो वह सप्लाई या आपूर्ति की तरफ से था। 2018 तक वित्त मंत्रालय के आर्थिक सलाहकार रहे अरविन्द सुब्रह्मण्यम ने जून 2019 में अपने एक अध्ययन में

इस गणित को गलत ठहराया था। उनका कहना था कि यह ग्रोथ को बढ़ा-चढ़ाकर दिखाता है।

सुब्रह्मण्यम अगर न भी कहते तो भी कमाई, रोजगार, जीवन स्तर, लोगों की वेल्थ के आँकड़े देखकर जीडीपी की ग्रोथ भ्रम साबित होती है। दरअसल भारत दुनिया का इकलौता देश होगा जहाँ तेज ग्रोथ 2012 से 2018 के साथ बेकारी बढ़ी और ग्रामीण व नगरीय आय कम हुई। आर्थिक असमानता नापने के लिए इतालवी सांख्यिकी विशेषज्ञ कोलाराडो गिनी का फार्मूला (गिनी कोइफिशिएंट) लगाने पर तो जीडीपी की ग्रोथ अर्थहीन (दस फीसदी आबादी के पास 77 फीसदी सम्पत्ति) हो जाती है। (देखें, मध्यवर्ग, रोजगार व ग्रामीण आय के अध्याय)

इस सबके बावजूद शुरुआत विकास दर तेज रही है। और बहुत से लोग गरीबी के कुएँ से उछलकर बाहर आ गए। कोविड की मन्दी इन्हीं पर सबसे ज्यादा भारी पड़ रही है। मन्दी से निबटने की ज्यादातर कोशिशें कम्पनियों को सुविधा देने, टैक्स कम करने और कर्ज माफी केन्द्रित रहीं न कि यूरोप या अमेरिका की तरह रोजगार बचाने पर।

भारत की सरकारें और उनकी नीतियाँ समाज के सबसे संकटग्रस्त लोगों तक सीधी मदद की क्षमता तैयार नहीं कर पाईं इसलिए राहतों का बड़ा हिस्सा अर्थव्यवस्था के ऊपरी तबके तक सिमट गया।

सीएमआईई ने (4234 कम्पनियों के बीच सर्वे) बताया कि लॉकडाउन के बाद शेयर बाजार में सूचीबद्ध कम्पनियों का मुनाफा सितम्बर 2020 की तिमाही में 569 फीसदी बढ़ा लेकिन मुनाफे में बढ़त दर्ज करनेवाली 53 फीसदी कम्पनियों ने अपने यहाँ वेतन में कटौती की।

नागरिक नहीं मतदाता

मर्चेंट नेवी में काम करने के बाद अर्थविद् (नोबेल विजेता) अमेरिका के डगलस नॉर्थ ने पहली बार यह बताया कि एक जैसी नीतियाँ सभी देशों में एक समान असर क्यों नहीं करतीं। एक जैसे हालात वाले देश एक समान गति से विकास क्यों नहीं करते या कुछ देश हमेशा गरीब क्यों रह जाते हैं।

सुधारों के सबसे अच्छे वर्षों में भी भारत में वित्तीय, संस्थागत और मानव संसाधन की गुणवत्ता में बढ़ोतरी नहीं हुई। एक छोटा मध्यवर्ग तो उभरा

लेकिन एक बहुत बड़ी आबादी सरकार पर निर्भर रह गई। महामारी के बाद यह निर्भरता और ज्यादा बढ़ रही है।

भारत में बीते दो दशकों में चुनावी प्रतिस्पर्धा चरम रफ्तार से बढ़ी। सुधारों के नतीजों को प्रामाणिक बनाने का तंत्र मौजूद नहीं था इसलिए चुनावी जीत सरकारों के कामकाज की सफलता-विफलता का आधार बन गई।

चुनाव पूरी ताकत से होते हैं लेकिन दो चुनावों के बीच सरकारें कैसे काम करती हैं, उनके उत्तरदायित्व क्या हैं और उनकी सफलता कैसे मापी जाए, इसका कोई तंत्र नहीं है। इसलिए दो चुनावों के बीच गवर्नेंस की छाया में सत्ता के फायदों का बँटवारा ही होता है।

चुनावी लोकतंत्र के बाद सरकार से काम लेने के लिए संस्थाओं की जरूरत है। बीते सात दशकों में भारत में राजनीति, अर्थव्यवस्था, विदेश नीति जिस तेजी से बदली उस गति से सार्वजनिक संस्थाएँ नहीं बदलीं। संसद, अदालतें, विकेन्द्रीकरण, नियामक, वित्तीय संस्थाओं में सुधार और बदलावों की गति, अन्य बदलावों की तुलना में अत्यन्त धीमी रही है। इन संस्थाओं की शक्ति घटने से इन पर राजनीतिक नियंत्रण बढ़ता गया जिसने अवसरों के बँटवारे को न्यायसंगत नहीं रहने दिया। नतीजतन मोहभंग बढ़ते जा रहे हैं।

अर्थविद् लैंट प्रिचेट जैसे असंख्य लोग हैं जो भारत की व्यवस्था को करीब से देखकर इस निष्कर्ष पर पहुँच रहे हैं कि भारत में शीर्ष संस्थाओं और नीचे काम करनेवाली एजेंसियों के बीच गहरी खाई है। यह गवर्नेंस मशीन कुम्भ मेले जैसे बड़े आयोजन सफलता से कर लेती है लेकिन सबको पीने का पानी, चिकित्सा और निरन्तर सुविधाएँ दे पाने में असफल हो जाती है।

जून 2021 में जब हम ये पंक्तियाँ लिख रहे हैं तब उम्मीदों का सूचकांक बुरी तरह टूटा हुआ है। आँकड़ों से अनुभवों तक मोहभंग के असंख्य प्रमाण बिखरे हुए हैं। स्वास्थ्य व्यवस्था की असफलता और हजारों मौतों ने शहरों और गाँवों का भरोसा तोड़ दिया है। भारत का मध्यवर्ग पहली बार निराश के साथ गहरे खौफ में है और ग्रामीण बुरी तरह बेचैन। लाखों परिवारों के मन-प्राण-जीविका पर महामारी के रिसते घावों के बीच भारतीय राजनीति चुनावों के नये दौर की तैयारी में लग गई है। मन्दी के गहराने के साथ बाजारों में एकाधिकार व राजनीतिक ताकत का केन्द्रीकरण अविश्वास को भरपूर ताकत दे रहे हैं।

भारत में राष्ट्रीय अर्थव्यवस्था के आँकड़ों में 1991 जैसे हालात नहीं हैं लेकिन करोड़ों व्यक्तिगत अर्थव्यवस्थाओं के लिए यह आजादी के बाद सबसे बड़ा संकट है जिसके सामने 1991 का संकट कुछ नहीं है। इन करोड़ों परिवारों के लिए भारत की सत्ता को नीतियों का पूरा तेवर और कलेवर ही बदलना होगा।

भारत को हर उस सुधार की कोशिश करनी होगी जो मध्यवर्ग का आकार कम-से-कम समय में दोगुना कर दे जो अभी केवल 13 करोड़ पर सीमित है। अब समय भी भारत के साथ नहीं है इसलिए इस होड़ में वक्त को हराना होगा। एक दशक के बाद युवा आबादी सिमटने लगेगी और नई ढाँचागत चुनौतियाँ सामने होंगी।

उलटी गिनती शुरू होती है अब...

दिशा दीप्त हो उठी प्राप्त कर पुण्य प्रकाश तुम्हारा
लिखा जा चुका अनल अक्षरों में इतिहास तुम्हारा
वह प्रदीप जो दीख रहा है झिलमिल दूर नहीं है
थककर बैठ गए क्या भाई मंजिल दूर नहीं है

—रामधारी सिंह दिनकर

✪✪✪

सन्दर्भ

1. छोटे होने की मुसीबत

The Epicentre of an Existential Crisis CRISIL June 2020

https://www.crisil.com/en/home/our-analysis/reports/2020/06/the-epicentre-of-an-existential-crisis.html

Fastening MSMEs Fortunes CRISIL Assocham Report January 2020

https://www.assocham.org/userfiles/MSME_Assocham_CRISIL%20Research_2020.pdf

UK Sinha Committee Report for RBI June 2019

About MUDRA loan details

https://timesofindia.indiatimes.com/blogs/toi-edit-page/covid-crisis-also-an-opportunity-small-isnt-beautiful-for-indian-workers-grow-the-medium-sector-of-msmes/

About FISME Survey

https://economictimes.indiatimes.com/small-biz/sme-sector/44-msmes-feel-stimulus-package-not-good-enough/articleshow/76082351.cms?from=mdr

RBI report on 65% MSMEs availing moratorium

https://timesofindia.indiatimes.com/business/india-business/bad-loans-may-rise-to-20-year-high-due-to-pandemic-rbi/articleshow/77160894.cms

Government data related to sick small-scale units

http://www.dcmsme.gov.in/ssiindia/census/ch7.htm

https://timesofindia.indiatimes.com/business/india-business/pandemic-has-impacted-82-of-small-businesses-survey/articleshow/82199365.cms

https://www.businesstoday.in/current/economy-politics/covid-19-impact-59-percent-small-biz-likely-to-scale-down-shut-shop/story/440131.html

https://www.theweek.in/news/biz-tech/2021/06/07/indian-msmes-faced-with-240-billion-credit-deficit-report.html

https://rbidocs.rbi.org.in/rdocs/bulletin/PDFS/ 02AR59EF-53CACBC04D298EB73B323E4945E6.PDF

LocalCircles Survey

https://www.localcircles.com/a/press/page/covid19-startup-sme-survey#.XxnK_p4zZPY

About Start-up funding - Tracxn - between April 1 and June 5th, there were only just 9 deals for seed funding for Indian start-ups worth $4.7 crore (corresponding figures for the same period in 2019 were 188 deals and $15.45 crore)

https://www.livemint.com/companies/start-ups/startup-funding-down-29-in-first-half-of-2020-tracxn-11594216461904.html

https://inc42.com/startups-vs-covid19/will-indias-mobility-start-ups-be-able-to-survive-the-second-covid-wave/

Increasing the Dynamism of India's MSMEs by Global Alliance for Mass Entrepreneurship, GAME

https://massentrepreneurship.org/msme-report-2020/

https://economictimes.indiatimes.com/small-biz/sme-sector/small-companies-npas-set-to-go-up-job-cuts-on-the-cards/articleshow/77118256.cms

https://www.livemint.com/industry/manufacturing/india-s-small-firms-are-staring-into-the-abyss-11595946170598.html

India's Turning Point: An Economic Agenda to Spur Growth and Jobs by McKinsey Global Institute August 2020

https://ind01.safelinks.protection.outlook.com/?url=https%3A%2F%

2Fwww.mckinsey.com%2Ffeatured-insights%2Findia%2F

indias-turning-point-an-economic-agenda-to-spur-growth-and-jobs&data=02%7C01%7Canshuman.tiwari%40in-today.com%7Ceeed12e8a7e34dc5d4ad08d84a4fb-7f2%7Cc6429039bbd04d9b854213cc4acc2d0c%7C0%7C0%7C637341053537351422&sdata=%2FBN-p1YenUrxkMEgBFfG8gByf22H7kP%2ByHa006UpMn-NE%3D&reserved=0

2. छद्म बेरोजगारी

A conservative estimate of 3 crore was put forward by migration expert Chinmay Tumbe

https://twitter.com/chinmaytumbe/status/1266366333811187715?lang=en

Periodic Labour Force Survey 2018-19

http://www.mospi.gov.in/sites/default/files/press_release/Press%20Note.pdf

http://mospi.nic.in/sites/default/files/publication_reports/KI-68th-E%26U-PDF.pdf /

https://economictimes.indiatimes.com/news/politics-and-nation/india-has-a-workforce-of-47-41-crore-government/articleshow/38486047.cms#:~:text=NEW%20DELHI%3A%20India%20has%20a,12%2C%20Parliament%20was%20told%20today.

Radhicka Kapoor probably provides the best analysis so far of the pot-Covid labour market in India.Job loss estimate between 2011-12 and 2017-18 also comes from her paper-

Covid-19 and the State of India's Labour Market Radhicka Kapoor ICRIER Policy Series No 18 June, 2020

http://icrier.org/pdf/Policy_Series_18.pdf

As per Radhicka Kapoor - In 2018-19, the share of Regular Wage Salaried workers who had no job contract stood at 68.8%.She says, this is a slight improvement from 2017-18, when it hit 70.2%, but a deterioration from 64.7 % in 2011-12.

In a separate paper, Emerging Economic Patterns of India in the 21st Century by Laveesh Bhandai and Amaresh Dubey conclude that between 2004 and 2017, population grew at a CAGR of 1.7% and employment only at 0.8% or less than half.They also found that the share of non-contractual employment grew much faster than the contractual employment.

https://unemploymentinindia.cmie.com/kommon/bin/sr.php?kall=wtabnav&tab=4080

https://www.indiaratings.co.in/pressrelease?pressreleaseid=55055

https://unemploymentinindia.cmie.com/kommon/bin/sr.php?kall=wtabnav&tab=4080

https://www.indiaratings.co.in/pressrelease?pressreleaseid=55055

https://www.bloombergquint.com/business/india-pandemic-worsens-one-of-the-world-s-worst-gender-gaps

https://unemploymentinindia.cmie.com/kommon/bin/sr.php?kall=wtabnav&tab=4080&nvdt=20201214124829703&nvpc=091000000000&nvtype=insights

https://www2.deloitte.com/global/en/pages/about-deloitte/articles/women-at-work-global-outlook.html

Migration and Human Development in India Deshingkar, Priya and Akter, Shaheen Overseas Development Institute April 2009

https://mpra.ub.uni-muenchen.de/19193/1/MPRA_paper_19193.pdf

Building an Inclusive Labour Force by Rohini Pande in What The Economy Need Now Edited by Abhijit Banerjee, Gita Gopinath, Raghuram Rajan, Mihir S Sharma Juggernaut 2019

Report of the Working Group on Migration January 2017 Ministry of Housing and Urban Poverty Alleviation

http://mohua.gov.in/upload/uploadfiles/files/1566.pdf

For migration in general, the best introduction is Chinmay Tumbe's book India Moving: A History of Migration Penguin Viking 2018

About tribals in Delhi

https://timesofindia.indiatimes.com/city/delhi/scheduled-tribes-in-delhi-dont-get-benefits-as-capital-has-no-notified-tribes/articleshow/57416684.cms

https://www.theweek.in/news/biz-tech/2020/03/27/relief-for-automakers-as-sc-relaxes-march-31-deadline-to-sell-bs-iv-vehicles.html

Economic Survey 2017-18

http://mofapp.nic.in:8080/economicsurvey/

Periodic Labour Force Survey 2017-18

http://www.mospi.gov.in/sites/default/files/publication_reports/Annual%20Report%2C%20PLFS%202017-18_31052019.pdf

ILO's India Wage Report 2018

https://www.ilo.org/wcmsp5/groups/public/---asia/---robangkok/---sro-new_delhi/documents/publication/wcms_638305.pdf

Monthly income data – details of Employment-Unemployment reports could be found here

https://cse.azimpremjiuniversity.edu.in/resources/labour-bureau-employment-unemployment-survey-reports/

State of Working India 2018 Azim Pemji University by Amit Basole et al 2018

https://cse.azimpremjiuniversity.edu.in/wp-content/uploads/2019/02/State_of_Working_India_2018-1.pdf

What Would Make India's Growth Sustainable by Maitreesh Ghatak, Ashok Kotwal, Bharat Ramaswami Sept 2020

https://www.theindiaforum.in/article/what-would-make-india-s-growth-sustainable

https://www.indicus.org/pdf/Emerging-Employment-Patterns-in-21st-Century-Indiav-v181019.pdf

About the controversial NSSO report

https://www.business-standard.com/article/economy-policy/unemployment-rate-at-five-decade-high-of-6-1-in-2017-18-nsso-survey-119013100053_1.html

CMIE today is the primary source of high-frequency (un)employment data in India.

https://unemploymentinindia.cmie.com/

About low women's participation in workforce and participation of married migrant women.

The Report of the Expert Committee recommended Rs. 375 per day

or Rs. 9750 per month as the minimum wage irrespective of sector, skill or location

https://labour.gov.in/whatsnew/report-expert-committee-determination-methodology-fixation-national-minimum-wagewages

As per 2019 rates, Delhi has the highest rates for minimum wages for unskilled workers at Rs. 14, 842 per month, for semi-skilled workers at Rs. 16, 341 per month and for skilled workers at Rs. 17, 991 per month.

Population projections are from Economic Survey 2019

https://www.indiabudget.gov.in/economicsurvey/

Post-lockdown surveys - a phone survey conducted by researchers of Azim Premji University with the help of civil society organizations found that the share of households without enough money to buy even a week's worth of essentials stood at 64% in urban areas and 35% in rural areas

https://cse.azimpremjiuniversity.edu.in/wp-content/uploads/2020/06/Compilation-of-findings-APU-COVID-19-Livelihoods-Survey_Final.pdf

Analyzing April household data collected by the CMIE, researchers at the Rustandy Center for Social Sector Innovation of Chicago Booth concluded that 84% households had lost income and most households were in dire need of emergency assistance

https://www.chicagobooth.edu/research/rustandy/blog/2020/how-are-indian-households-coping-under-the-covid19-lockdown

3. अन्दरूनी चोट

https://www.business-standard.com/article/jobs/why-children-of-farmers-in-india-are-less-likely-to-take-up-farming-119071800148_1.html

https://indianexpress.com/article/india/farmers-bear-the-burdenof-deflation-5542001/

Doubling of landholdings and other data, from Agricultural Census 2015-16

http://agricoop.nic.in/publication/agriculture-census

Pocket Book of Agricultural Statistics 2017

http://agricoop.nic.in/recentinitiatives/pocket-book-agricultural-statistics-2017

Economic Survey (2019-20)

https://www.indiabudget.gov.in/economicsurvey/

Years of Policy Tinkering in Agriculture by Ashok Gulati and Shweta Saini in India Transformed : 25 Years of Economic Reform Ed Rakesh Mohan Penguin 2017

In sum, if one adds all agricultural households having sold paddy and wheat to any procurement agency, the number of households comes to just 5.21 million (2.55 million paddy households during July-Dec 2012; 0.55 million paddy households during Jan-June, 2013; and 2.11 million wheat households during Jan-June 2013).This figure of 5.21 million households as a percentage of total number of agricultural households (90.2 million) comes to just 5.8 percent.This is the finding from the latest survey conducted by NSSO, with such detailed questions on issues of households awareness about MSP and selling their produce to procurement agencies. But if one adjusts this with common households that sell both paddy and wheat, and/or by the percent of quantity sold by each household at MSP, the figure of direct beneficiaries comes even lower.For staples other than wheat and paddy, the situation is far worse.However, there would be some indirect benefits even to those who do not sell directly to government agencies, but its magnitude is difficult to capture.

Report of the High Level Committee on Re-orienting the Role and Restructuring of Food Corporation of India January 2015

(Chaired by Shanta Kumar)

https://fci.gov.in/report-publication.php?view=216

2019 agriculture-food budget analysis is from Ashok GulatiPutting the Cart before the Horse, Economic & Political Weekly August 17, 2019

About internal remittance—Remittance in India: Facts and Issues by ChinmayTumbe 2011 MRPA Paper

https://ideas.repec.org/p/pra/mprapa/29983.html

https://economictimes.indiatimes.com/news/economy/finance/remittances-to-bharat-hit-by-return-of-the-native/articleshow/74974059.cms

CRISIL – 5.6 crore farmers missed out on PM-KISAN

https://www.crisil.com/en/home/our-businesses/ratings/Newsletters/2020/may/economy/covid-19-impact-on-economy-corporate-revenue-and-profitability.html

Feeding Strawberries to Cattle

About the strawberry farmer and the photo

https://www.reuters.com/article/us-health-coronavirus-india-food/indian-farmers-feed-strawberries-to-cattle-as-lockdown-hits-transport-idUSKBN21K0ST

https://www.livemint.com/Politics/ar1HGDFjvssPzaInLt4ZZK/Why-are-Indian-farmers-taking-to-horticulture.html

Mandasaur police firing

https://www.hindustantimes.com/india-news/six-farmers-were-killed-in-the-june-6-police-firing-in-mandsaur-mp-govt/story-oXPWt7C0PP9PrHNc1sDvlO.html

BhavantarBhugtanYojana (scheme for payment of price difference)

https://www.livemint.com/Politics/uDdclMv4VKUhGvpSEqtmqL/Madhya-Pradesh-launches-new-farm-scheme-to-hedge-price-risks.html

NCRB suicide report—

https://economictimes.indiatimes.com/news/politics-and-nation/ncrb-data-shows-42480-farmers-and-daily-wagers-committed-suicide-in-2019/articleshow/77877613.cms

The Mirage of Other Income

Rural Economy: Is the Farm Fulcrum Fading? Edelweiss September 3, 2020

About women participation in farming

https://www.indiaspend.com/73-2-of-rural-women-workers-are-farmers-but-own-12-8-land-holdings/

Ind Ra Report—

https://indiaratings.co.in/PressRelease?pressReleaseID=37423&title=Wages-Account-for-Only-One-Third-of-Income-Generated-in-Economy-

https://www.firstpost.com/india/indias-landless-poor-amid-rising-rural-poverty-and-lower-access-to-land-empowering-this-group-must-be-priority-5338711.html

About caste discrimination in MNREGA work

https://www.bloomberg.com/news/articles/2020-08-20/millions-escaped-caste-discrimination-covid-19-brought-it-back

50 crore population estimate is derived from the 2011 census–101 million households with a mean household size of 4.9

For a comprehensive summary of issues related to Indian agriculture—Reforming Indian Agriculture by Ashok Gulati, DeveshKapur, Marshall M Bouton A CASI Working Paper August 2019

https://casi.sas.upenn.edu/content/reforming-indian-agriculture-ashok-gulati-devesh-kapur-marshall-m-bouton

Stranded at Jagged Crossroads by R S Dehpandey and Khalil Musa Saha in Indian economy Pre Liberalization to GST: Essays in Honour of Raj Kapila - Ed Uma Kapila Academic Foundation 2020

NSSO 2012-13

http://mospi.nic.in/sites/default/files/publication_reports/nss_rep_576.pdf

NABARD's All India Rural Financial Inclusion Survey (NAFIS) 2016-17

https://www.nabard.org/auth/writereaddata/tender/1608180417NABARD-Repo-16_Web_P.pdf

Committee on Doubling of Farmers' Income 2015-16

http://agricoop.gov.in/sites/default/files/DFI%20Volume%201.pdf and

http://agricoop.gov.in/sites/default/files/DFI%20Volume%202.pdf

IMF warning on falling rural income

https://www.downtoearth.org.in/news/economy/india-s-declining-rural-income-pulls-downs-global-economic-growth-imf-68896

CES (2017-18) report

https://www.business-standard.com/article/economy-policy/consumer-spend-sees-first-fall-in-4-decades-on-weak-rural-demand-nso-data-119111401975_1.html

On lifting people out of poverty

https://www.brookings.edu/blog/future-development/2018/12/13/rethinking-global-poverty-reduction-in-2019/

Global Multidimensional Poverty Index 2018 by UNDP and Oxford Poverty and Human Development Initiative https://ophi.org.uk/multidimensional-poverty-index/global-mpi-2018/

On new poor

https://www.worldbank.org/en/topic/poverty/brief/Profiles-of-the-new-poor-due-to-the-COVID-19-pandemic/

https://economictimes.indiatimes.com/news/politics-and-nation/india-is-at-risk-of-losing-hard-won-gains-in-the-fight-against-poverty-says-world-bank/articleshow/77138018.cms?from=mdr

In June the World Bank predicted that between 71m and 100m people would slide back into extreme poverty (subsisting on less than $1.90 a day at 2011 prices) this year. Since then, the Bank's assessment has worsened and it has suggested that three years of progress in poverty eradication and half the newly destitute will be in South Asia.

The United Nations and the Oxford University in their joint monitoring highlight that those without access to clean water, electricity, sufficient food and schools for their children would be affected most and there will be long term adverse consequences of this dislocation on education and health (especially vaccination).They reckon the pandemic could cast 490 million in 70 countries into poverty, reversing almost a decade of gains.

From Plague to PenuryThe Economist September 26 2020

ILO estimates that about 40 crore informal workers in India are now at risk of falling back into poverty

https://www.ilo.org/wcmsp5/groups/public/---dgreports/---dcomm/documents/briefingnote/wcms_740877.pdf

Precarity and the Pandemic COVID-19 and Poverty Incidence,

Intensity, and Severity in Developing Countries by Andy

Sumner, Eduardo Ortiz-Juarez, Chris Hoy WIDER Working Paper 2020/77

https://www.wider.unu.edu/sites/default/files/Publications/Working-paper/PDF/wp2020-77.pdf

Https://Indiaratings.co.in//Pressrelease?Pressreleaseid=54920

Relief details are from From Plague to PenuryThe Economist September 26, 2020

McKinsey Report

https://ind01.safelinks.protection.outlook.com/?url=https%3A%2F%2Fwww.mckinsey.com%2Ffeatured-insights%2Findia%

2Findias-turning-point-an-economic-agenda-to-spur-growth-

and-jobs&data=02%7C01%7Canshuman.tiwari%40intoday.com%7Ceeed12e8a7e34dc5d4ad08d84a4fb-7f2%7Cc6429039bbd04d9b854213cc4acc2d0c%7C0%7C0%7C637341053537351422&sdata=%2FBN-p1YenUrxkMEgBFfG8gByf22H7kP%2ByHa006UpMn-NE%3D&reserved=0

4. अधर में

व्हाइट कॉलर जॉब (दफ्तरी नौकरी) में हानि के सन्दर्भ में CMIE डेटा

https://www.livemint.com/news/india/almost-6-million-white-collar-workers-lost-jobs-between-may-august-2020-cmie-11600358442931.html

पवन के वर्मा, द ग्रेट इंडियन मिडिल क्लास पेंगुइन बुक्स इंडिया, 2007

एशियन स्टडीज Vol 21-स्प्रिंग 2018 में अभिजित रॉय का लेख—द मिडिल क्लास इन इंडिया : फ्रॉम 1947 टू द प्रेजेंट एंड बियांड

https://www.asianstudies.org/publications/eaa/archives/the-middle-class-in-india-from-1947-to-the-present-and-beyond/

https://timesofindia.indiatimes.com/india/pandemic-pushes-32-million-indians-out-of-middle-class-says-pew-research/articleshow/81574270.cms

https://www.euromonitor.com/india/country-factfile

https://data.worldbank.org/?locations=IN-XN

https://blogs.worldbank.org/opendata/new-country-classifications-income-level-2019-2020 और नये एटलस मेथड पर

https://datahelpdesk.worldbank.org/knowledgebase/articles/378832-what-is-the-world-bank-atlas-method

पीपीपी गणना का विवरण-क्रय शक्ति समतुल्यता, लुइस एफ, लोपेज-कालवा और एडुआर्डो ओर्टिज़-जुआरेज़, 'मध्यवर्ग की परिभाषा का एक अतिसंवेदनशील दृष्टिकोण,' द जर्नल ऑफ इकोनॉमिक इनइक्वैलिटी पत्रिका 12, सं. 1 (2014) : 23-47./

https://www.businessinsider.in/india/news/checkout-the-list-of-total-billionaires-in-india-with-net-worth-according-to-forbes/articleshow/78161500.cms

https://www.credit-suisse.com/about-us/en/reports-research/global-wealth-report.html

7.8 करोड़ का अनुमान द इकोनॉमिस्ट की कवर स्टोरी इंडियाज मिसिंग मिडिल क्लास 13-19 जनवरी, 2018, गोल्डमैन सैक्स का विश्लेषण भी इसी लेख से लिया गया है।

60 करोड़ का अनुमान संध्या कृष्णन और नीरज हेतकर के 'भारत में नये मध्यवर्ग का उभार और इसका बदलता स्वरूप' इकोनॉमिक एंड पॉलिटिकल वीकली 52, सं. 22 (2017) : 40-48 से आया है।

https://www.hindustantimes.com/india-news many-layers-within-india-s-middle-class/story-18h8YO4jgMpeivUgdKy AkO.html

https://www.livemint.com/money/personal-finance/false-alarm-over-household-savings-in-india-11578902664194.html

ICE 360° सर्वे के बारे में

https://www.financialexpress.com/opinion/strengthen-household-saving-data-for-effective-policy-making/190004/

https://incometaxindia.gov.in/Documents/Direct%20Tax%20Data/IT-Return-Statistics-Assessment-Year-2018-19.pdf

https://www.mastercard.us/content/dam/mccom/global/aboutus/Sustainability/mastercard-sustainability-report- 2019.pdf

सारणी, मैत्रीश घटक, अशोक कोटवाल और भरत रामास्वामी के इस लेख से ली गई है।

https://www.theindiaforum.in/article/what-would-make-india-s-growth-sustainable

सीएमआईई कंज्यूमर पिरामिड सर्वे के बारे में

https://consumerpyramidsdx.cmie.com/

ICE 360° सर्वे विवरण ऊपर बताए गए हैं

द इकोनॉमिस्ट की कवर स्टोरी इंडियाज मिसिंग मिडिल क्लास 13-19 जनवरी, 2018

संध्या कृष्णन और नीरज हेतकर के 'भारत में नये मध्यवर्ग का उभार और इसका बदलता स्वरूप' इकोनॉमिक एंड पॉलिटिकल वीकली 52, सं. 22 (2017) : 40-48।

https://www.moneycontrol.com/news/business/economy/fy21-gdp-data-major-decline-in-private-consumption-even-as-government-spending-grows-6964891.html

क्रिसिल–वायरल फीवर : कोविड-19 की अर्थव्यवस्था, कॉरपोरेट राजस्व और लाभ पर प्रभाव, अप्रैल 2020

https://www.crisil.com/en/home/our-analysis/views-and-commentaries/2020/04/covid-19-impact-on-economy-corporate-revenue-and-profitability.html

https://www.businessinsider.in/careers/news/covid-19-has-left-10-million-indians-jobless-and-97-homes-poorer-reveals-cmie/articleshow/83139433.cms

https://www.crisil.com/en/home/our-analysis/views-and-commentaries/2020/11/counterintuitive-inflation.html https://economictimes.indiatimes.com/news/economy/indicators/rising-fuel-prices-crowding-out-discretionary-household-spending-sbi-research/articleshow/82710533.cms

Rural wage details are from SBI EcoWarp—which one??

बचत के आँकड़े परिवारों की वित्तीय पूँजी और देयताओं पर आरबीआई के तिमाही अनुमान से लिए गए हैं।

https://rbidocs.rbi.org.in/rdocs/Bulletin/PDFs/01AR_1006202001368127AE8346649F72CFB7D85294F3.PDF

https://www.financialexpress.com/industry/salary-cut-soon-large-companies-no-cash-pay-wages-employees-coronavirus-lockdown/1944388/

https://economictimes.indiatimes.com/wealth/personal-finance-news/covid-impact-2-in-5-employees-are-facing-salary-cuts-finds-survey/articleshow/75502876.cms?from=mdr

http://bwpeople.businessworld.in/article/First-Time-In-152-Years-Salary-Cut-For-Tata-Group-Top-Management/ 26-05-2020-193239/

https://unemploymentinindia.cmie.com/

Growth rates of different sectors – source?

द गिग फैक्टर, ईटी मैगजीन, सितम्बर 13-19, 2020

https://economictimes.indiatimes.com/multimedia/jobs/the-gig-factor-new-tools-and-platforms-spring-up-to-aid-laid-off-workers-and-nervous-companies/articleshow/78081018.cms?from=mdr

इकोनॉमिक टाइम्स के लिए किए गए एक एऑन सर्वे में पता चला है कि 50 प्रतिशत कम्पनियाँ, जो लगभग हर सेक्टर की हैं, अब गिग वर्कर्स (ठेके पर काम करनेवालों) को नियुक्त करने की योजना बना रही हैं।

https://economictimes.indiatimes.com/jobs/india-inc-is-going-big-on-gig-economy/articleshow/78348386.cms

यह भी देखें

https://economictimes.indiatimes.com/jobs/gig-bites-off-a-large-number-of-jobs-as-pandemic-accelerates-demand-for-free-lancers/articleshow/78348558.cms

https://economictimes.indiatimes.com/news/economy/indicators/23000-dollar-millionaires-have-left-india-since-2014/articleshow/63358087.cms

अफ्रेशिया बैंक और न्यू वर्ल्ड वेल्थ द्वारा किए गए एक अन्य अध्ययन ग्लोबल वेल्थ माइग्रेशन रिव्यू 2019 में उल्लेख किया गया है कि अकेले 2018 में 6000 अन्य लोगों ने भारत के बाहर का रुख कर लिया।

https://www.afrasiabank.com/en/about/newsroom/global-wealth-migration-review-2019

टॉप के बिजनेस स्कूल्स में भारतीय छात्रों की रुचि और STEM कोर्स

https://economictimes.indiatimes.com/industry/services/education/more-indians-head-to-top-b-schools-abroad/articleshow/78327851.cms?from=mdr

एक अनुमानित कर व्यवस्था के तहत, व्यवसायों से केवल न्यूनतम अनुमानी लाभ पर कर का भुगतान करने की उम्मीद की जाती है। यह वर्तमान में 2 करोड़ रुपये तक की वार्षिक आय वाले पेशेवरों के लिए उपलब्ध है।

https://cleartax.in/s/freelance-professional-business-income#:~:-text=Presumptive%20taxation%20for%20businesses%20 is, transactions%2C%20whichever%20one%20is%20applicable.

5. जो बड़ा है वही चढ़ा है

किशोर बियानी के कारोबार और रिलायंस के साथ सौदे के बारे में

इट हैप्पंड इन इंडिया : दि स्टोरी ऑफ पैंटालून्स, बिग बाजार, सेंट्रल एंड दि ग्रेट इंडियन कंज्यूमर, लेखक किशोर बियानी और दीपायन वैश्य, रूपा 2007

https://economictimes.indiatimes.com/industry/services/retail/what-made-kishore-biyanis-future-is-also-what-led-to-hisundoing/articleshow/77041065.cms

https://timesofindia.indiatimes.com/business/india-business/ambanis-reliance-buys-stake-in-future-group-for-rs-24713-cr/articleshow/77825421.cms

मार्सेलस के न्यूजलेटर और ब्लॉग पोस्ट

https://marcellus.in/blog/ पर और विशेष रूप से https://marcellus.in/blogs/behold-the-leviathan-the-remaking-of-indian-capitalism/

साथ ही, एलिफैंट्स इन द रूम : इंडिया इंक्स प्रॉफिट्स इंक्रीजिंगली बिलॉन्ग टू ए टाइनी क्लच ऑफ कम्पनीज, दि इकोनॉमिस्ट, मई 21, 2020

https://www.economist.com/business/2020/05/21/india-incs-profits-increasingly-belong-to-a-tiny-clutch-of-companies

बाजार पूँजीकरण के लिहाज से भारत के सबसे बड़े स्टॉक रिलायंस ने 23 मार्च (जब शेयर की कीमतें गिरकर सबसे निचले स्तर पर आ गईं) और 15 सितम्बर के बीच 164 फीसदी की ऊँची छलाँग लगाई। सेंसेक्स में रिलायंस का भारांश अब 17 फीसदी है, जो एक साल पहले 10 फीसदी था, और उसने मार्च के अपने निचले स्तर से 50 फीसदी की भरपाई कर ली है। इसके मुकाबले, अमेरिका में तथाकथित एफएएएनजी या फैंग स्टॉक ने इसी अवधि के दौरान एसएंडपी 500 की उछाल के 22 फीसदी की भरपाई की और सबसे बड़े स्टॉक एपल इंक ने मार्च के बाद एसएंडपी 500 की उछाल में करीब 11 फीसदी का योगदान दिया।

https://economictimes.indiatimes.com/markets/stocks/news/think-us-stock-market-gains-are-concentrated-just-look-at-india/articleshow/78122772.cms

समीर की फेहरिस्त एलकेपी सिक्योरिटीज के नोट पर आधारित है...

https://www.thehindubusinessline.com/companies/indulekha-is-a-2000-cr-brand-for-us-says-hul-chairman-mehta/article29235422.ece

https://economictimes.indiatimes.com/industry/cons-products/fmcg/itc-acquires-nimyle-floor-cleaner-forays-into-home-care space/articleshow/64499312.cms?from=mdr

ऐसे अधिग्रहणों की हाल ही में आई बाढ़ में आईटीसी का कोलकाता स्थित मसालों

के ब्रांड सनराइज, एमटीआर फूड्स की मालिक नॉर्वे की ओर्कला के हाथों केरल स्थित ईस्टर्न कोंडामेंट्स का खरीदा जाना शामिल है।

औपचारिकीकरण और प्रतिस्पर्धा के खात्मे आदि से जुड़े ग्राफिक क्रेडिट सुइस के नोट पर आधारित हैं।

इंडिया इंक्स इन वर्ड टर्न, दि इकोनॉमिस्ट, 2 जुलाई, 2020

व्हाट्सएप पे के लिए नियामकीय मंजूरी का महीनों इन्तजार करने के बाद फेसबुक महज 9.9 फीसदी हिस्सेदारी के लिए 5.7 अरब डॉलर की भारी-भरकम रकम चुकाकर रिलायंस जियो का पहला मार्की निवेशक बन गया। इसी तरह गूगल ने 7.73 फीसदी हिस्सेदारी के लिए 4.5 अरब डॉलर चुकाए।

फ्रॉम हॉस्पिटैलिटी टू हिप्स्टेरिज्म (स्पेशल आर्टिकल ऑन कम्पीटिशन), दि इकोनॉमिस्ट, 8 अगस्त, 2020

https://www.economist.com/schools-brief/2020/08/06/what-more-should-antitrust-be-doing

फेडरल ट्रेड कमीशन और न्यूयॉर्क की अगुआई में 47 राज्य फेसबुक की जाँच कर रहे हैं। इसी तरह टेक्सस की अगुआई में कई राज्य और डिपार्टमेंट ऑफ जस्टिस गूगल की जाँच कर रहे हैं।

यूरोपीय संघ ने अब तक गूगल के खिलाफ ऐसी तीन जाँच की हैं और कुल 9.7 अरब डॉलर का जुर्माना लगाया है। अपने ढंग के पहले नीतिगत रुख में ऑस्ट्रेलियाई मीडिया नियामक ने हाल ही में गूगल से कहा कि वह न्यूज पब्लिशर्स की सामग्री का इस्तेमाल करने के लिए उन्हें भुगतान करे।

गूगल, फेसबुक और अमेजन के शीर्ष आकाओं को हाल ही में अमेरिकी कांग्रेस में गवाही देने के लिए बुलाया गया।

https://www.washingtonpost.com/technology/2020/07/29/apple-google-facebook-amazon-congress-hearing/

अमेजन के बारे में एमेजंस एंटी-ट्रस्ट पैराडॉक्स, लीमा एम. खान

https://www.yalelawjournal.org/note/amazons-antitrust-paradox

प्राइवेट लेबल्स के बारे में, दि ऑनलाइन प्राइवेट लेबल ग्रोथ पैरेडिग्म, केपीएमजी और रिटेलर्स एसोसिएशन ऑफ इंडिया 2020

https://assets.kpmg/content/dam/kpmg/in/pdf/2020/02/online-private-label.pdf

अध्येताओं का एक समूह, जिसे (अमेरिका के मशहूर एंटी-ट्रस्ट जज लुई ब्रैंडीस के नाम पर) निओ-ब्रैडीशियन के रूप में जाना जाता है, माँग कर रहा है कि प्रतिस्पर्धा प्राधिकारियों को उपभोक्ता हितों की हिफाजत की पारम्परिक धारणा से आगे जाना चाहिए और ऐसे डिजिटल एकाधिकारों को तोड़ना चाहिए। दूसरे माँग कर रहे हैं कि उभरते प्रतिस्पर्धियों को खरीदने और उन्हें डेटा साझा करने के लिए मजबूर करने पर कम-से-कम पाबन्दी लगा दी जाए।

https://economictimes.indiatimes.com/news/economy/policy/indias-new-e-commerce-rules-that-could-jolt-foreign-local-players/articleshow/83747246.cms

https://www.bloombergquint.com/markets/operating-profit-of-mid-sized-firms-fell-the-most-among-bse-500-credit-suisse

https://www.bloombergquint.com/quarterly-earnings/bse-100-firms-q1-results-signal-prolonged-demand-slowdown-credit-suisse

मेक्सिको, मिस्र और दूसरे ऐसे उदाहरणों के लिए वाय नेशंस फेल : दि ओरिजिंस ऑफ पॉवर, प्रॉस्पेरिटी एंड पॉवर्टी, लेखक डारोन एसीमोग्लु, जेम्स ए. रॉबिन्सन, 2012 क्राउन बिजनेस।

अर्थशास्त्री और प्रधानमंत्री की आर्थिक सलाहकार परिषद के पूर्व सदस्य रथिन रॉय ने सबसे पहले भारत के 'मध्य-आय जाल' में फँसने का मुद्दा उठाया था। यह शब्द मूलतः विश्वबैंक के दो अर्थशास्त्रियों होमी खरास और इंदरमिट गिल ने 2006 में गढ़ा था।

https://scroll.in/article/949745/india-may-fall-into-a-middle-income-trap-from-which-no-country-has-been-able-to-bounce-back

6. दुविधाओं का बैंक खाता

About permanent loss to GDP - Crisil Viral Fever Report May 2020

https://www.crisil.com/en/home/our-businesses/ratings/

Newsletters/2020/may/economy/covid-19-impact-on-economy-corporate-revenue-and-profitability.html

Land, gold, financial savings ratio from RBI Report on household finance 2017

https://rbidocs.rbi.org.in/rdocs/PublicationReport/Pdfs/HFCRA-28D0415E2144A009112DD314ECF5C07.PDF

On average interest rates in developed and emerging economies

https://tradingeconomics.com/country-list/interest-rate

About dual balance sheet crisis–Economic survey 2015

Bad Money : Inside the NPA Mess and How It Threatens the Indian Banking System by Vivek Kaul, Harper Business 2020

Overdraft : Saving the Indian Saver by Urjit Patel Harper India July 2020

On market valuation of PSU banks

https://www.businesstoday.in/sectors/aviation/five-public-sector-bank-stocks-trade-near-face-value-of-equity-share/story/418523.html

https://economictimes.indiatimes.com/news/company/corporate-trends/top-50-corporates-reduce-debt-by-about-rs-60000-cr-in-first-half-of-fy20/articleshow/73017526.cms?from=mdr

On investment and return of PSU and private bank - Economic Survey 2019-20

https://www.indiabudget.gov.in/economicsurvey/doc/vol1chapter/echap07_vol1.pdf

I Do what I do by RaghuramRajan (especially Page 51-55) Harper Business September 2017

https://economictimes.indiatimes.com/news/economy/policy/post-record-payout-to-governmentcontingency-fundplunges-to-rs-1-96-lakh-crore-rbi-annual-report/article-show/70895122.cms?from=mdr

Indian Economy New Challenges and Opportunities by Y V Reddy (Page 248) in Indian Economy Pre-liberalization to GST: Essays in Honour of Raj Kapila; Edited by Uma Kapila, Academic foundation, 2018

https://www.rbi.org.in/scripts/bs_pressreleasedisplay.aspx-?prid=50995

China India Gateway House Report

https://www.gatewayhouse.in/chinas-tech-depth/

Only 13% take loans :

https://www.mastercardcenter.org/content/dam/mc-cig/uploads/From-Middle-India-to-Middle-Class-of-India.pdf

Significance of Savings

On the relationship between savings and investment- Economic survey 2018-19

https://www.indiabudget.gov.in/budget2019-20/economicsurvey/index.php

Feldstein and Horioka (1980) Feldstein-Horioka puzzle"/ (Carroll and Weil, 1994; Attanasio, Picci and Scorcu, 2000; Rodrik, 2000)/ Sandri, Damiano. 2014. "Growth and capital flows with risky entrepreneurship." American Economic Journal: Macroeconomics 6 (3) : 102-123

Sandri, Damiano. 2014. "Growth and capital flows with risky entrepreneurship." American Economic Journal: Macroeconomics 6 (3) : 102-123

Estimates of Income, Expenditure and Saving: An average household in India had an annual income of 202, 076 in 2015-16, and an expenditure of 133, 208, leaving it with a surplus of 688, 67 to save and invest.A common problem faced in such surveys is the under-statement of economic data (income, expenditure and savings) by the respondents.The adopted concept of income in ICE 360° Survey, 2016 includes wages, salaries, bonus, business, profession, farm income and other forms of labour income, pensions, rent, interest, and dividend, the aggregate income of Indian households is estimated to be 56, 697 billion, which is 56.9% of the household disposable income (HDI) estimated from National Accounts Statistics for the twelve-month period, April 2015-March 2016.An estimate of surplus income (as an indicator of savings) is arrived at by subtracting the total household expenditure from the total household income.Through this method, this survey found estimates of savings as a proportion of disposable income to be 34.1 per cent

http://www.ice360.in/en/projects/what-are-ice-360-surveys/up-coming-survey-ice360°-2016

https://www.mastercardcenter.org/content/dam/mc-cig/uploads/From-Middle-India-to-Middle-Class-of-India.pdf

CSO January 2020 advance estimate-

https://www.business-standard.com/budget/article/share-of-investment-in-gdp-to-hit-all-time-low-in-fy20-advance-estimates-120010701322_1.html

Savings and capital formation in India No.271 10-June-2019 IlaPatnaik and Radhika Pandey

https://macrofinance.nipfp.org.in/PDF/PatnaikPandey-savings_and_capital_formation_in_India.pdf

https://www.rbi.org.in/Scripts/AnnualPublications.aspx?head=Trend%20and%20Progress%20of%20Banking%20in%20India

National accounts statistics

http://www.mospi.gov.in/sites/default/files/reports_and_publication/statistical_publication/National_Accounts/NAS19/S1.1.pdf

About net savings

https://www.crisil.com/en/home/our-analysis/reports/2019/07/crisil-insights-indian-economy-stoking-savings.html

https://www.mckinsey.com/featured-insights/india/indias-turning-point-an-economic-agenda-to-spur-growth-and-jobs

Growth in Deposits and Creditupdate by Care Ratings August 2020

https://www.indiaratings.co.in/PressRelease?pressRelease-ID=37423&title=Wages-Account-for-Only-One-Third-of-Income-Generated-in-Economy-

Details of bank deposits - Outstanding deposits of scheduled commercial banks (SCBs) at `1, 25, 726 billion as on March 31, 2019 accounted for 128.7 per cent of outstanding bank credit (lower than 132.5 per cent a year ago), reflecting the tightening of financial conditions on account of low deposit growth;

https://rbidocs.rbi.org.in/rdocs/Bulletin/PDFs/2BANKDEPOSITES98924A19273E456993982E67B77B36CA.PDF

Also, Growth in Deposits and Creditupdate by Care Ratings Nov 2020

56% of total financial assets are deposited in banks

RBI https://www.rbi.org.in/Scripts/BS_ViewBulletin.aspx?Id=18994

https://www.business-standard.com/article/finance/bank-credit-growth-declines-to-5-in-fy21-as-covid-19-takes-a-toll-121043001122_1.html

Record low credit growth https://www.business-standard.com/article/finance/bank-credit-growth-slumps-to-5-decade-low-of-6-14-in-fy20-over-low-demand-120041001528_1.html

About falling corporate profit Nominal sales of 1, 640 listed private non-financial companies declined by 3.4% year on year and 10.2% in the fourth quarter while net profit declined by 19.3% year on year and 65.4% in the fourth quarter of 2019-20 despite the corporate tax rate reduction of September 2019, which brought down the effective tax rate by nearly 3%.

https://economictimes.indiatimes.com/news/company/corporate-trends/corporate-india-struggles-to-contain-debt-levels-post-covid/articleshow/77192144.cms

K V Kamath committee

https://rbidocs.rbi.org.in/rdocs/notification/PDFs/NT168F87D-BE0F71643B3B17BC8278108C16B.PDF

On possible NPA surge, RBI Financial Stability Report July 2020

https://rbidocs.rbi.org.in/rdocs/PublicationReport/Pdfs/0FSRJULY2020C084CED43CD1447D80B4789F7E49E499.PDF

Credit Suisse—Fallen Angels 26th May 2020

Niti Aayog's suggestions

https://www.businesstoday.in/current/economy-politics/niti-aayog-recommends-privatisation-of-3-public-sector-lenders/story/411691.html

Banking Reforms by Raghuram Rajan in What The Economy Needs Now Ed by Abhijit Banerjee, Gita Gopinath, Raghuram Rajan and Mihir S Sharma Juggernaut 2019

A Vision and Action Plan for Financial Sector Development and Reforms in India by Isha Agarwal and Easwar Prasad Brrokings Insitution Report 2018

https://www.brookings.edu/wp-content/uploads/2018/01/biic_20180114_es2.pdf

https://macrofinance.nipfp.org.in/PDF/PatnaikPandeySane-impact_of_tax_breaks_on_household_financial_saving_in_India.pdf

Ramadorai Committee Report

https://www.rbi.org.in/Scripts/PublicationReportDetails.aspx-?UrlPage=&ID=877

Both NIPFP study and the RBI's Ramadorai Committee Report (2017) point out that in their search for investment alternatives, middle class investors are guided by tax rules.

insurance is routinely sold as investment, though pure/term insurance is an expense.After the SBI was asked to rescue Yes Bank, it came to light that Tier 1 bonds of Yes Bank were sold to gullible ordinary investors without explaining the risk (Tier 1 bonds are treated at par with the shares, so if prices go down then bank is not responsible for the loss)—there are umpteen examples of such misselling and fraud.

7. सबसे बड़ा तिलिस्म

http://www.oecd.org/coronavirus/policy-responses/job-retention-schemes-during-the-covid-19-lockdown-and-beyond-0853ba1d/#section-d1e111

https://home.treasury.gov/policy-issues/cares-act/assistance-for-small-businesses/sba-paycheck-protection-program-loan-level-data /

https://www.cbsnews.com/news/ppp-loan-recipients-treasury-names-small-businesses-receiving-funds/

https://www.actionaidindia.org/wp-content/uploads/2020/08/workers-in-the-time-of-covid-19_ebook1.pdf

https://economictimes.indiatimes.com/news/economy/indicators/ageing-of-indias-workforce-due-to-high-job-loss-in-below-40-group-not-favourable-for-strong-recovery-cmie/articleshow/80291187.cms?from=mdr

India's Most Abused Taxpayers by Rohit Saran

https://timesofindia.indiatimes.com/blogs/toi-edit-page/indias-much-abused-taxpayers-you-dont-get-much-benefit-back-salaried-classes-get-the-short-end-of-the-stick/

High Tax to Income or Low Tax to GDP?

On Tax to GDP Ratio

https://www.businesstoday.in/union-budget-2020/budget-for-the-salaried/budget-2020-is-india-an-under-taxed-country/story/394754.html

https://www.indiaratings.co.in/pressrelease?pressreleaseid=55055

https://www.livemint.com/news/india/govt-proposes-to-slash-corporate-tax-rates-1568954944900.html

About automobile industry

https://www.cmie.com/kommon/bin/sr.php?kall=warticle&dt=2019-07-30%2010:07:16&msec=766#:~:text=The%20automobile%20sector%20employs%20eight,sector%20in%20a%20big%20way.

https://www.livemint.com/Politics/Lo2oMGG51vIw70P66TeKgO/The-inequities-in-Indias-tax-system.html

About GST comparison

https://www.theglobaleconomy.com/rankings/indirect_tax_rate/#India

https://www.businesstoday.in/union-budget-2020/budget-for-the-salaried/budget-2020-is-india-an-under-taxed-country/story/394754.html

India's Most Abused Taxpayers by Rohit Saran

https://timesofindia.indiatimes.com/blogs/toi-edit-page/indias-much-abused-taxpayers-you-dont-get-much-benefit-back-salaried-classes-get-the-short-end-of-the-stick/

About nearly 50% students going to private schools

https://timesofindia.indiatimes.com/india/private-schools-grooming-about-50-of-students-in-country/articleshow/77118276.cms

NSSO 2017-18 – education expenses

http://www.mospi.gov.in/sites/default/files/NSS75252E/KI_Education_75th_Final.pdf

On health expenses

https://www.prsindia.org/theprsblog/healthcare-financing-who-paying / Household health expenditure India survey 2013-14

Economic Survey 2016-17

https://www.indiabudget.gov.in/budget2017-2018/survey.asp

On food subsidy

https://www.financialexpress.com/budget/budget-2020-a-hint-of- food-subsidy-reforms/1851404/#:~:text=Budget%20 2020%20India%3A%20Food%20subsidy, of%20Rs%20 1.84%20lakh%20crore.

Food, fertilizer and fuel subsidy bill has been pegged at Rs 2, 27, 793.89crore for 2020-21, according to the budget document

https://www.thehindu.com/business/budget/marginal-hike-in-food-subsidy-bill/article30714852.ece

Of Counsel: The Challenges of The Modi-Jaitley Economy by Arvind Subramanian Penguin Viking 2018 (Page 250)

https://www.thehindu.com/opinion/op-ed/we-need-a-leap-in-healthcare-spending/article26196313.ece

Low Government Spending on Healthcare in India by Care Ratings April 7, 2020

Hospital Management in Uttar Pradesh 2019

https://cag.gov.in/en/audit-report/details/56161

About Bihar government's affidavit to Supreme Court on Muzaffarpur

https://english.newsnationtv.com/india/news/encephalitis-deaths-

47-shortage-of-doctors-in-bihar-nitish-government-tells-supreme-court-229423.html

For regional and global comparison—An Uncertain Glory: India and

its Contradictions by Jean Dreze and Amartya Sen Allen Lane 2013

About illness and poverty, Public Health Foundation of India, PFHI survey 2018

State Bank Ecowrap 26th March on district hospitals

https://www.sbi.co.in/documents/13958/2820818/Ecowrap_20200326.pdf/aa1753af-157d-46e7-37d4-b5cd926fbcd5?t=1585301167766

Reforming the Indian School Education System by Karthik-Muralidharan in What the Economy Needs Now Edited by Abhijit

Banerjee, Gita Gopinath, RaghuramRajan, Mihir S Sharma Juggernaut 2019

About the quality of education - reports from the ASER Centre

https://www.asercentre.org/

https://www.businesstoday.in/opinion/columns/education-sector-how-india-relies-on-low-paid-ad-hoc-teachers-for-school-children/story/413481.html

https://timesofindia.indiatimes.com/india/india-has-3-timesmore-schools-than-china-but-they-are-a-mess/articleshow/68616961.cms#:~:text=The%20country%20today%20has%20a,students%20in%20a%20rural%20school.

https://pmjay.gov.in/sites/default/files/2020-10/assessing_impact_of_covid-19_on_pmjay.pdf

https://www.businesstoday.in/current/corporate/in-depth-government-companies-almost-lost-half-of-their-efficiency-in-last-10-years/story/378508.html

On FRBM and Arvind Subramanian

https://wap.business-standard.com/article-amp/pti-stories/frbm-panel-s-targets-arbitrary-says-cea-in-dissent-note-117041201345_1.html

About government debt SBI Ecowrap-

https://www.business-standard.com/article/economy-policy/india-s-debt-to-hit-87-6-of-gdp-in-fy21-frbm-target-only-by-fy30-report-120072000316_1.html

8. तरक्की की चतुष्पदी

Indian Economy: It's serious. Multiple structural downturns make this slowdown unlike others by Anshuman Tiwari

https://www.dailyo.in/politics/india-s-economic-growth-india-s-gdp-slowdown-in-india-modinomics/story/1/31061.html

IMF on slow down and structural reform

https://blogs.imf.org/2019/10/09/how-to-reignite-growth-in-emerging-market-and-developing-economies/

On agriculture subsidies—Economic Survey (2015-16)

https://www.indiabudget.gov.in/budget2016-2017/survey.asp

Also on agriculture, Arvind Subramanian NAAS lecture June

2017

http://naasindia.org/Documents/NAAS-FDL2017.pdf

Agri export data from Growing India's agricultural exports through crop-specific, state-led plansReport by the High Level Expert Group on Agriculture forXV Finance Commission July 2020

https://fincomindia.nic.in/writereaddata/html_en_files/fincom15/StudyReports/HLEG%20Report_Agriculture_vF.pdf

Data related to the asset size of the banking industry and the latest market share of the PSU banks are from the Report of the Internal Working Group to Review Extant Ownership Guidelines and Corporate Structure for Indian Private Sector Banks Nov 2020

https://www.rbi.org.in/Scripts/PublicationReportDetails.aspx-?UrlPage=&ID=1160

https://www.indiabudget.gov.in/economicsurvey/

About IMF observations on reform timing

https://blogs.imf.org/2019/10/18/reform-doesnt-have-to-cost-votes/

IMF on demography – quoted in (Page 212) Of Counsel: The Challenges of The Modi-Jaitley Economy by Arvind Subramanian Penguin Viking 2018

Also, Economic Survey 2017-2018

https://mofapp.nic.in/economicsurvey/economicsurvey/index.html

Details of the issues as well as data sources for other topics discussed in this segment have been mentioned in respective chapters.

Job and growth projections are on the basis of India's Turning Point: An Economic Agenda to Spur Growth and Jobs by

McKinsey Global Institute August 2020

https://www.mckinsey.com/featured-insights/india/indias-turning-point-an-economic-agenda-to-spur-growth-and-jobs

Profit vs wages: Lockdown has taught firms a lesson that will hurt labour by Mahesh Vyas in Business Standard, Nov 17, 2020

https://www.business-standard.com/article/opinion/profits-vs-wages-120111600629_1.html

Data regarding unemployment and job losses are available at

https://unemploymentinindia.cmie.com/

Post-RCEP, where does India stand? India's absence from Southeast and East Asian economic progress could be isolating by Anita Inder Singh in Times of India November 19, 2020

https://timesofindia.indiatimes.com/blogs/toi-edit-page/post-rcep-where-does-india-stand-indias-absence-from-southeast-and-east-asian-economic-progress-could-be-isolating/

Free Trade and Prosperity: How Openness Helps Developing Countries Grow Richer and Combat by ArvindPanagariya OUP 2018

Surjit Bhalla Committee Report

https://commerce.gov.in/wp-content/uploads/2020/02/MOC_637084607407371826_HLAG-Report-.pdf

About the Falling Share of Manufacturing Sector

https://www.business-standard.com/article/economy-policy/despite-make-in-india-push-industry-share-in-gdp-hit-20-year-low-in-2019-120111801618_1.html

On economic freedom index

https://economictimes.indiatimes.com/news/economy/indicators/india-slips-26-spots-on-economic-freedom-index-report/

articleshow/78045795.cms

Vietnam signed 15 FTAs in last 10 years – The Winner of a Post-Pandemic Worldby Ruchir Sharma

https://www.morganstanley.com/im/en-us/financial-advisor/insights/articles/the-winners-of-a-post-pandemic-era.html

Japan offering S2.2 billion package to shift manufacturing back to Japan

https://www.bloomberg.com/news/articles/2020-04-08/japan-to-fund-firms-to-shift-production-out-of-china

Leaving China: Which countries might benefit from a relocation of production? Rabobank Special Report August 8, 2019

https://economics.rabobank.com/publications/2019/august/leaving-china-countries-might-benefit-from-relocation-production/

On Nomura Report

https://economictimes.indiatimes.com/news/economy/indicators/trade-war-why-manufacturers-are-not-rushing-into-india-indonesia/articleshow/71474941.cms?from=mdr

How Can Covid Benefit India with Trade and Factory Diversion from China – SBI Ecowrap 7/5/20,

https://www.sbi.co.in/web/about-us/research-desk

The World's Factory, The Economist June 27th 2020

About PLI schemes

https://www.moneycontrol.com/news/business/cabinet-approves-pli-scheme-for-10-sectors-auto-sector-gets-biggest-share-6103181.html

On import substitution, Don't Resurrect Failed Policy by ArvindPanagariya in Times of India July 22, 2020 https://timesofindia.indiatimes.com/blogs/toi-edit-page/dont-resurrect-failed-policy-why-import-substitution-industrialisation-is-doomed-to-flounder-again/

Make in India Did not Succeed but Make in Ludhiana or Coimbatore May

On Clusters, India's Economic Geography in 2025: States, Clusters and Cities By McKinsey October 2014

http://mckinseyinsightsindia.com/Documents/India%E2%80%99s%20economic%20geography%20in%202025%20-%20states,%20clusters%20and%20cities.pdf

About the Preston model

https://www.preston.gov.uk/article/1339/What-is-Preston-Model-

On state finances and state-level progress

PRS State of State Finances: 2019-20 Report

https://www.prsindia.org/policy/discussion-papers/state-state-finances-2019-20

NSE The State of States in India: A 360-degree View October 2020

https://static.nseindia.com//s3fs-public/inline-files/State_of_States_Index_-_A_Scorecard_of_Indian_States.pdf

Financing details and firm-size data are from the India's Turning Point report cited above

Wage rate details and sources have been discussed in Chapter 4

https://www.nipfp.org.in/media/medialibrary/2019/11/WP_282_2019.pdf

Ghatak, M.and K.Muralidharan, An Inclusive Growth Dividend: Reframing the Role of Income Transfers in India's Anti-poverty Strategy, to be published in India Policy Forum, updated in June 20, 2020 https://econweb.ucsd.edu/~kamurali/papers/Working%20Papers/IGD%20(Current%20WP).pdf

Originally published in July, 2019.An Inclusive Growth Dividend: Reframing the Role of Income Transfers in India's Anti-poverty Strategy, India Policy Forum, National Council of Applied Economic Research

Other references related to UBI/IGD could be found here.

https://www.indiabudget.gov.in/economicsurvey/doc/vol1chapter/echap09_vol1.pdf

McKinsey estimate is from India's Turning Point cited above

NIPFP estimate from Subsidies, Merit Goods and the Fiscal Space for Reviving Growth: An Aspect of Public Expenditure in India by Sudipto Mundle and Satadru Sikdar, EPW February 1, 2020

https://www.nipfp.org.in/media/medialibrary/2019/11/WP_282_2019.pdf

https://www.jstor.org/stable/2698133?seq=1

https://www.mckinsey.com/industries/healthcare-systems-and-services/our-insights/prioritizing-health-a-prescription-for-prosperity

how effective is public health care expenditure in improving health

outcome? an empirical evidence from the indian states

ranjan kumar mohanty and deepak kumar behera

https://www.nipfp.org.in/publications/working-papers/1897/

https://www.ncbi.nlm.nih.gov/pmc/articles/pmc3267714/

https://data.worldbank.org/indicator/sh.xpd.ghed.ch.zs? locations=in

उपसंहार
महामारी के पार

Fall of Narratives

Morgan housel on narrative decline –the collaborative fund https://www.collaborativefund.com/blog/

https://www.business-standard.com/article/economy-policy/230-million-indians-pushed-into-poverty-amid-covid-19-pandemic-report-121050600751_1.html

On population trends (also used in subsequent sections), Empty Planet: The Shock of Global Population Decline by Darrel Bricker and John Ibbitson Crown 2019

https://www.un.org/development/desa/dpad/publication/policy-brief-54-global-development-trends-at-the-turn-of-the-century/

https://www.brookings.edu/blog/future-development/2020/01/16/who-gained-from-global-growth-last-decade-and-who-will-benefit-by-2030/

https://feature.undp.org/coronavirus-vs-inequality/

http://www.oecd.org/economy/growth/46866991.pdf

https://blogs.worldbank.org/opendata/updated-estimates-impact-covid-19-global-poverty-looking-back-2020-and-outlook-2021

https://blogs.worldbank.org/opendata/updated-estimates-impact-covid-19-global-poverty-looking-back-2020-and-outlook-2021

https://www.brookings.edu/blog/up-front/2020/03/02/the-future-will-be-shaped-by-what-global-productivity-growth-does-next/

https://www.brookings.edu/research/the-global-productivity-slump-what-policies-to-rekindle/

https://www.cnbc.com/2020/11/19/coronavirus-drives-global-debt-to-a-new-record-high.html#:~:text=Menu-,'Attack%20of%20the%20debt%20tsunami'%3A%20Coronavirus%20pushes,global%20debt%20to%20record%20high&text=The%20IIF%20said%20global%20debt,percentage%20points%20increase%20from%202019.

https://www.un.org/development/desa/dpad/publication/un-desa-policy-brief-72-covid-19-and-sovereign-debt/

McKinsey report on balancing government books,

https://www.mckinsey.com/industries/public-and-social-sector/our-insights/rethinking-resilience-ten-priorities-for-governments?cid=other-eml-alt-mip-mck&hdpid=fd6172b8-8bba-4eca-9e99-71c2c8f112c8&hctky=1837218&hlkid=499830f9eb604d7cbdac12fdf86cf4ca

Empty Planet by Darrel Bricker and John Ibbitson

https://www.mckinsey.com/featured-insights/future-of-work/whats-next-for-remote-work-an-analysis-of-2000-tasks-800-jobs-and-nine-countries?cid=other-eml-alt-mgi-mck&hdpid=1cfa80cb-a39d-4a6d-9137-edf6787e862f&hctky=1837218&hlkid=aa1bb300011d4c91ac0965d3ed10ca77

https://www.brookings.edu/research/dislocation-of-labor-markets-what-policies-to-mitigate-the-shock/

Backstage By Montek Singh Ahluwalia

The Brave new world By Anja Manual

India's Path to the Big League by Ashley J Tellis https://carnegieendowment.org/2020/09/09/india-s-path-to-big-leagues-pub-82470

https://www.indiaratings.co.in/pressrelease? pressreleaseid=55055

On entrepreneurship, India's New Capitalists: Caste, Business, and Industry in a Modern Nation by Harish Damodaran Revised and Updated Edition. Hachette 2018 and

From 'entrepreneurial' to 'conglomerate' capitalism by the same author in Seminar October 2020 issue.

There is now a fast growing literature on evolving relationship between politics-business in contemporary India, for example, Business and Politics in India by Christophe Jeffrelot, Atul Kohli, Kanta Murali OUP 2018

Class and Conflict: Revisiting Pranab Bardhan's Political Economy of India Edited by Elizabeth Chatterjee and Matthew McCartney OUP 2019

On free market and democracy The Business Case For Saving Democracy: Why free markets need free politics by Rebecca Henderson in Harvard Business Review March 10, 2020

https://hbr.org/2020/03/the-business-case-for-saving-democracy

https://www.thehindu.com/business/Economy/the-hindu-explains-what-is-gross-value-added-and-how-is-it-relevant-when-growth-is-announced-in-gdp-terms/article31768578.ece/amp/

The Growth Delusion: Wealth, Poverty, and the Well-being of Nations by David Pilling Bloomsbury 2018

On National Family Health Survey, Reading NFHS Data: Why findings of the latest round are of concern by Udit Misra and Nushaiba Iqbal Indian Express December 21, 2020

https://indianexpress.com/article/explained/reading-nfhs-data-why-findings-of-the-latest-round-are-of-concern-7112799/

Is India a Flailing State?: Detours on the Four Lane Highway to Modernization by Lant Pritchett https://dash.harvard.edu/bitstream/handle/1/4449106/Pritchett%20India%20Flailing%20State.pdf?sequence=1

Recently, Devesh Kapur has evaluated the same issue Why Does the Indian State Both Fail and Succeed? By Devesh Kapur in Journal of Economic Perspectives—Volume 34, Number 1—Winter 2020

https://pubs.aeaweb.org/doi/pdfplus/10.1257/jep.34.1.31

The term 'democratic recession' was coined by political scientist Larry Diamond in 2009, in tune with economic recession. He has recently warned about Covid accelerating democratic recession

https://www.stanforddaily.com/2020/04/30/covid-19-accelerating-democratic-recession-warns-larry-diamond/

On India's Domestic challenge by Milan Vaishnav https://carnegieendowment.org/2020/09/09/on-india-s-domestic-challenge-pub-82497

India's Elite Institutions Are Facing a Credibility Crisis – Milan Vaishnav February 2018 https://carnegieendowment.org/2018/02/20/india-s-elite-institutions-are-facing-credibility-crisis-pub-75592

On India's diminishing democracy

Narendra Modi threatens to turn India into a one-party state The Economist November 28, 2020

https://www.economist.com/briefing/2020/11/28/narendra-modi-threatens-to-turn-india-into-a-one-party-state

Killing a Constitution with a Thousand Cuts: Executive Aggrandizement and Party-state Fusion in India by Tarunabh Khaitan

https://www.degruyter.com/view/journals/lehr/14/1/article-p49.xml?language=en#j_lehr-2020-2009_fn_099_w2aab3b7b3b1b6b1ab1b5b7b2b3ab1Aa

Ramchandra Guha has made this point repeatedly, for example in his Washington Post article, India was a miracle democracy. But it's time to downgrade its credentials August 15, 2019 https://www.washingtonpost.com/opinions/2019/08/14/india-was-miracle-democracy-its-time-downgrade-its-credentials/

And for a brief though admittedly personal narrative into India's reform journey, covering major fault lines of the economy and polity, Why I am Losing Hope in India by Andy Mukherjee November 28, 2020

https://www.bloomberg.com/graphics/2020-opinion-india-and-modi-are-losing-china-battle/

आभार

यह पुस्तक बेहद मुश्किल वक्त में लिखी गई। लॉकडाउन 2020 से पहले अंशुमान के पिता नहीं रहे। कई त्रासदियों के बीच मित्रों और पाठकों के संबल से यह पुस्तक बन सकी है। सबका हृदय से आभार।

अंशुमान इस पुस्तक के लिए इंडिया टुडे के सहयोगी एसोसिएट एडीटर शुभम शंखधर के हृदय से आभारी हैं। इंडिया टुडे के वरिष्ठ साथी और सीनियर एडीटर मो. वकास, एसोसिएट एडीटर शिवकेश मिश्र की सहायता के बिना यह आयोजन असम्भव हो जाता। डिजाइन व चार्ट्स के लिए असित रॉय का आभार।

सबसे अधिक आभार राजकमल प्रकाशन के अशोक जी और भाई सत्यानन्द जी व उनकी टीम का। इस विषय को स्वीकारने-सँवारने और सबके बीच लाने के लिए।

अनिंद्य और अंशुमान आभारी हैं अतूर्वा के, जो पुस्तक की पहली पाठक और समीक्षक हैं। गोविंद भट्टाचार्जी, शांतनु प्रताप सिंह, आशुतोष पांडेय, बिजित मुखर्जी की सम्मति व संशोधन अमूल्य रहे।

सबका आभार!